한국산업인력공단

한국산업인력공단

취업시험 합격의 신화 에듀크라운

THE SMART!

한국산업인력공단
HUMAN RESOURCES DEVELOPMENT SERVICE OF KOREA

한국산업인력공단
NCS
직업기초능력평가
한국사+영어문제

NCS

이 광 진

- 강사엔터 대표
- 인크루트 대표 취업 강사
- 한국산업인력공단 인증 NCS 전문가
- 매일경제 취업 특강 강사
- 전) 수도권 4개 대학 취업컨설턴트

한국산업인력공단

NCS직업기초능력평가

김 대 성

- 고려대학교 교육대학원 평생교육전공 석사
- 현) (주)코리아에듀케이션 진로, 취업교육팀 팀장
- 전) 고려대학교 평생교육원 학점은행제 담당 코디네이터
  (사회복지, 경영)
- 진로상담전문가 과정 2급 수료(한국가이던스)
- 한국고용정보원 Hi 프로그램 / CAP+ 프로그램 전문 강사

한국산업인력공단
NCS 직업기초능력평가에
가장 빨리 친숙해지는 책

한국산업인력공단은 능력개발 / 자격시험 / 외국인고용지원 / 해외취업지원&국제교류협력 / 숙련기술진흥&기능경기대회 / 국가직무능력표준을 담당하는 기관입니다. 고용에 대한 전반적인 부분을 책임지는 기관인 만큼 올바른 교육, 올바른 채용을 위해 힘쓰고 있습니다. 본서는 이러한 업무를 수행하는 한국산업인력공단에 지원하는 지원자들을 위해 기업에 대한 분석, NCS 직무능력평가, NCS 기반 직무수행능력 면접에 대비한 내용들로 채워졌습니다.

취업에 있어 지원자들에게 가장 큰 화두거리는 '직무역량'입니다. 한국산업인력공단은 회사가 원하는 지원자들의 역량, 지원자가 갖추어야 할 필요 역량을 표준화하고 이를 통해 회사와 지원자 간의 미스매칭을 줄여 고용시장의 활성화에 적극 노력하고 있습니다. 그래서 도입된 'NCS(국가직무능력표준안)' 또한 한국산업인력공단의 담당 업무이기도 합니다. 따라서 한국산업인력공단으로의 취업을 희망하는 지원자들은 NCS기반 채용에 대해 준비를 철저히 할 필요가 있습니다.

한국산업인력공단은 1차적으로 NCS기반의 지원서를 통해 접수를 받고 이후에 NCS 직무능력평가와 NCS 기반 직무수행능력 면접을 거쳐 채용을 진행하고 있습니다. 스펙초월시스템을 통해 지원하는 데에는 큰 문제가 없지만 이후 'NCS 직무능력평가'에서는 어려움을 겪을 수 있습니다. 직업기초능력평가뿐 아니라 한국사, 영어, 전산 등의 시험을 함께 치르기 때문에 사전에 문제 유형을 파악하고 실제 문제를 접함으로서 실전에 대비할 필요가 있습니다. 본서는 이러한 실전 같은 연습을 위해 기출문제, 출제 예상문제, 모의고사를 준비하였습니다. 더불어 면접을 대비하기 위해서 한국산업인력공단의 면접유형과 기출 질문들을 수록하여 면접 준비를 할 수 있도록 구성하였습니다.

한국산업인력공단이 수행하는 업무가 업무이니만큼 필요역량과 직무이해도를 분명히 보여주어야 채용에 좋은 결과가 있을 것으로 예상됩니다. 본서에 나와 있는 공단에 대한 이해, 필기전형 대비, 실전 면접 대비 등의 내용을 통해 준비하신다면 한국산업인력공단에서 멋진 사회인으로 거듭나실 것으로 기대합니다.

한국산업인력공단의 사원이 되셔서 앞으로 멋진 사회생활하시기를 응원하면서 지원자들의 건투를 빕니다.

NCS교재 편찬 저자 일동

한국산업인력공단

NCS 직업기초능력평가

CONTENTS

한국산업인력공단 가이드

NCS 직업기초능력평가

NCS 직무능력평가
- 한국사

NCS 직무능력평가
- 영어

한국산업인력공단 면접

정답 및 해설

1

한국산업인력공단
가이드

한국산업인력공단 가이드

📖 01 한국산업인력공단 소개

1. 설립목적 및 설립근거

| 설립목적(한국산업인력공단법 제1조) |

근로자 평생학습의 지원, 직업능력개발훈련의 실시, 자격검정, 숙련기술장려사업 및 고용촉진 등에 관한 사업을 수행하게 함으로써 산업인력의 양성 및 수급의 효율화를 도모하고 국민경제의 건전한 발전과 국민복지 증진에 이바지

| 설립근거 |

· 한국산업인력공단법
· 한국산업인력공단법 시행령

2. 미션과 비전

Mission : 우리는 기업과 근로자의 인적자원개발을 지원하여 일을 통해
행복한 나라를 만든다.

한국산업인력공단 전 임직원은 최고의 HRD 서비스를 통해 기업과
근로자가 지속 성장 · 발전할 수 있도록 지원하여
국민경제의 건전한 발전과 복지증진에 기여하겠습니다.

Vision : 전 국민의 평생고용 역량을 키우는 **No.1 HRD** 파트너
"Beyond Job, Towards Lifetime Value"

공단의 인적자원개발 사업을 통해 국민 누구나 안정적인 고용을 유지하고 변화에
적응하여 경력개발을 할 수 있도록 지원하는 고객이 가장 먼저 찾는
최고의 파트너가 되겠습니다.

3. 중장기 경영전략 체계

미션	우리는 기업과 근로자의 인적자원개발을 지원하여 일을 통해 행복한 나라를 만든다.			
비전	전 국민의 평생고용 역량을 키우는 No.1 HRD 파트너 "Beyond Job, Towards Lifetime Value"			
핵심 가치	Harmony 화합 · 소통	Responsibility 책임	Diversity 다양성	Know-how 전문성
전략 목표	청년 일자리 지원 강화	중소기업 미래성장 동력 강화	현장중심 HRD인프라 구축	사회적 가치를 실현하는 책임 경영
전략 과제	• 청년 조기취업 기회 확대 및 역량 강화 • 청년 해외취업 시스템 고도화 • 숙련기술을 통한 취업능력 향상 지원	• 4차 산업혁명 대응 재직자 훈련 확대 • 지역 · 산업 기반 훈련-채용 연계 강화 • 우수외국인력 고용 지원 강화	• 국가직무능력표준 (NCS) 개발 · 활용 · 확산 • 자격의 효용성 강화 • HRD 정보 제공 플랫폼 구축	• 고객 중심 지속 가능 경영 구현 • 혁신 지향 열린 조직 경영 • 스마트 경영 환경 조성

4. 주요업무

❘ 능력개발 ❘

· 일 · 학습병행제 지원

· 중소기업 HRD역량 강화 지원

· 청년 및 취약층 일자리 지원

· 지역 · 산업 맞춤형 인력양성체계 구축

· 근로자 직무능력 향상 지원

· 전국민 능력개발 향상 지원

❘ 능력평가 ❘

· 국가자격시험 문제출제 및 관리

· 국가전문자격시험 시행

· 자격종목 신설 · 폐지 및 정비

· 국가기술자격증 발급 및 관리

· NCS기반 및 출제기준 제 · 개정

· 국가역량체계(NQF) 구축

· 국가기술자격시험 시행

· 국가자격제도 개선

· 국가자격정보 포털 Q-net 홈페이지 운영

· 국가자격취득자 계속교육 등 사후관리

· 과정평가형자격제도

❘ 외국고용지원 ❘

· 고용허가제 한국어능력시험(EPS-TOPIK) 시행

· 외국인구직자 명부 인증 · 관리

· 외국인근로자 입국지원

· 송출국가 현지주재원 운영

· 근로계약체결 및 사증발급인정서 발급 지원

· 외국인근로자 취업교육 및 대행업무 접수

- 외국인근로자 고용·체류 지원
- 외국인고용허가제 관련 보험 업무
- 송출국가 공공기관과의 협력체제 구축
- 외국인근로자 관련 민간지원단체와의 협력
- 고용특례(외국국적동포) 외국인 취업교육 실시

❙ 해외취업지원/국제교류협력 ❙

- 국가 간·국제기구와의 교류협력
- 자격의 국가 간 상호인정 사업
- 개발도상국 직업훈련 사업 지원
- 개성공단 직업훈련센터 운영
- 해외취업 알선과 연수 과정 운영
- K-Move

❙ 숙련기술진흥·기능경기대회 ❙

- 대한민국명장, 숙련기술전수자, 우수숙련기술인 선정·지원
- 이달의 기능한국인 선정·홍보
- 숙련기술장려캠페인 등 숙련기술인 우대 풍토 조성
- 대한민국산업현장 교수단 구축·운영
- 숙련기술인 국민스타화 사업
- 국내기능경기 개최, 국제기능올림픽대회 개최 및 참가
- 민간기능경기 개최 지원

❙ 국가직무능력표준(NCS) ❙

- 국가직무능력표준(NCS) 개발 및 활용·확산
- NCS 및 활용패키지 개발·보급 및 매뉴얼 관리
- NCS 워킹그룹(WG) 심의위원회 운영·관리
- NCS 활용 관련 SC, RC 협력 및 지원
- NCS 기반 훈련기준 정비·고시
- NCS 기업 활용 컨설팅 지원
- 공공기관 NCS 활용 지원
- NCS 통합포털사이트 관리
- NCS 기반 근로자 경력개발지원, 직업기초능력 관리
- NCS Q&A센터, NCS 위키피디아 운영

| 채용방법 |

- 공개경쟁채용 원칙, 국가직무능력표준(NCS) 기반의 능력 중심 채용
  ※ 채용 세부 방침에 따라 권역별, 선택과목별, 시간선택제 모집 가능
- 공개경쟁 시험은 직무능력평가, 면접시험(직무능력평가 합격자에 한함)으로 실시
- 구체적이고 세부적인 채용방법은 채용공고 시 안내

| NCS기반 능력중심 채용시스템 도입 배경 및 목적 |

- 정부는 고학력화로 인해 왜곡된 고용시장을 정상화시키고 학력이 아닌 능력에 따라 일할 수 있는 기회를 보장하기 위하여 능력중심 사회 구현 정책을 지속적으로 추진 중
- 2013년부터 공단은 공공기관 최초로 스펙초월시스템을 도입하여 능력중심의 채용을 실시함.
  - 취업의 장벽을 허물었다는 의의는 있었으나, 공단의 사업수행에 필요한 직무수행능력에 대한 검증 보완이 필요했음.
- NCS에 기반한 채용시스템은 직무수행에 부합한 직업능력을 갖춘 인재(Right Person) 선발이 용이
  - 수행직무를 사전에 숙지하고 입사한 직원의 업무만족도를 높임으로써 지속적인 자기개발을 유도할 수 있으며 장기적으로 조직경쟁력과 더불어 국가 경쟁력 제고에 기여할 것으로 판단함.

| 응시자격 및 제한 |

- 응시자격 : 국가공무원법 제33조의 결격사유가 없는 자로서 세부자격 조건을 모두 갖춘 자
  ※ 세부자격요건 채용 공고 시 안내
- 연령, 학력 : 제한 없음(추후 변동 가능)
- 어학 : 제한 없음(추후 변동 가능)
  ※ 스펙초월채용시스템 도입으로 지원서 기입란 삭제

| 채용시험과목 |

- 원서접수 : NCS 기반 지원서
- 1차 시험
  - NCS 직무능력평가 직업기초능력(조직이해능력, 의사소통능력, 수리능력, 문제해결능력, 직업윤리)
  - 한국사
  - 영어(채용분야에 따라 해당 전문지식을 평가하기 위한 과목 변경 가능 ※ 정보기술분야 – 전산학개론)
- 2차 시험 : NCS 기반 직무수행능력 면접

NCS 직업기초능력평가

한국산업인력공단

Human Resources Development Service of Korea

PART

2

NCS 직업기초능력평가

취업시험 합격의 신화 에듀크라운

한국산업인력공단

Chapter 01 / 의사소통 능력

01 의사소통 능력

1 정의

상대방과 의견을 교환할 때, 구성원 간 전달하려는 다양한 의미를 정확하게 전달할 수 있는 능력을 의미한다. 또한 글로벌 시대에서 필요한 외국어 문서의 이해 및 의사표현 능력도 포함된다.

2 문서적인 측면에서의 의사소통

① **문서이해능력** : 업무에 관련된 문서를 통하여 구체적인 정보를 획득, 수집하여 종합하는 능력
② **문서작성능력** : 상황과 목적에 부합된 문서를 시각적이고 효과적으로 작성할 수 있는 능력

3 언어적인 측면에서의 의사소통

모든 구성원들이 듣고 말하며 의사소통을 하는 시간이 상대적으로 매우 많다는 점에서 경청 능력과 다양한 의사표현력, 기초 외국어 능력 등은 언어적 측면의 의사소통으로서 매우 중요하다.

4 바람직한 의사소통을 저해하는 원인

① '말하지 않아도 아는 문화'에 안주하는 모습
② '전달했는데', '아는 줄 알았는데'라고 착각하는 모습
③ '일방적으로 말하고', '일방적으로 듣는' 무책임한 모습

02 문서이해 능력

1 문서이해 능력의 정의

직업현장에서 자신의 업무와 관련된 인쇄물 및 기호화된 정보 등 필요한 문서를 확인하여 읽고, 내용을 이해하여 요점을 파악하는 능력이다. 문서에서 주어진 문장과 정보 등을 이해하여 자신에게 필요한 행동을 추론할 수 있어야 하고 도표나 수, 기호를 이해하고 표현할 수 있는 능력을 포함한다.

2 직장에서 요구하는 문서이해 능력

① 문서의 목적을 이해하는 능력
② 문서가 작성되게 된 배경과 주제를 파악하는 능력
③ 문서에 쓰인 정보를 밝혀내고, 문서가 제시하고 있는 현안 문제를 파악하는 능력
④ 문서를 통해 상대방의 욕구와 의도 및 내게 요구되는 행동에 관한 내용을 분석하는 능력
⑤ 문서에서 이해한 목적 달성을 위해 취해야 할 행동을 결정하는 능력
⑥ 상대방의 의도를 도표나 그림으로 메모하여 요약, 정리할 수 있는 능력

3 문서의 종류와 용도

① **공문서** : 행정기관에서 대내적 또는 대외적인 공무를 집행하고자 작성하는 공식 문서
② **기안서** : 회사의 업무에 관한 협조를 구하거나 의견을 전달할 때 작성하는 문서로 사내에서는 공문서로도 불리는 문서
③ **기획서** : 적극적인 아이디어를 내어 기획한 프로젝트를 문서 형태로 만들고, 그 내용을 상대에게 전달하여 시행하도록 설득하는 문서
④ **설명서** : 상품의 특성이나 작동 방법 및 과정 등을 소비자에게 설명하도록 작성한 문서
⑤ **보고서** : 특정 업무의 현황 및 진행 상황과 연구 과정 및 검토 결과 등을 보고할 때 작성하는 문서
⑥ **비즈니스 레터(e-mail)** : 사업의 목적으로 고객 및 단체에 보내는 편지로서 비공식적인 문서이지만 제안서나 보고서 등 공식적인 문서를 전달할 때도 사용함.
⑦ **보도자료** : 정부기관, 기업, 각종 단체에서 언론을 상대로 자신들의 정보가 기사로 보도될 것을 요청하기 위해 보내는 자료

⑧ **자기소개서** : 개인의 성장과정 및 환경, 입사동기와 입사 후 포부 등을 기술하여 자신을 소개하는 문서

⑨ **비즈니스 메모** : 업무상 중요한 일이나 체크해야 할 사항을 메모형식으로 작성하여 전달하는 글

03 문서작성 능력

1 문서작성 능력의 정의

문서작성 능력이란 직장생활에서 요구되는 업무의 목적과 상황에 적합한 아이디어나 정보를 전달할 수 있도록 문서로 작성할 수 있는 능력을 의미한다. 직장인은 본인에게 주어진 업무에 관하여 필요한 문서가 무엇인지 이해하고 작성하여야 소속된 조직의 요구에 효과적으로 부응할 수 있으므로, 문서를 이해하고 상황과 목적에 맞는 문서작성 능력을 키우는 것이 요구된다.

2 문서작성의 구성요소

① 품위가 있고 짜임새 있는 글의 골격

② 객관적이고 논리적이며 체계적인 글의 내용

③ 이해하기 쉬운 글의 구조

④ 설득력 있고 명료한 문장

⑤ 세련되고 인상적이며 효과적인 글의 배치

3 문서 종류에 따른 문서 작성법

① **공문서**

– 누가, 언제, 어디서, 무엇을, 어떻게(왜)가 정확히 드러나도록 작성한다.

– 연도, 월, 일을 반드시 함께 기입하며 날짜 다음에 괄호를 사용할 경우에는 마침표를 찍지 않는다.

– 한 장에 담는 것을 원칙으로 하며, 마지막에는 '끝'으로 마무리한다.

– 복잡한 내용은 항목별로 구분한다('— 다음 —' 또는 '— 아래 —').

– 대외문서, 장기간 보관되는 문서 등의 성격에 따라 정확하게 기술한다.

② 기획서

- 기획서는 상대가 채택할 수 있도록 설득력을 갖추어 어필해야 하므로, 상대가 요구하는 점을 고려하여 작성한다.
- 핵심을 정확히 기입하고 한눈에 파악되도록 체계적인 목차를 구성한다.
- 내용의 효과적인 전달을 위해 도표, 그래프 등으로 시각화한다.
- 제출 전 충분히 검토하며 인용 자료의 출처를 정확히 확인한다.

③ 설명서

- 명령문보다 평서형으로 작성하며, 정확한 내용전달을 위해 간결하게 작성한다.
- 상품과 제품에 대해 설명하는 성격에 맞추어 정확하게 기술한다.
- 전문용어는 소비자의 이해를 위해 가급적 사용을 삼가도록 한다.
- 도표를 이용해 복잡한 내용을 시각화하여 이해도를 높인다.
- 동일 문장의 반복을 피하여 다양한 표현을 쓰도록 한다.

④ 보고서

- 업무 진행과정에 대한 핵심내용을 구체적으로 제시하되, 내용의 중복을 피하여 간결하게 작성하도록 한다.
- 보고서는 개인의 능력을 평가하는 요인이므로 제출 전 반드시 최종점검을 한다.
- 복잡한 내용은 도표나 그림을 활용하며, 참고자료는 정확히 제시한다.
- 내용에 대한 예상 질문을 사전에 추출하고, 그에 따른 답을 준비해본다.

4 문서작성의 원칙

① 상대방이 이해하기 쉽게 쓴다.
② 문장을 짧고 간결하게 작성하도록 한다.
③ 간결체로 작성한다.
④ 긍정문으로 작성한다.
⑤ 문서의 주요한 내용을 먼저 쓰도록 한다.
⑥ 간단한 표제를 붙인다.
⑦ 한자의 사용을 되도록 자제해야 한다.

04 경청 능력

1 경청 능력의 정의

경청 능력이란 다른 사람의 말을 주의 깊게 들으며 공감하는 능력을 말한다. 효과적인 의사소통을 위해서는 다른 사람의 말을 잘 경청하며 공감할 수 있는 능력을 갖추는 것이 우선적으로 필요하다.

2 경청의 방법

① 혼자서 대화를 독점하지 않는다.

② 상대방의 말을 가로채지 않는다.

③ 이야기를 가로막지 않는다.

④ 의견이 다르더라도 일단 수용한다.

⑤ 말하는 순서를 지킨다.

⑥ 논쟁에서는 먼저 상대방의 주장을 들어준다.

⑦ 시선(Eye-Contact)을 맞춘다.

⑧ 귀로만 듣지 말고 오감을 동원해 적극적으로 경청한다.

05 의사표현 능력

1 의사표현 능력의 정의

의사표현 능력이란 말하는 사람이 자신의 생각과 감정을 듣는 사람에게 음성언어나 신체언어로 표현하는 능력이다. 의사표현력은 직장인들이 개인이나 조직의 관계를 유지하고 업무 성과를 높이기 위해 필수적으로 요구되는 능력이다.

2 효과적인 의사표현의 방법

① 상대방의 잘못을 지적할 때 상대방이 알 수 있도록 확실하게 지적한다.

② 상대방을 칭찬할 때 본인이 중요하게 여기는 것을 칭찬한다.

③ 상대방에게 부탁해야 할 때, 먼저 상대의 사정을 듣는다.

④ 상대방의 요구를 거절해야 할 때, 먼저 사과하고 이유를 설명한다.

⑤ 명령해야 할 때, 부드럽게 표현하는 것이 훨씬 효과적이다.

⑥ 설득해야 할 때, 먼저 양보해서 이익을 공유하겠다는 의지를 보여주어야 한다.

⑦ 충고해야 할 때, 예화를 들어 비유법으로 깨우쳐주는 것이 바람직하다.

⑧ 질책해야 할 때, 샌드위치 화법('칭찬의 말'+'질책의 말'+'격려의 말')을 사용한다.

06 기초외국어 능력

1 기초외국어 능력의 정의

기초외국어 능력이란 직업생활의 무대가 세계로 넓어지면서 한국어만이 아닌 다른 나라의 다양한 언어로 의사소통을 하는 능력을 말한다. 기초외국어 능력은 외국인들과의 유창한 의사소통을 뜻하는 것은 아니다. 직업생활 중에 필요한 문서이해나 문서작성, 의사표현, 경청 등 기초적인 의사소통을 기초적인 외국어로서 가능하게 하는 능력을 말한다.

2 기초외국어 능력이 필요한 상황

① 외국인과의 의사소통 상황에서 전화응대 및 안내

② 새로 들어온 기계가 어떻게 작동되는지 매뉴얼을 봐야 하는 상황

③ 외국으로 보낼 서류를 작성하거나, 외국에서 온 서류를 이해하며 업무를 추진해야 하는 상황

3 기초외국어 능력 향상을 위한 공부법

① 외국어 공부를 왜 해야 하는지 그 목적부터 정확히 정하자.

② 매일 30분~1시간씩 눈과 손, 입에 밸 정도로 반복하여 공부하자.

③ 실수를 두려워 말고, 기회가 있을 때마다 외국어로 말하자.

④ 외국어와 익숙해질 수 있도록 쉬운 외국어 잡지와 원서부터 읽자.

⑤ 혼자 공부하는 것보다는 주변에 라이벌을 정하고 공부하자.

⑥ 업무와 관련된 외국어 주요 용어는 꼭 주변에 메모해 두자.

⑦ 출퇴근 시간에 짬짬이 어학 관련 방송, 라디오를 듣자.

※ 의사소통 능력 핵심 정리

의사소통 능력이란 관련된 업무를 수행함에 있어서 글과 말을 읽고 듣는 것을 통해 다른 사람이 뜻한 바를 파악하고, 본인이 뜻한 바를 다양한 글과 말을 통해 정확하게 쓰거나 말하는 능력을 말한다.

하위능력	정의	세부요소
문서이해 능력	업무를 수행함에 있어 다른 사람이 작성한 글을 읽고 그 내용을 이해하고 요점을 파악하는 능력	·문서 정보 확인 및 획득 ·문서 정보 이해 및 수집 ·문서 정보 평가
문서작성 능력	업무를 수행함에 있어 자기가 뜻한 바를 글로 나타내는 능력	·작성 문서의 정보 확인 및 조직 ·목적과 상황에 맞는 문서 작성 ·작성한 문서 교정 및 평가
경청 능력	업무를 수행함에 있어 다른 사람의 말을 듣고 그 내용을 이해하는 능력	·음성 정보와 매체 정보 듣기 ·음성 정보와 매체 정보 내용 이해 ·음성 정보와 매체 정보에 대한 반응과 평가
의사표현 능력	업무를 수행함에 있어 자기가 뜻한 바를 말로 나타내는 능력	·목적과 상황에 맞는 정보 조직 ·목적과 상황에 맞게 전달 ·대화에 대한 피드백과 평가
기초외국어 능력	업무를 수행함에 있어 외국어로 의사소통할 수 있는 능력	·외국어 듣기 ·일상생활의 회화 활용

① **어렵고 긴 지문 위주로 관련 문제를 자주 접해라!**

NCS 직업기초능력평가의 의사소통 능력에서 수험생들이 가장 어려움을 겪었던 부분은 바로 독해였다. 따라서 의사소통 능력 관련 문제 중에서도 긴 지문들을 읽는 연습을 중점적으로 진행하여 핵심 내용을 빨리 간파할 수 있는 능력을 키우도록 해야 한다.

② **직무와 관련된 문서와 업무보고서, 보도자료 등은 필히 확인하라!**

의사소통 능력 파트의 경우 실무에 주로 쓰이는 각종 문서(보고서, 기안서 등)들이 문제의 자료로 자주 활용된다. 각 문서의 구성과 특징을 미리 알고 있다면 어떠한 유형의 문제라도 수월하게 파악할 수 있을 것이다.

③ 업무를 담당하는 실무자의 시선에서 문제해결을 접근하라!

의사소통 능력에서는 직장 동료와의 업무적인 대화, 다양한 고객과의 실무적인 대화 등 업무 중 벌어질 수 있는 다양한 상황이 주어진다. 따라서 주관적인 판단을 가능한 줄이고 업무 관련 실무자의 시선을 기반으로 문제를 이해하여야 한다.

07   기출 및 예상 문제

01   다음 중 문서작성 시 고려해야 할 요소가 아닌 것은?   2015. 한국산업인력공단 기출

① 대상 및 목적   ② 시기   ③ 기대효과
④ 국민과 고객의 요구   ⑤ 상대방의 요구

02   다음 중 비공식적 의사소통의 장점은?   2015. 한국산업인력공단 기출

① 구성원끼리 더 친밀감을 느낄 수 있다.
② 정확한 정보를 교환할 수 있다.
③ 내용의 전달이 신속하지 못하다.
④ 의사소통 과정에 융통성이 없다.
⑤ 의사소통 과정에 있어서 여러 계층에게 전달된다.

03   한국산업인력공단이 시행하는 윤리경영시스템 4C에서 인프라, 공감대 형성, 모니터링(3C) 외의 다른
하나는 무엇인가?   2015. 한국산업인력공단 기출

① 고객중심   ② 사회적 책임   ③ 성과중심
④ 세계지향   ⑤ 글로벌 역량

[04~05] 아래 지문은 자유변동환율제도에 관한 내용이다. 이어지는 질문에 답하시오.

2016. 한국산업인력공단 기출

> 환율은 고정환율제도 하에서는 외환당국의 정책적 의지에 따라 특정 수준에 고정되는 반면 변동환율제도 하에서는 외환시장의 수요와 공급에 따라 결정된다. 예를 들어 변동환율제도 하에서 국제수지가 흑자인 경우 외환시장에서 외환의 공급이 수요보다 커짐에 따라 외환의 가치가 떨어져 환율이 하락한다. 반대로 외환의 수요가 공급보다 많아지면 환율이 상승한다. 또한 환율은 통화의 상대가치에 영향을 미치는 다양한 요인에 의해서도 변동한다. 장기적으로는 한 나라와 다른 나라의 물가변동에 따른 상대적 구매력 변화나 생산성, 교역조건 변화, 경기변동 등에 영향을 받으며 단기적으로도 시장참가자들의 환율변동에 대한 기대나 각종 뉴스, 경쟁국의 환율변동 등에 따라 움직이게 된다.

04 외화의 공급이 수요를 넘는 예로 바르게 짝지어진 것은?

> ㉠ 한국 경제의 낙관적 전망으로 인한 외국인의 투자 증대
> ㉡ 국내 브랜드 가치 상승으로 인한 외국인 관광객 증가
> ㉢ 외국인 투자자들의 순매수보다 순매도가 높아지는 현상
> ㉣ 경상수지 흑자 달성

① ㉠, ㉡   ② ㉢, ㉣   ③ ㉡, ㉣   ④ ㉡, ㉢, ㉣   ⑤ ㉠, ㉡, ㉢

05 환율은 통화의 상대가치에 영향을 미치는 다양한 요인에 의해서도 변동한다. 다음 중 환율 변동의 근거로 바르게 짝지어진 것은?

① 원화 가치 상승 : 해외 투자자에 대한 현금배당의 증가
② 원화 가치 하락 : 해외선박사업 수주로 인한 달러 유입
③ 원화 가치 상승 : 북한 4차 핵실험으로 인한 불안감 조성
④ 원화 가치 상승 : 변동환율제도 하에서 국제수지 적자
⑤ 원화 가치 하락 : 외화차입금 만기 도래분의 증가

06 다음 뉴스의 일부분을 통해 추측할 때 사회자가 출연자에게 질문할 내용은? 2016. 한국산업인력공단 기출

> **사회자** : 오죽하면 감사원도 국세청이 제대로 조사했는지 감사하고 있다, 이런 보도도 있었는데 그 감사는 지금도 진행 중인 겁니까? 어떻습니까?
>
> **출연자** : 지난해에 감사원 관계자, 실질감사를 하는 관계자와 저희 취재진이 통화를 한 적이 있는데 특별감사를 했습니다. 국세청에 대한 정기 감사가 있는데요, 감사의 목적은 국세청이 이의제기를 제대로 하지 않는가, 그래서 왜 48명만 선별해 조사했는가, 이 부분에 주목해서 감사를 했다고 그러는데 실제 그 당시까지 감사 상황이 순탄하지 않고 자료만 보관하고 있는 수준이었다, 그 다음에 뭐 내부에 보니까 추후 조사계획도 뚜렷하게 세워놓지 않은 것으로 보였다, 이런 이야기를 한 적이 있어요. 그래서 감사원이 이 특별감사 결과를 빠르면 지난해 11월 말쯤에 발표하기로 했는데 그것도 해를 넘기고 지금까지 상황이 아직 공식발표가 나오지는 않고 있죠.
>
> **사회자** : 그러면 우리 김○○ 대표께서는 사실 밝혀지기도 어려운 그런 자료를 노력을 해서 탐사보도 언론인 회원들이 고생해서 한두 건 그래도 발표를 했는데 추후 조치가 지금 제대로 안 이루어지는 것 아니겠습니까?
>
> **출연자** : 네, 그런 상태죠.
>
> **사회자** : _____
>
> **출연자** : 기본적으로 의지가 없다고 보고요.

① 그 원인이 무엇이라고 생각하십니까?

② 그 다음은 어떻게 진행될 것 같습니까?

③ 국민이 이 사실을 알고 있을까요?

④ 이 문제를 어떻게 해결할 수 있을까요?

⑤ 그 이전에는 어떤 일이 벌어지고 있었나요?

07　다음 사례와 성희롱의 근거가 적절하게 연결되지 않은 것을 고른 것은?　2016. 한국산업인력공단 기출

> A. A 사원은 평소 농담을 잘 하는 성격이다. 그런데 대부분 성적인 농담이라 신입사원 G는 옆에서 듣고 있기에 불편하고 기분이 나쁘다. 하지만 신입사원이기에 불쾌함을 말하지 못하고 늘 참는다.
>
> B. B 부장은 커피 심부름을 잘 시키기로 유명하다. 남자 동기와 함께 있을 때도 굳이 여사원을 지목하여 커피 심부름을 시키며 "커피는 여자가 타야 맛있지~"라는 말을 입에 달고 산다.
>
> C. 평소 패션에 관심이 많은 C 대리가 새 옷을 입고 온 신입사원 D를 한 번 훑어 본 뒤 몸매가 좋아서 그런지 옷이 잘 어울린다고 말하였다. 신입사원 D는 기분이 좋으면서도 한편으로는 부끄러움을 느꼈다.
>
> D. F 부장은 회식자리에서 E 사원에게 "요새 운동을 다녀서 그런지 몸이 좋아졌네, 애인 있어?" 라고 묻고 E 사원이 애인이 없다고 대답하자 그 몸매에 애인이 없는 것이 말이 되냐며 애인을 숨겨 놓은 것이 아니냐고 계속 질문을 해 E 사원을 당황스럽게 하였다.

① A : 농담이라고 해도 상대방이 성적 수치심을 느낀다면 성희롱에 해당한다.

② B : 업무 이외에 심부름을 자주 시키면 기분이 나쁠 수 있으니 성희롱에 해당한다.

③ B : 성차별적인 발언을 통해 상대방이 상대방에게 수치심과 불쾌감을 느낀다면 성희롱에 해당한다.

④ C : 외모에 대한 가벼운 평가나 발언도 수치심을 유발할 수 있다.

⑤ D : 사생활에 대한 지나친 관심과 외모에 대한 발언은 수치심을 유발해 언어적 성희롱에 해당한다.

08　다음을 문맥상 알맞은 순서로 배열한 것은?

> (가) 그래서 문명이 외적이며 물질적인 것이라면, 문화는 내적이며 정신과 영혼의 차원에 속하는 것이었다. 따라서 문명이 곧 문화를 동반하는 것은 아니다. 아놀드는 그 당시 산업혁명이 진행 중인 도시의 하층민과 그들의 저급한 삶을 비판적으로 바라보았다.
>
> (나) 원래 '문명'은 진보 사관을 지닌 18세기 프랑스 계몽주의자들이 착안한 개념으로, 무엇보다 야만성이나 미개성에 대비된 것이었다. 그러나 독일 낭만주의자들은 '문화'를 민족의 혼이나 정신적 특성으로 규정하면서, 문명을 물질적인 것에 국한시키고 비하했다.
>
> (다) 이를 치유하기 위해 그는 문화라는 해결책을 제시하였다. 그에 따르면 문화는 인간다운 능력의 배양에서 비롯되는 것이다.
>
> (라) 또한 문화는 상류층의 고상한 취향이나 스타일 혹은 에티켓 등 지식인층의 교양을 뜻하기도 했다. 아놀드를 포함해서 빅토리아 시대의 지성인들은 대체로 이런 구분을 받아들였다.

① (나) – (라) – (가) – (다) ② (나) – (가) – (다) – (라) ③ (라) – (가) – (다) – (나)
④ (라) – (다) – (나) – (가) ⑤ (가) – (나) – (다) – (라)

09 김○○ 팀장은 인사팀 소속으로 신입사원 교육을 담당하고 있다. 현행 교육프로그램을 개선하기 위하여 사내 팀장 100명을 대상으로 '부하직원 또는 신입직원들의 문서작성에 대한 만족도와 불만족 주요원인'에 대한 설문 조사를 실시하였다. 그 결과 전반적인 만족도은 35%였으며, 불만족에 대한 주요 원인은 아래와 같이 나타났다. 이를 바탕으로 귀하가 신입사원 교육 프로그램 중 문서작성과 관련된 교육내용을 추가할 때 적절하지 않은 것은?

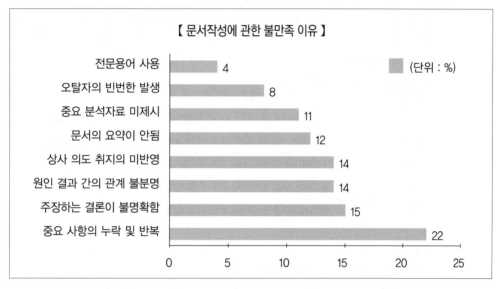

① 문서작성 시 결론이 한 마디로 무엇인지를 전달할 수 있도록 항상 생각한다.
② 문서내용의 원인과 결과 사이의 인과관계상 모순을 없애기 위해 5Why의 사고법을 활용한다.
③ 문서작성 시 MECE 관점의 사고를 유지한다.
④ 문서에 포함시킬 근거 자료가 부족할 때에는 추론 기법으로 보완한다.
⑤ 문서작성 시 핵심적인 내용을 숙지하고 내용을 일목요연하게 정리한다.

10 다음 자료를 토대로 귀하가 이해한 내용으로 옳지 않은 것은?

수신자 : 전 부서
제목 : 전자제품 판매 프로모션 안내

당 부서에서는 아래와 같이 전자제품 판매 프로모션을 기획하였으니 업무에 참고하시기 바랍니다.

– 아래 –

1. 기간 : 2018년 1월 2일(금) ~ 2월 28일(토)
2. 대상 : 행사품목 구매 고객 중 응모한 자에 한함.
3. 내용 : 해당 프로모션 당첨자에게 평생 전기세 지원 명목으로 일정 금액을 증정함(무상 A/S 지원 포함).
4. 혜택 : 품목별 혜택이 상이함.

품목	혜택	당첨자 수
냉장고	전기세 200만 원 지원, 10년 무상 A/S	2명
에어컨	전기세 200만 원 지원, 5년 무상 A/S	2명
세탁기	전기세 100만 원 지원, 5년 무상 A/S	3명
TV	전기세 50만 원 지원, 5년 무상 A/S	4명
PC	전기세 50만 원 지원, 3년 무상 A/S	4명

5. 기타
  – 제세공과금(22%, 현금)은 당첨자 본인 부담
  – 지정된 행사 매장에 방문 또는 상담 시 구매 여부와 관계없이 당해 다이어리 증정(1,000부 선착순)
  – 3월 중순 당첨자 발표 예정(홈페이지 게시, 개별통보)
별첨1. 프로모션 제품별 가격표 1부
별첨2. 지정 행사장 위치 및 진행 계획 1부
별첨3. 온라인 홍보물 1부. 끝.

① "이번 프로모션은 본 회사 제품을 구매한 고객에게 평생 전기세를 지원하는 데 의의를 두고 있어."
② "이번 프로모션은 품목별 혜택 크기는 서로 다르긴 하지만 공통적으로 전기세 지원과 무상 A/S 를 받을 수 있구나."
③ "전국 매장에 방문하거나 상담 시 구매 여부와 관계없이 당해 다이어리를 증정하는구나."
④ "프로모션 당첨자는 제세공과금 22%를 현금으로 부담해야 된다는 것을 응모자들에게 사전에 알려줄 필요가 있구나."
⑤ "행사기간이 2018년 1월 2일부터 28일이니까 기간을 잘 보고 진행해봐야겠어."

11 A 기업의 신입사원 교육담당자인 귀하는 상사로부터 아래와 같은 메일을 받았다. 신입사원의 업무역량을 향상시킬 수 있도록 교육할 내용에 대해서 옳지 않은 것은?

수신 : ○○○
발신 : ***

제목 : 신입사원 교육프로그램을 구성할 때 참고해주세요.
내용 :
○○○ 씨, 오늘 조간신문을 보다가 공감이 가는 내용이 있어서 보내드립니다.
신입사원 교육 때, 문서작성 능력을 향상시킬 수 있는 프로그램이 추가되면 좋을 것 같습니다.

    기업체 인사담당자들을 대상으로 한 조사에서 '신입사원의 국어 능력 만족도'가 '그저 그렇다'가 65.4%, '불만족'이 23.1%나 됐는데 특히 '기획안과 보고서 작성능력'에서 '그렇다'의 응답 비율(53.2%)이 가장 높았다. 기업들이 대학에 개설되기를 희망하는 교과과정을 조사한 결과에서도 가장 많은 41.3%가 '기획문서 작성'을 꼽았다. 특히 인터넷 세대들은 '짜깁기' 기술엔 능해도 논리를 구축해 효과적으로 커뮤니케이션을 하고 상대를 설득하는 능력에선 크게 떨어진다.
… 생략 …

---

① 문서의미를 전달하는 데 문제가 없다면 끊을 수 있는 부분은 가능한 끊어서 문장을 짧게 만들고 실질적인 내용을 담을 수 있도록 한다.
② 상대방이 이해하기 어려운 글은 좋은 글이 아니므로 우회적인 표현이나 현혹적인 문구는 되도록 쓰지 않도록 한다.
③ 중요하지 않은 경우 한자의 사용을 자제하도록 하되, 만약 사용할 경우 상용한자의 범위 내에서 사용하도록 한다.
④ 문서의 중요한 내용을 미괄식으로 작성하는 것은 문서작성에 중요한 부분이다.
⑤ 문서로 전달하고자 하는 핵심메시지가 잘 드러나도록 작성하며 논리적으로 의견을 전개하도록 한다.

[12~14] 다음 시사를 읽고 이어지는 질문에 답하시오.

많은 사람이 리더가 되고 싶어 한다. 그러나 하고 싶다고 누구나 리더가 되는 것은 아니다. 리더가 되려면 리더십을 갖춰야 한다.

(A) 모든 것을 직접 체험하여 지식을 얻고 정보를 습득하면 좋겠지만, 현실적으로 불가능한 만큼 타인의 경험이 담긴 책을 통해 보다 다양한 지식과 정보를 간접적으로 얻는 노력이 있어야 한다. 물론, 지식과 정보를 습득하는 것 못지 않게, 지식과 정보를 어떻게 활용할 것이며, 지식과 정보의 옥석(玉石)을 구별할 수 있는 안목과 혜안을 독서를 통해 길러야 한다. 글로벌 시대에 걸맞은 리더가 되려면 외국어 구사능력도 반드시 갖춰야 한다.

(B) 리더십이 없는 리더가 조직의 수장이 되면 조직은 망할 수밖에 없다. 그래서 리더가 되고자 한다면 리더십을 키우는 연습과 훈련은 필수다. 우선, 리더가 되기 위해서는 명확한 목표를 설정해야 한다. 다름 아닌 꿈이 있어야 한다는 것이다. 사랑도, 희망도, 삶의 목표도 꿈을 꾸면서 시작된다. 더 중요하고 분명한 것은 꿈을 가진 사람이, 꿈을 꾸지 않은 사람보다 더 열심히 더 즐겁게 인생을 살아간다는 사실이다. 꿈은 오늘을 새롭게 하고 미래를 아름답게 만드는 활력소이다. 반기문 유엔사무총장이나 빌 클린턴 미국 전 대통령의 공통점은 학창시절 우수학생으로 뽑혀 케네디 대통령을 만나면서 외교관과 정치가의 꿈을 꾸었다는 것이다. 명확한 목표를 설정하고 그것을 이루기 위해 최선을 다했기 때문에 두 사람은 꿈을 현실화시킨 리더로 평가받고 있다.

(C) 누구든지 나약해질 수 있고 절망의 나락으로 떨어질 수 있다. 그런 위기와 시련에 직면했을 때 어떤 생각을 갖고 사고하며, 어떤 마음으로 접근하느냐에 따라 인생의 항로가 바뀔 수 있다. 부정의 시각으로 생각하는 사람은 생각의 끝에서 절망을 선택할 것이며, 긍정의 시각으로 생각한 사람은 생각의 끝에서 희망으로 방향을 유턴하게 될 것이다. 세상은 긍정적이고 낙천적 사고의 소유자들에 의해 변화와 발전을 거듭해왔음을 직시해야 한다. 세계적인 커피체인점 스타벅스의 하워드 슐츠 회장이 리더는 항상 낙관적이어야 한다며 긍정적 사고를 강조한 것도 같은 맥락이다. 진정한 리더가 되고 싶다면, 앞에서 강조한 것을 선택과 집중의 관점에서 하나하나 실천해야 한다.

(D) 또한, 리더가 되기 위해서는 원만한 대인관계를 구축해야 한다. 혼자 살 수 없는 세상에서 얽히고 설키는 관계(關係)라는 말처럼 중요한 것도 없을 것이다. 그래서 사람과 사람을 이어주고 소통시켜주는 원만한 대인관계야말로 성공을 향한 더없이 소중한 밑거름이다. 미국인들로부터 가장 성공한 사람으로 추앙받는 벤자민 프랭클린도 "아무에게도 적이 되지 말라"며 대인관계의 중요성을 역설했다. 나와 관계없는 백만 명의 사람보다 나와 관계를 맺은 한 사람을 더 소중하고 귀하게 여길 때 원만한 대인관계를 형성할 수 있고 성공을 향한 발걸음도 한결 가벼워질 것이다. 리더에게 독서는 필수요소다. 지식이 힘이고, 정보가 경쟁력인 지식정보화 시대를 슬기롭게 헤쳐 나가기 위해서는 다독(多讀)이 필요하다.

(E) 특히, 영어는 단순한 외국어가 아니라 지구촌 사회와 의사소통을 가능하게 해주는 하나의 약속이 되고 있다. 모국어 하나로 살아갈 수도 있지만, 결국 우물 안 개구리로 전락할 수밖에

없다. 외국어를 구사하지 못하면 일류가 될 수 없고 일류가 될 수 없다는 것은 결국 성공할 수 있는 기회가 그만큼 희박해진다는 것을 의미한다. 네덜란드, 덴마크, 스위스, 오스트리아 등 유럽의 나라들이 규모에 비해 강소국의 반열에 올라설 수 있게 된 것도 국민들의 외국어 구사 능력이 출중하기 때문이라는 것은 시사하는 바가 매우 크다. 덧붙여, 리더가 되고자 하는 사람은 긍정적이고 낙천적인 유연한 사고를 지녀야 한다.

12 한국산업인력 공단의 사보에 실린 기사이다. 다음 기사를 읽고 사원들이 느낀 바로 적절하지 않은 것은?

① 김 대리 : 리더십이 없는 리더가 조직의 수장이 되면 조직은 망할 수밖에 없지.
② 유 과장 : 리더가 되기 위해서는 꿈을 가지는 것이 중요해.
③ 강 차장 : 원만한 대인관계의 구축 또한 리더의 중요한 덕목 중 하나야.
④ 정 실장 : 글로벌 시대에 맞는 외국어 구사능력도 중요하지만, 우리 고유의 전통을 지키는 것이 우선이야.
⑤ 민 부장 : 정보화 시대를 잘 헤쳐 나가기 위해서는 다독이 필요하고 유연한 사고를 가져야 해.

13 위 기사의 내용에서 확인할 수 있는 '리더의 덕목'과 무관한 것은?

① 리더십 함양　　　　　　　　　② 독서를 통한 지식의 확충
③ 낙관적 사고　　　　　　　　　④ 주변 사람들에게 아낌없이 베풀기
⑤ 외국어를 구사하는 능력

14 제시된 첫 문장의 다음에 올 순서로 가장 적절한 것은?

① B – D – A – E – C　　　② B – A – C – D – E　　　③ C – B – A – D – E
④ A – C – E – D – B　　　⑤ A – D – B – E – C

15 다음 열거된 9개의 낱말 중에서 공통성이 있는 것을 3개 골라 그 낱말과 연관이 있는 말을 고르면?

증폭	베토벤	안경	난청	모차르트	청력	보건소	렌즈	치과

① 보청기　　　② 증권거래소　　　③ 청진기　　　④ 작곡가　　　⑤ 휠체어

한국산업인력공단

취업시험 합격의 신화 에듀크라운

Chapter 02 수리 능력

01 수리 능력

1 정의

직장에서 업무를 수행하면서 다양한 자료를 이용할 경우, 사칙연산 및 도표 등을 요약하여 주요 정보를 파악하거나 합리적인 의사를 결정하기 위한 객관적인 근거를 제시하는 능력을 말한다.

02 기초연산 능력

1 기초연산 능력의 정의

기초연산 능력이란 직장에서 업무를 수행함에 있어 기초적인 사칙연산과 계산을 할 수 있는 능력을 말한다. 업무 수행 시 연산결과의 오류를 판단하고 수정함에 있어 필수적으로 요구되는 능력 또한 포함된다. 예를 들어, 업무 비용을 측정하는 경우, 고객 · 소비자의 정보를 조사하는 경우, 조직의 예산을 작성하는 경우 등에 활용된다.

2 사칙연산과 검산

① **사칙연산** : 수에 관한 덧셈, 뺄셈, 곱셈, 나눗셈의 네 종류의 계산법으로 사칙계산이라고도 한다. 특히 직업인들이 업무를 원활하게 수행하기 위해서는 기본적인 사칙연산뿐 아니라 여러 단계의 복잡한 사칙연산도 수행할 수 있어야 한다.

② **검산** : 연산의 결과를 확인하는 과정으로 업무 수행에서 연산의 결과를 확인하는 검산과정을 거치는 것은 필수라 할 수 있다.

03　기초통계 능력

✓1 기초통계 능력의 정의

　기초통계 능력이란 '직장생활에서 평균, 합계, 빈도와 같은 기초적인 통계기법을 활용하여 자료를 정리하고 요약하는 능력'을 의미한다. 특히 기초통계 능력은 직장생활에서 다단계의 복잡한 통계기법을 활용하여 결과의 오류를 수정하는 것이 요구된다는 측면에서 필수적인 능력이라 할 수 있다. 또한 이 능력은 자료특성의 계산방식과 관련이 있으므로 연산 능력과도 깊은 관계가 있다.

2 통계의 기능

① 많은 수량적 자료를 처리가능하고 쉽게 이해할 수 있는 형태로 축소시킨다.

② 표본을 통해 연구대상 집단의 특성을 유추한다.

③ 의사결정의 보조수단이 된다.

④ 관찰 가능한 자료를 논리적으로 어떠한 결론을 추출·검증한다.

04　도표분석 능력

✓1 도표분석 능력의 정의

　도표분석능력이란 도표·그래프 등 자료의 의미를 파악하고 정보를 해석하여 특징을 파악하는 능력을 말한다. 업무수행 과정에서 조직의 생산가동율 변화표를 분석하는 경우, 경쟁업체와의 시장점유율이 그림으로 제시된 경우, 고객과 소비자의 정보를 조사하여 자료의 경향을 파악하는 경우 등에 중요하게 활용된다.

2 평균과 백분율

① **평균** : 제시된 자료의 집합을 자료의 개수로 나눈 값을 나타낸다.

② **백분율(%)** : 전체 총량을 100으로 보았을 때 나타나는 비율로 %로 나타낸다.

하사소통능력

수리능력

문제해결능력

자원관리능력

조직이해능력

직업윤리

실전모의고사

05 도표작성 능력

1 도표작성 능력의 정의

도표작성 능력이란 자료를 이용하여 도표를 효과적으로 제시하는 능력이다. 업무의 목적에 맞게 계산결과를 묘사하는 경우, 업무에 소요되는 비용을 시각화해야 하는 경우 등에 주로 활용된다.

2 도표의 작성 절차

① 어떠한 도표로 작성할 것인지를 결정한다.

② 가로축과 세로축에 나타낼 것을 결정한다.

③ 가로축과 세로축의 눈금의 크기를 결정한다.

④ 자료를 가로축과 세로축이 만나는 곳에 표시한다.

⑤ 도표의 제목 및 단위 표시한다.

3 도표의 종류별 활용

① **선 그래프** : 가장 기본적인 활용으로 시간적 추이(시계열 변화)를 표시하는 데 적합하다.

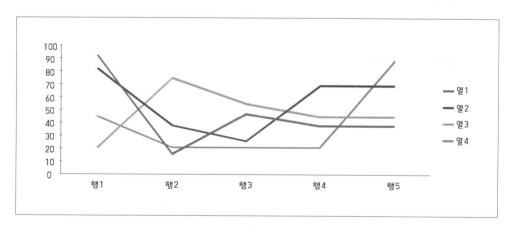

② **막대 그래프** : 비교하고자 하는 수량을 막대 길이로 표시하고, 그 길이를 비교하여 각 수량 간의 대소관계를 나타내고자 할 때 가장 기본적으로 활용할 수 있는 그래프이다.

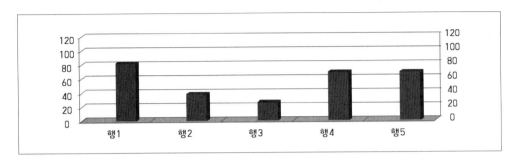

③ **원 그래프** : 일반적으로 내역이나 내용의 구성비를 분할하여 나타내고자 할 때 활용할 수 있는 그래프이다.

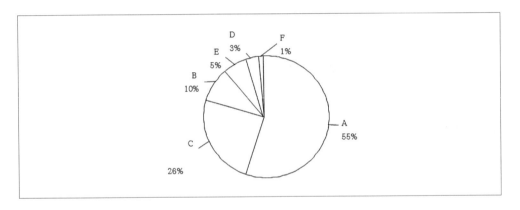

④ **점 그래프** : 지역분포를 비롯한 도시, 지방, 기업, 상품 등의 평가나 위치, 성격을 표시하는 데 활용할 수 있는 그래프이다.

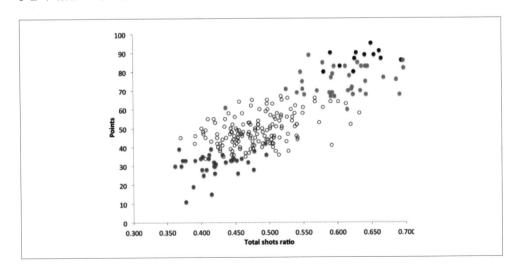

⑤ **층별 그래프** : 합계와 각 부분의 크기를 백분율로 나타내고 시간적 변화를 보고자 할 때, 합계와 각 부분의 크기를 실수로 나타내고 시간적 변화를 보고자 할 때 활용할 수 있는 그래프이다.

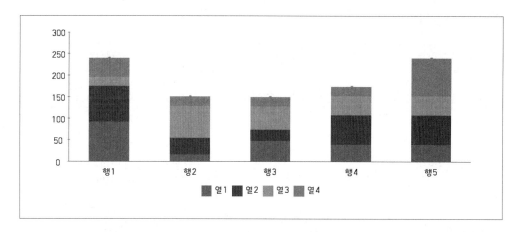

⑥ **방사형 그래프** : 다양한 요소를 비교할 때, 경과를 나타낼 때 활용할 수 있는 그래프이다.

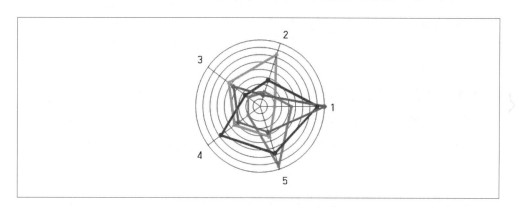

※ **단위 환산표** : 직업인으로서 업무를 수행하는 데 흔히 활용되는 단위이다.

단위	단위환산
길이	1cm = 10mm, 1m = 100cm, 1km = 1,000m
넓이	1cm = 100cm, 1m = 10,000cm, 1km = 1,000,000m
부피	1cm = 1,000mm, 1m = 1,000,000cm, 1km = 1,000,000,000m
들이	1mL = 1cm, 1dL = 100cm = 100mL, 1L = 1,000cm = 10dL
무게	1kg = 1,000g, 1t = 1,000kg = 1,000,000g
시간	1분 = 60초, 1시간 = 60분 = 3,600초
할푼리	1푼 = 0.1할, 1리 = 0.01할, 모 = 0,001할

※ 수리 능력 핵심 정리

수리 능력이란 업무를 수행함에 있어 사칙연산, 통계, 확률의 의미를 정확하게 이해하고, 이를 업무에 적용하는 능력을 말한다.

하위능력	정의	세부요소
기초연산 능력	업무를 수행함에 있어 기초적인 사칙연산과 계산을 하는 능력	• 과제 해결을 위한 연산 방법 선택 • 연산 방법에 따라 연산 수행 • 연산 결과와 방법에 대한 평가
기초통계 능력	업무를 수행함에 있어 필요한 기초 수준의 백분율, 평균, 확률과 같은 통계 능력	• 과제 해결을 위한 통계 기법 선택 • 통계 기법에 따라 연산 수행 • 통계 결과와 기법에 대한 평가
도표분석 능력	업무를 수행함에 있어 도표(그림, 표, 그래프 등)가 갖는 의미를 해석하는 능력	• 도표에서 제시된 정보 인식 • 정보의 적절한 해석 • 해석한 정보의 업무 적용
도표작성 능력	업무를 수행함에 있어 도표(그림, 표, 그래프 등)를 작성하는 능력	• 도표 제시방법 선택 • 도표를 이용한 정보 제시 • 제시 결과 평가

① **한 번의 계산으로 정확한 결과를 내도록 빠른 계산 연습이 필요하다!**

수리 능력과 관련된 대부분의 문제는 기본적인 사칙연산으로 구성되어 있다. 다만, 계산단계가 복잡하거나 단위가 커서 실수가 발생할 수 있으므로 정확하게 계산하는 연습이 필요하다.

② **도표, 그래프 등이 주어지면 먼저 문항의 보기(선택지)부터 확인하라!**

도표, 그래프 등이 주어진 문제는 많은 내용을 비교 및 판단하여야 하므로 문제풀이 시 문항의 보기부터 가장 먼저 확인하여 정답 유무를 찾아가는 방식으로 접근해야 한다.

06 기출 및 예상 문제

01 다음 중 가장 큰 수는? 2015. 한국산업인력공단 기출

① $\dfrac{8}{9}$ 의 $\dfrac{11}{8}$

② $\dfrac{7}{11}$ 의 $\dfrac{6}{5}$

③ $\dfrac{6}{9}$ 의 $\dfrac{8}{7}$

④ $\dfrac{5}{9}$ 의 $\dfrac{9}{11}$

⑤ $\dfrac{6}{7}$ 의 $\dfrac{5}{12}$

02 인쇄소에 M1과 M2 두 대의 인쇄기가 있다. M1은 하루에 50,000장을 인쇄하고, M2는 하루에 40,000장을 인쇄할 수 있다. M1의 불량률은 5%, M2의 불량률은 4%이고 방금 나온 인쇄물이 오류가 났을 때, M1에서 나온 인쇄물일 확률은? (단, 소수점 첫째자리에서 반올림한다) 2015. 한국산업인력공단 기출

① 60% ② 61% ③ 62%

④ 63% ⑤ 64%

03 회사 간담회에 필요한 과일을 사려고 한다. 각 과일은 같은 금액만큼 사야 한다. 사과 1,000g은 24,000원이며, 사과와 같은 무게의 배는 사과의 절반 가격이다. 배 2개는 사과 5개의 무게와 같으며 사과 1개는 200g이다. 72,000원어치의 배를 샀을 때, 배와 사과는 총 몇 개를 샀겠는가? 2015. 한국산업인력공단 기출

① 15개 ② 17개 ③ 20개

④ 23개 ⑤ 27개

04 어떤 사람이 전표 2장에서 61과 18을 보고 두 수의 합이 100이라고 했다. 같은 방식으로 99와 98의 합을 구하면? 2015. 한국산업인력공단 기출

① 197 ② 167 ③ 137

④ 152 ⑤ 158

05 K 제약회사는 상반기 신입사원 공개채용을 시행했다. 1차 서류전형과 인적성, 면접전형을 모두 끝마치고 최종 면접자들의 점수를 확인하여 [합격 점수 산출법]에 의거해 합격자를 선정한다고 한다. 총점 80점 이상이 합격일 때 다음 중 합격자끼리 올바르게 짝지어진 것은?   2016. 한국산업인력공단 기출

구분	A	B	C	D	E
직업기초 능력	75	65	60	68	90
의사소통 능력	52	70	55	45	80
문제해결 능력	44	55	50	50	49

【 합격 점수 산출법 】

직업기초 능력×0.6 / 의사소통 능력×0.3 / 문제해결 능력×0.4 / 총점 : 80점 이상

과락 점수(미만) : 직업기초능력 60점, 의사소통능력 50점, 문제해결능력 45점

① A, C   ② A, D   ③ B, E   ④ C, E   ⑤ D, E

06 K 공연기획사는 2016년 봄부터 시작할 지젤 발레 공연 티켓을 Z 소셜커머스에서 판매할 예정이다. Z 소셜커머스에서 보낸 다음 판매 자료를 토대로 아침 회의 시간에 나눈 대화로 옳지 않은 것은?

2016. 한국산업인력공단 기출

공연명	정가	할인율	판매기간	판매량
백조의 호수	80,000원	67%	2016.02.05.~2016.02.10	1,787장
호두까기 인형	57,000원	50%	2015.12.02.~2015.12.08	1,405장
라 바야데르	55,000원	60%	2015.06.27.~2015.08.28	1,356장
한 여름 밤의 꿈	65,000원	65%	2015.09.10.~2015.09.20	1,300장
세레나데&봄의 제전	60,000원	55%	2015.03.10.~2015.04.10	1,299장

*할인된 티켓 가격의 5%가 티켓 수수료로 추가된다.

*2월 초에는 설 연휴가 있었다.

① A 사원 : 기본 50% 이상 할인을 하는 건 할인율이 너무 큰 것 같아요.

② B 팀장 : 표가 잘 안 팔려서 싸게 판다는 이미지를 줘 공연의 전체적인 질이 낮다는 부정적 인식을 줄 수도 있지 않을까요?

③ C 주임 : 시기와 일정을 어떻게 고려하느냐에 따라 판매량을 많이 올릴 수 있겠네요.

④ D 사원 : 세레나데&봄의 제전의 경우 총 수익금이 3,700만 원 이상이겠어요.

⑤ E 사원 : 실제 할인된 티켓 가격은 호두까기 인형이 제일 높네요.

07 국토교통부는 자동차의 공회전 발생률과 공회전 시 연료소모량이 적은 차량 운전자에게 현금처럼 쓸 수 있는 탄소포인트를 제공하는 정책을 구상하고 있다. 국토교통부는 동일 차량 운전자 A~E를 대상으로 이 정책을 시범 시행하였다. 다음 자료를 근거로 할 때, 공회전 발생률과 공회전 시 연료소모량에 따라 A~E 운전자가 받을 수 있는 탄소포인트의 총합이 큰 순서대로 나열된 것은? (단, 주어진 자료 이외의 다른 조건은 고려하지 않는다)

【 자료 1 】 차량 시범 시행 결과

구분	A	B	C	D	E
주행시간(분)	200	30	50	25	50
총 공회전시간(분)	20	15	10	5	25

【 자료 2 】 공회전 발생률에 대한 탄소포인트

구분	19% 이하	20~39%	40~59%	60~79%	80% 이상
탄소포인트(P)	100	80	50	20	10

【 자료 3 】 공회전 시 연료소모량에 대한 구간별 탄소포인트

구분	99cc	100~199cc	200~299cc	300~399cc	400cc 이상
탄소포인트(P)	100	75	50	25	0

※공회전 발생률(%) $= \dfrac{\text{총 공회전시간(분)}}{\text{주행시간(분)}} \times 100$

※공회전 시 연료소모량(cc) $=$ 총 공회전시간(분)$\times 20$

① D > C > A > B > E
② D > C > A > E > B
③ D > A > C > B > E
④ A > D > B > E > C
⑤ D > B > E > C > A

08 김○○ 대리는 금연치료 프로그램 참가자의 문의전화를 받게 되었다. 금연치료의약품과 금연보조제를 처방받아서 복용하고 있는데 1월 한 달 동안 본인이 부담하는 의약품비가 얼마인지 궁금하다는 내용이었다. 김○○ 대리는 참가자가 1월 4일부터 시작하여 의약품으로는 바레니클린을 복용하며, 금연보조제로는 패치를 사용하고 있다는 사실을 확인한 후 1월 한 달 기준 의약품에 대한 본인부담금을 알려주었다. 올바른 가격은?

구분	금연치료의약품		금연보조제		
	부프로피온	바레니클린	패치	껌	정제
용법	1일 2정	1일 2정	1일 1장	1일 4~12정	1일 4~12정
시장가격(개당)	680원	1,767원	1,353원	375원	417원
공단 지원액	정당 500원	정당 1,000원	日당 1,500원		

※ 의료급여수급권자 및 최저생계비 150% 이하인 자는 상한액 이내 지원
※ 1월 투여기간 = 4일~31일

① 37,068원　　② 40,080원　　③ 42,952원　　④ 46,085원　　⑤ 48,720원

09 다음은 어느 해 개최된 올림픽에 참가한 6개국의 성적이다. 다음 중 옳지 않은 것은?

국가	참가선수(명)	금메달	은메달	동메달	메달 합계
A	240	4	28	57	89
B	261	2	35	68	105
C	323	0	41	108	149
D	274	1	37	74	112
E	248	3	32	64	99
F	229	5	19	60	84

① 획득한 금메달 수가 많은 국가일수록 은메달 수는 적었다.
② 금메달을 획득하지 못한 국가가 가장 많은 메달을 획득했다.
③ 참가선수의 수가 많은 국가일수록 획득한 동메달 수도 많았다.
④ 획득한 메달의 합계가 큰 국가일수록 참가선수의 수도 많았다.
⑤ 금메달 합계가 높더라도 총 메달 합계는 가장 낮았다.

10 다음은 금융기관별, 개인 신용등급별 햇살론 보증잔액 현황에 관한 자료이다. 보기의 내용 중 옳은 것을 모두 고르면?

금융기관 개인 신용등급	농협	수협	축협	신협	새마을 금고	저축은행	합
1	2,425	119	51	4,932	7,783	3,785	19,095
2	6,609	372	(가)	14,816	22,511	16,477	60,862
3	8,226	492	176	18,249	24,333	27,133	78,609
4	20,199	(나)	319	44,905	53,858	72,692	192,944
5	41,137	2,506	859	85,086	100,591	220,535	450,714
6	77,749	5,441	1,909	147,907	177,734	629,846	1,040,586
7	58,340	5,528	2,578	130,777	127,705	610,921	935,849
8	11,587	1,995	738	37,906	42,630	149,409	244,265
9	1,216	212	75	(다)	3,066	1,637	8,060
10	291	97	2	279	539	(라)	1,369
계	227,779	17,733	6,784	486,711	560,750	1,732,596	3,032,353

| 보기 |

㉠ 개인신용 2등급 햇살론 보증잔액에서 새마을금고의 보증잔액이 차지하는 비율은 1등급 햇살론 보증잔액에서보다 더 높다.

㉡ 농협의 햇살론 보증잔액 중 8~10등급의 보증잔액 구성비율은 수협의 햇살론 보증 잔액 중 8~10등급 보증잔액 구성비율보다 낮다.

㉢ 햇살론 보증잔액이 가장 큰 금융기관은 개인신용등급 중 2~8등급의 보증잔액이 타 금융기관보다 더 많다.

㉣ (가)~(라)를 모두 합한 값은 3,063백만 원이다.

① ㉠, ㉡   ② ㉠, ㉢   ③ ㉢, ㉣   ④ ㉡, ㉣   ⑤ ㉡, ㉢

[11~12] 다음 표는 ○○전자가 인턴사원을 채용하기 위하여 시행한 필기시험과 실기시험의 결과 자료이다. 이 자료를 보고 다음 물음에 답하시오.

【 표 1 】 필기시험 결과

이름	성별	국어	영어	상식	자격증
준혁	남	68	100	57	없음
수진	여	48	80	70	있음
영식	남	92	76	72	없음
지희	여	88	50	72	있음
대호	남	76	92	48	있음
근우	남	80	88	69	없음

【 표 2 】 실기시험 결과

이름	성별	100m 달리기 (초)	제자리 멀리 뛰기(cm)	팔굽혀 펴기 (회/1분)	윗몸 일으키기 (회/1분)
준혁	남	14.5	242	33	40
수진	여	19.6	166	15	31
영식	남	14.8	239	22	32
지희	여	17.9	177	32	38
대호	남	15.0	242	24	47
근우	남	14.2	233	41	39

【 표 3 】 실기시험 체력측정 기준

종목	성별	평가점수									
		20점	18점	16점	14점	12점	10점	8점	6점	4점	2점
100미터 달리기(초)	남	12.7 이하	12.8~13.0	13.1~13.3	13.4~13.6	13.7~13.6	14.1~14.4	14.5~14.7	14.8~15.1	15.2~15.3	15.4 이상
	여	14.0 이하	14.1~14.7	14.8~15.5	15.6~16.3	16.4~17.0	17.1~17.7	17.8~18.5	18.6~19.2	19.3~20.0	20.1 이상
제자리 멀리뛰기 (cm)	남	263 이상	262~258	257~255	254~250	249~246	245~243	242~240	239~237	236~232	231 이하
	여	199 이상	198~194	193~189	188~185	184~181	180~177	176~173	172~169	168~165	164 이하
팔굽혀 펴기 (회/1분)	남	58 이상	57~54	53~50	49~46	45~42	41~38	37~33	32~28	27~23	22 이하
	여	50 이상	49~46	45~42	41~38	37~34	33~30	29~26	25~22	21~19	18 이하
윗몸 일으키기(회/1분)	남	58 이상	57~55	54~51	50~46	45~40	39~36	35~31	30~25	24~22	21 이하
	여	55 이상	54~50	49~45	44~40	39~35	34~30	29~25	24~19	18~13	12 이하
악력(kg)	남	61 이상	60~59	58~56	55~54	53~51	50~48	47~45	44~42	41~39	38 이하
	여	40 이상	39~38	37~36	35~34	33~31	30~29	28~27	26~25	24	23 이하

11 다음 보기 중 올바르지 않은 것은?

> **| 보기 |**
>
> ㉠ 자격증이 있는 지원자와 없는 지원자의 비율은 같다.
> ㉡ 여자 지원자의 평균 상식점수가 남자 지원자의 평균 상식점수보다 높다.
> ㉢ 상식시험점수가 가장 낮은 지원자는 영어시험점수가 가장 높다.
> ㉣ 전체 지원자의 평균 영어점수는 82점 이상이다.

① ㉠, ㉢　　　　② ㉡, ㉢　　　　③ ㉡, ㉣　　　　④ ㉢, ㉣　　　　⑤ ㉣, ㉠

12 자격증이 있는 사람은 필기시험 획득 점수 중 가장 낮은 점수의 10% 가산점을 주고, 실기점수는 가산점을 주지 않고 측정기준에 따라 평가를 했다. 실기시험은 각 종목당 8점 미만은 과락(불합격)을 적용하고, 합격 기준점이 260점이라면 합격자는 누구인가? (단, 소수점 이하는 버린다)

① 대호　　　　② 근우　　　　③ 지희　　　　④ 준혁　　　　⑤ 수진

13 다음은 시도별 인구변동 현황에 대한 표이다. 바르게 해석한 것을 모두 고른 것은?

【 시도별 인구변동 현황 】

(단위 : 천 명)

구분	2005년	2006년	2007년	2008년	2009년	2010년	2011년
계	48,582	48,782	48,990	49,269	49,540	49,773	50,515
서울	10,173	10,167	10,181	10,193	10,201	10,208	10,312
부산	3,666	3,638	3,612	3,587	3,565	3,543	3,568
대구	2,525	2,511	2,496	2,493	2,493	2,489	2,512
인천	2,579	2,600	2,624	2,665	2,693	2,710	2,758
광주	1,401	1,402	1,408	1,413	1,423	1,433	1,455
대전	1,443	1,455	1,466	1,476	1,481	1,484	1,504
울산	1,081	1,088	1,092	1,100	1,112	1,114	1,126
경기	10,463	10,697	10,906	11,106	11,292	11,460	11,787

※ 자료 : 행정안전부 지방자치단체 행정구역 및 인구현황

ㄱ. 서울 인구와 경기 인구의 차이는 2005년에 비해 2011년에 더 커졌다.

ㄴ. 2005년과 비교했을 때, 2011년 인구수가 감소한 지역은 부산뿐이다.

ㄷ. 전년 대비 인구 증가 수를 비교했을 때, 광주는 2011년에 가장 많이 증가했다.

ㄹ. 대구는 2007년부터 인구가 꾸준히 감소했다.

① ㄱ, ㄴ   ② ㄱ, ㄷ   ③ ㄱ, ㄴ, ㄷ   ④ ㄴ, ㄹ   ⑤ ㄱ, ㄷ, ㄹ

14 아래 표는 2003~2009년 주요 국가의 연도별 이산화탄소 배출량을 나타낸 자료이다. 이에 대한 설명으로 옳은 것을 모두 고르면? (단, 주요 국가는 2009년 이산화탄소 배출량 상위 10개국을 말한다)

【 주요 국가의 연도별 이산화탄소 배출량 】

(단위 : 백만 TC)

국가＼연도	2003	2004	2005	2006	2007	2008	2009
영국	549.3	516.6	523.8	533.1	521.5	512.1	465.8
러시아	2,178.8	1,574.5	1,505.5	1,516.2	1,578.5	1,593.4	1,532.6
일본	1,064.4	1,147.9	1,184.0	1,220.7	1,242.3	1,152.6	1,092.9
독일	950.4	869.4	827.1	811.8	800.1	804.1	750.2
중국	2,244.1	3,022.1	3,077.2	5,103.1	6,071.8	6,549.0	6,877.2
미국	4,868.7	5,138.7	5,698.1	5,771.7	5,762.7	5,586.8	5,195.0
인도	582.3	776.6	972.5	1,160.4	1,357.2	1,431.3	1,585.8
이란	179.6	252.3	316.7	426.8	500.8	522.7	533.2
캐나다	432.3	465.2	532.8	558.8	568.0	551.1	520.7
한국	229.3	358.6	437.7	467.9	490.3	501.7	515.5
전 세계	20,966.3	21,791.6	23,492.9	27,188.3	29,047.9	29,454.0	28,999.4

※ 자료 : 행정안전부 지방자치단체 행정구역 및 인구현황

ㄱ. 전 세계 이산화탄소 배출량은 매년 증가하였다.

ㄴ. 2009년 이산화탄소 배출량이 가장 많은 국가는 중국이며, 2009년 중국의 이산화탄소 배출량은 전 세계 이산화탄소 배출량의 20% 이상이다.

ㄷ. 러시아의 2003년과 2009년 이산화탄소 배출량의 차이는 이란의 2003년과 2009년 이산화탄소 배출량의 차이보다 크다.

ㄹ. 2003년 대비 2009년 한국 이산화탄소 배출량의 증가율은 100% 이상이다.

① ㄱ, ㄴ   ② ㄴ, ㄷ   ③ ㄷ, ㄹ   ④ ㄴ, ㄷ, ㄹ   ⑤ ㄷ, ㄱ, ㄴ

15 다음은 창업보육센터의 현황에 대한 자료이다. 이에 대한 설명으로 옳지 않은 것을 모두 고르면?

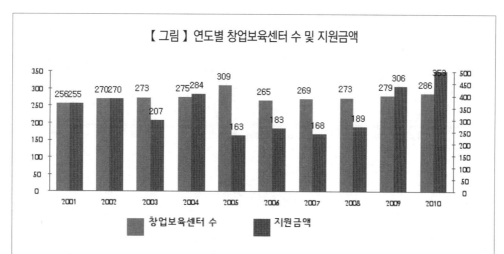

【 그림 】 연도별 창업보육센터 수 및 지원금액

【 표 】 연도별 창업보육센터당 입주업체 수 및 매출액

(단위 : 개, 억 원)

구분 \ 연도	2008	2009	2010
창업보육센터당 입주업체 수	16.6	17.1	16.8
창업보육센터당 입주업체 매출액	85.0	91.0	86.7

※ 한 업체는 1개의 창업보육센터에만 입주함.

ㄱ. 2010년 전년 대비 창업보육센터 지원금액 증가율은 2010년 전년 대비 창업보육센터 수 증
가율의 5배 이상이다.

ㄴ. 2010년 창업보육센터의 전체 입주업체 수는 전년보다 적다.

ㄷ. 창업보육센터당 지원금액이 가장 적은 해는 2005년이며 가장 많은 해는 2010년이다.

ㄹ. 창업보육센터 입주업체의 전체 매출액은 2008년 이후 매년 증가하였다.

① ㄱ, ㄴ   ② ㄱ, ㄷ   ③ ㄴ, ㄷ   ④ ㄴ, ㄹ   ⑤ ㄷ, ㄱ

한국산업인력공단

취업시험 합격의 신화 에듀크라운

Chapter **03** / # 문제해결 능력

---

01   문제해결 능력

1 정의

　문제해결 능력은 직장에서 업무를 수행하면서 문제가 발생했을 때 논리적이고 창의적인 사고를 통하여 문제를 바르게 인식하고 적절히 해결하는 능력을 말한다. 문제해결 능력은 사고력·문제처리 능력으로 크게 구분되며, 직장생활을 하면서 직면하는 여러 문제를 바르게 인식하고 적절한 문제 해결을 위해 필요한 가장 중요한 요소라 할 수 있다.

---

02   문제의 분류

구 분	분석적 문제	창의적 문제
문제제시 방법	현재에 닥친 문제나 미래에 문제가 예견될 것에 대한 문제 탐구로, 문제 자체가 명확함.	당면한 문제가 없더라도 보다 좋은 방법을 찾기 위한 문제 탐구로, 문제 자체가 명확하지는 않음.
주요 특징	객관적, 논리적, 이성적, 정량적, 일반적, 공통적	주관적, 직관적, 감각적, 정성적, 개별적, 특수적
해결 방법	분석·귀납과 같은 논리적 방법을 통하여 해결	창의력을 살린 아이디어를 통해 해결
해답 수	답의 수가 적고, 한정되어 있음.	답의 수가 많고, 많은 답 가운데 보다 나은 것을 선택

03　사고력

1 사고력의 정의

사고력이란 업무와 관련된 문제를 인식하고 해결함에 있어 창조적·논리적·비판적으로 생각하는 능력을 말한다.

2 창의적 사고

창의적 사고란 문제를 해결할 때 자신이 알고 있는 경험과 지식을 해체하고 재조합하여, 새 아이디어를 다시 산출하는 사고 능력을 말한다. 창의적 사고를 위해서는 다양한 사실을 찾고 다양한 아이디어를 창출하는 발산적 사고가 필요하다. 발산적 사고를 개발하기 위한 방법에는 자유 연상법, 강제 연상법, 비교 발상법 등이 있다.

3 논리적 사고

논리적 사고란 사고가 전개될 때 전후 관계가 일치하는지를 살피고, 아이디어를 평가하는 사고 능력을 말한다.

① **피라미드 구조 방법** : 논리적 사고를 개발하는 방법으로, 하위의 사실이나 현상을 먼저 사고하여 상위의 주장을 만들어가는 방법이다.

② **SO WHAT 방법** : 논리적 사고를 개발하는 방법으로, 눈앞에 있는 정보부터 의미를 찾아내어 가치 있는 정보를 이끌어내는 방법이다.

4 비판적 사고

비판적 사고란 문제해결을 위한 사고 시 어떤 문제에 대한 논증, 추론, 증거, 가치, 사례 등을 타당한 것으로 수용할 것인지 또는 불합리한 것으로 판단하여 수용하지 않을 것인지 등을 결정할 때 필요한 능력이다. 비판적 사고를 위해서는 어떤 현상을 바라봄에 있어 문제의식을 가지고 고정관념을 버리는 것이 필요하다.

04 문제처리 능력

1️⃣ 문제처리 능력의 정의

문제처리 능력이란 문제를 해결할 때 그 실천 과정에서 실질석으로 요구되는 능력이다. 즉, 업무수행 중 발생한 문제의 원인과 특성을 파악하여 적절한 해결안을 선택하고, 그 선택안을 적용한 결과를 평가하여 피드백하는 능력을 말한다(문제인식 → 문제도출 → 원인분석 → 실행 및 평가).

문제인식	· WHAT?을 결정하는 단계 · 문제를 파악하여 우선순위와 목표를 명확히 하는 단계
문제도출	· 문제를 분석 · 분해하여 해결점을 명확히 하는 단계 · 인과관계 및 구조를 파악하는 단계
원인분석	· 핵심문제 분석을 통해 근본원인 도출 · Issue 분석 → Data 분석 → 원인 파악
실행 및 평가	· 근본원인을 해결할 수 있는 최적의 해결방안을 수립하는 단계 · 실행계획을 실제 상황에 맞게 적용하는 활동 · 장애가 되는 문제의 원인을 제거해나감.

※ 문제해결 능력 핵심 정리

문제해결 능력이란 업무를 수행함에 있어 문제 상황이 발생하였을 경우, 창조적이고 논리적인 사고를 통하여 이를 올바르게 인식하고 적절히 해결하는 능력을 말한다.

하위능력	정의	세부요소
사고력	업무와 관련된 문제를 인식하고 해결함에 있어 창조적 · 논리적 · 비판적으로 생각하는 능력	· 창의적 사고 · 논리적 사고 · 비판적 사고
문제처리 능력	업무와 관련된 문제의 특성을 파악하고, 대안을 제시 · 적용하고 그 결과를 평가하여 피드백하는 능력	· 대안 선택 · 대안 적용 · 대안 평가

① 문제해결의 규칙을 찾아라!

업무 프로세스 적용, 최적의 시간 산출, 상황에 적합한 비용 산출 등을 위한 다양한 규칙과 상황이 주어진다. 따라서 문제를 푸는 데 필요한 규칙과 상황을 신속하고 정확하게 이해하는 능력이 중요하다. 또한 다양한 문제 유형을 접하면서 파생문제를 해결하는 능력을 키우는 것이 필요하다.

② 질문의 의도를 파악하라!

　문제해결 능력 문제유형은 기업체 내에서 발생하는 다양한 문제를 주제로 출제되기 때문에 다소 생소하여 난해하게 느껴질 수 있다. 그러나 문제의 평균 난이도는 타 유형 대비 높지 않다. 따라서 무엇을 묻는지 문제의 질문 의도를 정확하게 파악하는 것이 가장 중요하다.

③ 중요한 정보에는 반드시 표시를 하라!

　문제해결 능력 문제유형에는 필요한 정보와 불필요한 정보가 뒤섞여 있다. 필요한 정보만을 가려내어 문제해결에 정확히 적용하기 위해서는 자신만의 표시를 해 두는 것이 가장 중요하다. 실제 시험에서는 짧은 시간과 긴장감으로 정보를 잘못 적용하여 틀리는 실수가 많으므로 문제에 표시를 하는 연습도 반드시 필요하다.

05 기출 및 예상 문제

01 최근에 많이 사용되고 있는 퍼실리테이션의 문제해결에 대한 설명으로 옳지 않은 것은?

2015. 한국산업인력공단 기출

① 어떤 그룹이나 집단이 의사결정을 잘하도록 도와주는 일을 의미한다.
② 깊이 있는 커뮤니케이션을 통해 서로의 문제점을 이해하고 공감함으로써 창조적인 문제해결을 도모한다.
③ 구성원의 동기가 강화되고 팀워크도 한층 강화된다는 특징을 보인다.
④ 제3자가 합의점이나 줄거리를 준비해놓고 예정대로 결론을 도출한다.
⑤ 구성원 간에 자율적인 토론 및 커뮤니케이션을 실행하여 문제해결에 이르게 한다.

02 문제를 해결할 때 필요한 분석적 사고에 대한 설명으로 옳은 것은? 2015. 한국산업인력공단 기출

① 전체를 각각의 요소로 나누어 그 요소의 의미를 도출한 다음 우선순위를 부여하고 구체적인 문제해결방법을 실행하는 것이 요구된다.
② 성과 지향의 문제는 일상 업무에서 일어나는 상식, 편견을 타파하여 사고와 행동을 객관적 사실로부터 시작해야 한다.
③ 가설 지향의 문제는 기대하는 결과를 명시하고 효과적으로 달성하는 방법을 사전에 구상하고 실행에 옮겨야 한다.
④ 사실 지향의 문제는 현상 및 원인분석 전에 지식과 경험을 바탕으로 일의 과정이나 결과, 결론을 가정한 다음 검증 후 사실일 경우 다음 단계의 일을 수행해야 한다.
⑤ 가설 지향의 문제는 일상의 업무상식, 편견 등을 타파하여 사고 및 행동을 객관적 사실에 기반하여 시작한다.

03 8층 건물의 엘리베이터는 2층을 제외한 모든 층에서 타고 내릴 수 있다. 엘리베이터 안에 철수, 만수, 태영, 영수, 희수, 다희가 타고 있다가 각자 다른 층에서 내렸다. 엘리베이터는 1층에서 출발했고 다희는 철수보다는 늦게 내렸지만 영수보다는 빨리 내렸다. 희수는 만수보다 한 층 더 가서 내렸고 영수보다는 3층 전에 내렸다. 그리고 영수가 마지막에 내린 것이 아닐 때, 3층에 내린 사람은? 2015. 한국산업인력공단 기출

① 영수   ② 태영   ③ 다희   ④ 희수   ⑤ 만수

04 한국산업인력공단 자격증을 취득하기 위해 한 학생에게 전화가 왔다. 이 학생은 어제까지 한국 나이로 19살이고 만으로 18살이였다. 하지만 366일 후에 21살이 되기 때문에 자격증 취득을 할 수 있다고 한다. 이 조건이 충족되기 위해서 전제되는 것은?　2015. 한국산업인력공단 기출

> 가. 어제가 12월 31일여야 한다.
> 나. 그 해는 윤년이여야 한다.
> 다. 양력으로 계산해야 한다.

① 나, 다　　② 가, 나　　③ 가, 다　　④ 나, 다　　⑤ 가, 나, 다

05 다음 중 의미가 다른 것은?　2015. 한국산업인력공단 기출

① 그는 회사에 올 때 결코 서류가방을 들고 가지 않는다.
② 그가 회사에 오는 모든 때는 서류가방을 들고 오지 않는 때이다.
③ 그가 회사에 오는 모든 때는 서류가방을 들고 오는 때가 아니다.
④ 그가 회사에 오지 않을 때는 서류가방을 들고 다닌다.
⑤ 그는 회사에 올 경우 항상 서류가방을 들고 오지 않는다.

06 회사의 퇴사 요인을 분석한 결과 퇴사 요인에는 A, B, C가 있다고 밝혀졌다. 아래 내용을 참고할 때 다음 중 반드시 참인 진술은?　2015. 한국산업인력공단 기출

> • 퇴사한 칠수는 A, B, C 요인을 모두 가지고 있었다.
> • 재직 중인 만수는 B 요인만 있고 A, C 요인은 없다고 한다.
> • 퇴사한 영희는 A, C 요인만 있고 B 요인은 없었다고 한다.
> • 재직 중인 지희는 A, B 요인은 있고 C 요인은 없다고 한다.

① 칠수를 제외하고 봤을 때, 퇴사에는 C 요인이 중요하다.
② 만수와 지희를 봤을 때, 퇴사에는 B 요인이 작용한다.
③ B 요인은 퇴사에 가장 크게 영향을 미친다.
④ 재직 중인 사람은 C 요인을 가지고 있다.
⑤ 재직 중인 사람은 모두 A, B 요인을 가지고 있다.

07 K 회사는 어플을 만들어 앱스토어에서 판매해 한 달 평균 $10,000의 수익을 내고 있다. 하지만 환율 변동으로 인해 수익이 매번 일정하지 않다. 다음 중 K 회사의 수익이 높아지는 상황을 바르게 짝지은 것은?

2016. 한국산업인력공단 기출

> ㉠ 추석 황금연휴에 해외로 나가는 여행객이 40% 이상 늘었다.
> ㉡ 미국 내에서 통화정책으로 대규모 달러를 풀었다.
> ㉢ 우리나라로 여행 오는 외국인들이 증가하였다.
> ㉣ 중국에서 값싼 원자재를 대량으로 수입해왔다.

① ㉠   ② ㉡, ㉢   ③ ㉠, ㉣   ④ ㉠, ㉢   ⑤ ㉡, ㉢, ㉣

08 다음은 부서별로 [핵심역량가치 중요도]를 정리한 표와 신입사원들의 [핵심역량평가 결과표]이다. 결과표를 바탕으로 한 C와 E의 부서배치로 올바른 것은? (단, '–'는 중요도가 상관없다는 표시이다)

2016. 한국산업인력공단 기출

【 핵심역량가치 중요도 】

부서	창의성	혁신성	친화력	책임감	윤리성
영업팀	–	중	상	중	–
개발팀	상	상	하	중	상
지원팀	–	중	–	상	하

【 핵심역량평가 결과표 】

구분	창의성	혁신성	친화력	책임감	윤리성
A	상	하	중	상	상
B	중	중	하	중	상
C	하	상	상	중	하
D	하	하	상	하	중
E	상	중	중	상	하

	C	E		C	E
①	개발팀	지원팀	②	영업팀	지원팀
③	개발팀	영업팀	④	지원팀	개발팀
⑤	지원팀	영업킴			

[09~11] 회사의 [승진 기준표]에 따라서 해당 요건을 모두 충족하는 사람은 직급 승진대상자에 포함되어 1월 1일부터 승진한다. 다음 표를 보고 물음에 답하시오.

2016. 한국산업인력공단 기출

【 승진 기준표 】

2016년 1월 1일 승진 기준

직급 조건	직급 임기	인사고과 점수	보직	보직기간
2급	5년	95점 이상	부장	5년
3급	4년	93점 이상	과장	4년
4급	4년	90점 이상	대리	4년
5급	3년	90점 이상	주임	3년

【 승진 대기자 】

일자 : 2015년 12월 31일

구분	직급	직급 임기 시작일	인사고과 점수	보직	보직기간
김○○ 부장	3급	2013.01.01.~	96점	부장	5년
이○○ 과장	4급	2009.04.03.~	92점	과장	4년
윤○○ 대리	5급	2012.01.01.~	93점	대리	4년

09 이○○ 과장이 진급하지 못하는 이유로 올바른 것은?

① 승진 대기 인원 초과　　② 직급 임기 부족　　③ 인사고과 점수 부족
④ 보직기간 부족　　⑤ 인사고과 및 보직기간 부족

10 윤○○ 대리가 진급하기 위해서 더 필요한 요건으로 올바른 것은?

① 없음　　② 직급 임기　　③ 인사고과 점수
④ 보직기간　　⑤ 인사고과 점수 및 보직기간

11 김○○ 부장은 2급을 몇 년에 달게 되는가?

① 2018년　　② 2020년　　③ 2022년　　④ 2024년　　⑤ 2026년

12 남성 정장 제조 전문회사에서 20대 젊은 층을 타겟으로 한 캐주얼 SPA 브랜드에 신규 진출하려고 한다. 귀하는 3C분석 방법을 취하려 다양한 자료를 조사했으며 아래와 같은 분석내용을 도출하였다. 자사에서 추진하려는 신규 사업 계획의 타당성에 대해서 올바르게 설명한 것은?

3C	상황분석
자사(Company)	• 신규 시장 진출 시 막대한 마케팅 비용 발생 • 낮은 브랜드 인지도 • 기존 신사 정장 이미지 고착 • 유통과 생산 노하우 부족 • 디지털마케팅 역량 미흡
고객 (Customer)	• 40대 중년 남성을 대상으로 한 정장 시장은 정체 및 감소 추세 • 20대 캐주얼 및 SPA 시장은 매년 급성장
경쟁사 (Competitor)	• 20대 캐주얼 SPA 시장에 진출할 경우, 경쟁사는 글로벌 및 토종 SPA 기업, 캐주얼 전문 기업 외에도 비즈니스 캐주얼, 아웃도어 의류 기업도 포함 • 경쟁사들은 브랜드 인지도, 유통망, 생산 등에서 차별화된 경쟁력을 가짐. • 경쟁사들 중 상위업체는 하위업체와의 격차 확대를 위해 파격적 가격정책과 20대 지향 디지털마케팅 전략을 구사

① 20대 SPA 시장이 급성장하고, 경쟁이 치열해지고 있지만 자사의 유통 및 생산 노하우로 가격경쟁력을 확보할 수 있으므로 신규 사업을 추진하는 것이 바람직하다.

② 40대 중년 정장 시장은 감소 추세에 있으므로 새로운 수요 발굴이 필요하며, 기존의 신사 정장 이미지를 벗어나 20대 지향 디지털마케팅 전략을 구사하면 신규 시장의 진입이 가능하므로 신규 사업을 진행하는 것이 바람직하다.

③ 20대 SPA 시장이 급성장하고 있지만, 하위 경쟁업체의 파격적인 가격정책을 이겨내기에 막대한 비용이 발생하므로 신규 사업의 진출은 적절하지 못하다.

④ 20대 SPA시장은 계속해서 성장하고 매력적이지만 경쟁이 치열하고 경쟁자의 전략이 막강한 데 비해 자사의 자원과 역량은 부족하여 신규 사업의 진출은 하지 않는 것이 바람직하다.

⑤ 40대 정장 시장이 감소하는 추세이므로 높은 브랜드 인지도로 신규 사업을 추진하는 것이 바람직하다.

13   다음 설명을 읽고 제시된 분석결과에 가장 적절한 전략인 것은?

SWOT는 Strength(강점), Weakness(약점), Opportunity(기회), Threat(위협)의 머리글자를 따서 만든 단어로 경영전략을 세우는 방법론이다. SWOT로 도출된 조직의 내외부 환경을 분석하고, 이 결과를 통해 대응하는 전략을 구상하는 분석방법론이다.

SO(강점-기회)전략은 기회를 활용하기 위해 강점을 사용하는 전략이고 WO(약점-기회)전략은 약점을 보완 또는 극복하여 시장의 기회를 활용하는 전략이다. ST(강점-위협)전략은 위협을 피하기 위해 강점을 활용하는 방법이며 WT(약점-위협)전략은 위협요인을 피하기 위해 약점을 보완하는 전략이다.

내부 / 외부	강점(Strength)	약점(Weakness)
기회(Opportunity)	SO(강점-기회)전략	WO(약점-기회)전략
위협(Threat)	ST(강점-위협)전략	WT(약점-위협)전략

【 K 유기농 수제버거 전문점 환경 분석 결과 】

강점(Strength)	• 주변 외식업 상권 내 독창적 아이템 • 커스터마이징 고객 주문 서비스 • 주문 즉시 조리 시작
약점(Weakness)	• 높은 재료 단가로 인한 비싼 상품 가격 • 대기업의 버거 회사에 비해 긴 조리 과정
기회(Opportunity)	• 웰빙을 추구하는 소비 행태 확산 • 치즈 제품을 선호하는 여성들의 니즈 반영
위협(Threat)	• 제품 특성상 테이크 아웃 및 배달 서비스 불가

① S-O : 주변 상권의 프랜차이즈 샌드위치 전문업체의 제품을 벤치마킹해 샌드위치도 함께 판매한다.

② W-O : 유기농 채소와 유기농이 아닌 채소를 함께 사용하여 단가를 낮추고 가격을 내린다.

③ S-T : 테이크 아웃이 가능하도록 버거의 사이즈를 조금 줄이고 사이드 메뉴를 서비스로 제공한다.

④ W-T : 조리 과정을 단축시키기 위해 커스터마이징 형식의 고객 주문 서비스 방식을 없애고, 미리 제작해놓은 버거를 배달 제품으로 판매한다.

⑤ S-O : 요즘 트렌드에 맞게 가격을 낮추는 대신 치즈는 여성들이 선호하는 니즈로 사용하여 판매한다.

14 다음 이○○ 사원의 대화 내용에서 생각할 수 있는 문제해결의 장애요소는 무엇인지 고르시오.

> **최○○ 사원** : 화폐 단위가 너무 높아져서 가치는 그대로 유지하되 액면을 동일한 비율의 숫자로 낮추는 리디노미네이션(redenomination)이 필요하다는 기사 봤어? 불편한 경우가 있어서 문제이긴 한데 어떻게 생각해?
>
> **이○○ 사원** : 어제 커피숍 갔더니 아메리카노를 4.5로 표기하고 라떼는 5.0으로 표기해뒀더라. 무슨 뜻인지 한참 생각했지 뭐야.
>
> **박○○ 사원** : 아메리카노는 4,500원이고 라떼는 5,000원이라는 뜻 아니야? 화폐단위가 너무 높아서 그렇게 사용하는 곳도 있더라고. 실제로 1953년 100원을 1환으로, 1962년 10환을 1원으로 화폐 액면 단위 하향조정한 적도 있었어.
>
> **이○○ 사원** : 그건 별로 효율적이지 못한 거 같아. 2009년 북한에서 화폐단위를 100분의 1로 줄인 적이 있었는데, 물가가 급등하고 결국 북한은 정책 실패 책임을 물어 계획재정부장을 총살했다는 뉴스를 본 적이 있어. 그리고 지폐에 1, 5, 10으로만 표기되면 정말 어색하지 않겠어?
>
> **박○○ 사원** : 하지만 회계처리에 불편하기 때문에 리디노미네이션(redenomination)이 필요할 수도 있어.
>
> **이○○ 사원** : 아니, 우리도 북한 꼴을 당할지도 몰라.

> ㉠ 문제를 철저하게 분석하지 않는 경우
> ㉡ 고정관념에 얽매이는 경우
> ㉢ 쉽게 떠오르는 단순한 정보에 의지하는 경우
> ㉣ 너무 많은 자료를 수집하려고 노력하는 경우

① ㉠, ㉡　　　　　　② ㉡, ㉢, ㉣　　　　　③ ㉠, ㉢
④ ㉠, ㉡, ㉢　　　　⑤ ㉢, ㉣

15 A, B, C, D, E는 직장에서 각각 상여금을 받았다. 상여금은 A~E의 순서와 관계없이 각각 25만 원, 50만 원, 75만 원, 100만 원, 125만 원이다. 다음 중 옳지 않은 것은?

| 조건 |

(가) A의 상여금은 다섯 사람 상여금의 평균이다.

(나) B의 상여금은 C, D보다 적다.

(다) C의 상여금은 어떤 이의 상여금의 두 배이다.

(라) D의 상여금은 E보다 적다.

---

① A의 상여금은 A를 제외한 나머지 네 명의 평균과 같다.

② A의 상여금은 반드시 B보다 많다.

③ C의 상여금은 두 번째로 많거나 두 번째로 적다.

④ C의 상여금이 A보다 많다면, B의 상여금은 C의 50%일 것이다.

⑤ C의 상여금이 D보다 적다면, D의 상여금은 E의 80%일 것이다.

Chapter 04 / 자원관리 능력

01 자원관리 능력

1 정의

자원관리 능력은 직장생활에서 예산, 시간, 인적자원, 물적자원 등의 자원 가운데 무엇이 얼마나 필요한지를 파악하고, 사용할 수 있는 자원을 최대한 확보하여 실제 업무에 어떻게 활용할 것인지에 대한 계획을 수립, 계획에 따라 확보한 자원을 효율적으로 활용하고 관리하는 능력이다. 직장인들이 조직이나 개인의 업무 성과를 높이기 위해서는 자원을 적절하게 관리할 수 있는 능력이 필수적이다.

> ※ 자원관리의 기본과정
> ① 자원 파악(필요한 자원의 종류와 수량 확인)
> ② 자원 확보(이용 가능한 자원들을 수집)
> ③ 계획 수립(파악된 자원을 기반으로 활용계획 세우기)
> ④ 활용 및 관리(계획 기반 수행 및 진행)

02 시간관리 능력

1 시간관리 능력의 정의

시간관리 능력이란 기업 활동에 있어서 필요한 시간자원을 파악하고, 사용할 수 있는 시간자원을 최대한 확보, 실제 업무에 어떻게 활용할 것인지에 대한 시간계획을 수립한 후, 이에 따라 시간을 효율적으로 활용하여 관리하는 능력을 의미한다.

② 시간단축의 중요성

시간단축은 정해진 업무의 양에 소모되는 시간을 축소하거나 한정된 시간에 할 수 있는 일의 양을 증가시키는 것이다. 기업은 시간단축을 통해 생산성 향상, 위험 감소, 시장 점유율 증가 등의 다양한 효과를 낼 수 있다.

③ 시간관리의 효과

① 생산성 향상 : 한정된 시간 자원을 효율적으로 관리하면 생산성 향상이 가능하다.

② 균형적인 삶 : 직장에서 일을 수행하는 시간이 감소하여 삶의 여유를 가질 수 있다.

③ 스트레스 관리 : 시간관리를 통해 일의 부담을 감소시켜 스트레스가 감소된다.

④ 목표 성취 : 목표에 매진할 시간을 갖도록 한다.

④ 시간관리의 과정

① 명확한 목표 설정 → ② 일의 우선순위 설정 → ③ 예상 소요시간 결정 → ④ 시간 계획서 작성

　※ 직장인들이 시간계획을 적절하게 세우기 위해서 지켜야 하는 가장 기본적인 원리는 60 : 40 Rule을 지키는 것이다. 이는 계획된 행동 60%, 비계획된 행동 40%(계획 외의 행동 20%, 자발적 행동 20%)를 의미한다.

일의 우선순위 판단

I 긴급하면서 중요한 일	II 긴급하지 않지만 중요한 일
·위기상황 ·급박한 문제 ·기간이 정해진 프로젝트	·예방 생산 능력 활동 ·인간관계 구축 ·새로운 기회 발굴 ·중장기 계획, 오락
III 긴급하면서 중요하지 않은 일	IV 긴급하지 않고 중요하지 않은 일
·잠깐의 급한 질문 ·일부 보고서 및 회의 ·눈앞의 급박한 상황 ·인기 있는 활동 등	·바쁜 일, 하찮은 일 ·우편물, 전화 ·시간낭비거리 ·즐거운 활동 등

03 예산관리 능력

1 예산관리 능력의 정의

예산관리 능력이란 기업에서 부서별 필요한 예산을 파악하고, 사용할 수 있는 예산을 최대한 확보하여 실제 업무에 어떻게 집행할 것인지에 대한 예산계획을 수립한 후, 이에 따른 예산을 효율적으로 집행하여 관리하는 능력을 의미한다. 한정된 예산을 효율적으로 사용하여 최대한의 성과를 낼 수 있느냐가 중요하게 여겨지는 만큼 예산관리 능력은 모든 직장인에게 필수적으로 요구된다.

2 직접비용(Direct Cost)

직접비용이란 기업에서 제품의 생산이나 서비스를 창출하기 위해 직접 소비된 비용을 말한다.

① **재료비** : 제품의 제조를 위하여 구매된 재료에 대하여 지출된 비용
② **원료와 장비** : 제품을 제조하는 과정에서 소모된 원료나 필요한 장비에 지출된 비용, 실제 구매된 비용 혹은 임대한 비용이 모두 포함된 비용
③ **인건비** : 제품 생산 또는 서비스 창출을 위한 업무를 수행하는 사람들에게 지급되는 비용. 계약에 의해 고용된 외부 인력에 대한 비용도 인건비에 포함되며, 일반적으로 전체 비용 중 가장 큰 비중을 차지하는 비용
④ **시설비** : 제품을 효과적으로 제조하기 위한 목적으로 건설되거나 구매된 시설에 지출된 비용
⑤ **출장비 및 잡비** : 제품 생산 또는 서비스를 창출하기 위해 출장이나 타 지역으로의 이동이 필요한 경우와 기타 과제 수행 상에서 발생하는 다양한 비용

3 간접비용(Indirect Cost)

간접비용이란 제품을 생산하거나 서비스를 창출하기 위해 소비된 비용 중에서 직접비용을 제외한 비용으로, 제품 생산에 직접 관련되지 않은 비용을 말한다. 간접비용의 경우 과제에 따라 매우 다양하며, 과제가 수행되는 상황에 따라서도 다양하게 나타날 수 있다. 간접비용의 예로는 건물관리비, 보험료, 통신비, 광고비, 각종 공과금, 사무 비품비 등을 들 수 있다.

4️⃣ 예산 관리과정

| 필요한 과업 및 활동 규명 | 예산의 배정 전, 예산 범위 내
예산 정리 및 수행 활동 |

| 우선순위 확정 | 우선적으로 배정되어야 하는 활동별로
예산 지출 규모를 확인하여 우선순위를 확정 |

| 예산 배정 | 우선순위가 높은 활동 순으로 예산을 배정 |

04　물적자원관리 능력

1️⃣ 물적자원관리 능력의 정의

　물적자원관리 능력이란 기업활동에서 필요한 물적자원을 파악하고, 사용할 수 있는 물적자원을 최대한 확보하여 실제 업무에 어떻게 활용할 것인지에 대한 계획을 수립한 후, 이에 따른 물적자원을 효율적으로 활용하여 관리하는 능력을 의미한다. 물적자원은 석탄 · 석유 등 자연상태 그대로의 자원인 자연자원과 시설 · 장비 등 인위적으로 가공하여 만든 자원인 인공자원으로 나뉜다.

2️⃣ 물적자원관리 과정

| 사용 물품과 보관 물품의 구분 | • 반복 작업 방지
• 물품활용의 편리성 |

| 동일 및 유사 물품으로의 분류 | • 동일성의 원칙
• 유사성의 원칙 |

| 물품 특성에 맞는 보관 장소 선정 | • 물품의 형상
• 물품의 소재 |

① 인적자원관리 능력의 정의

인적자원관리 능력이란 기업에서 필요한 근로자의 기술·능력·업무 등의 인적자원을 파악하고, 동원할 수 있는 인적자원을 최대한 확보하여 실제 업무에 부서별로 어떻게 배치할 것인지에 대한 예산계획을 수립한 후, 이에 따른 인적자원을 효율적으로 관리하는 능력을 의미한다.

② 합리적인 인사관리 원칙

① **적재적소 배치의 원칙** : 해당 직무 수행에 가장 적합한 인재를 배치해야 한다.

② **공정 인사의 원칙** : 직무 배당·승진·상벌·근무 성적의 평가·임금 등을 공정하게 처리해야 한다.

③ **공정 보상의 원칙** : 근로자의 인권을 존중하고 공헌도에 따라 노동의 대가를 공정하게 지급해야 한다.

④ **종업원 안정의 원칙** : 직장에서 신분이 보장되고 계속해서 근무할 수 있다는 믿음을 가질 수 있도록 하여 근로자가 안정된 회사 생활을 할 수 있도록 해야 한다.

⑤ **창의력 계발의 원칙** : 근로자가 창의력을 발휘할 수 있도록 새로운 건의·제안 등의 기회를 마련하고, 적절한 보상을 하여 인센티브를 제공해야 한다.

⑥ **단결의 원칙** : 직장 내에서 구성원들이 소외감을 갖지 않도록 배려하고, 유대감을 가지고 협동 및 단결하는 체제를 이루도록 한다.

③ 효과적인 인력배치의 원칙

① **능력주의** : 개인의 능력과 실적에 대해 그에 상응하는 보상을 주는 원칙을 말한다. 즉, 적재적소주의 원칙의 상위개념이라고 할 수 있다.

② **적재적소주의(the right man for the right job)** : 팀원의 능력이나 성격 등과 가장 적합한 위치에 배치하여 팀원 개개인의 능력을 최대로 발휘해 줄 것을 기대하는 것이다.

③ **균형주의** : 모든 팀원을 포함하여 전체의 적재적소를 먼저 생각한다. 즉, 팀 전체의 능력 향상, 의식개혁, 사기 양양 등의 도모를 통한 조화를 중요시한다.

4 인력배치의 유형

① **양적배치** : 업무 부분의 작업량과 조업도, 여유 인원과 부족 인원 등을 감안하여 소요인원을 결정하여 배치한다.

② **질적배치** : 적재적소의 배치의 개념이다.

③ **적성배치** : 구성원의 적성과 흥미 등을 고려하여 배치한다.

※ 자원관리 능력 핵심 정리

자원관리 능력이란 업무를 수행하는 데 시간·자본·재료·시설·인적자원 등의 자원 가운데 무엇이 얼마나 필요한지를 확인하고, 이용 가능한 자원을 최대한 수집하여 실제 업무에 어떻게 활용할 것인지를 계획하며, 계획대로 업무 수행에 이를 할당하는 능력을 말한다.

하위능력	정의	세부요소
시간관리 능력	업무 수행에 필요한 시간자원이 얼마나 필요한지를 확인하고, 이용 가능한 시간자원을 최대한 수집하여 실제 업무에 어떻게 활용할 것인지를 계획하고 할당하는 능력	• 시간자원 확인 • 시간자원 확보 • 시간자원 활용계획 수립 • 시간자원 할당
예산관리 능력	업무 수행에 필요한 자본자원이 얼마나 필요한지를 확인하고, 이용 가능한 자본자원을 최대한 수집하여 실제 업무에 어떻게 활용할 것인지를 계획하고 할당하는 능력	• 예산 확인 • 예산 할당
물적자원 관리 능력	업무수행에 필요한 재료 및 시설자원이 얼마나 필요한지를 확인하고, 이용 가능한 재료 및 시설자원을 최대한 수집하여 실제 업무에 어떻게 활용할 것인지를 계획하고 할당하는 능력	• 물적자원 확인 • 물적자원 할당
인적자원 관리 능력	업무수행에 필요한 인적자원이 얼마나 필요한지를 확인하고, 이용 가능한 인적자원을 최대한 수집하여 실제 업무에 어떻게 활용할 것인지를 계획하고 할당하는 능력	• 인적자원 확인 • 인적자원 할당

① **가장 효율적인 방안을 정답으로 선택하라!**

자원관리업무의 목적은 주어진 상황 속에서 최소 투입으로 최대 산출량을 얻는 것이다. 즉, 자원관리 능력 문제 유형의 공통적인 특징은 효율적인 대안을 찾는 것이다. 따라서 이러한 맥락을 파악하고 문제를 접근한다면 보다 문제를 수월하게 해결할 수 있다.

② **어떤 분야의 문제인지를 먼저 파악하라!**

자원관리 능력은 시간관리, 예산관리, 물적자원관리, 인적자원관리 총 4가지 분야로 구분할 수 있다. 각 분야의 문제 유형은 서로 상이하지만, 동일한 분야인 경우에는 서로 비슷하다. 따라서 각기 유형별 문제의 특징을 이해하고 파악하는 것이 매우 중요하다.

06 기출 및 예상 문제

01 다음 글을 읽고 윤○○ 사원이 해야 할 업무 순서로 올바른 것은?   2016. 한국산업인력공단 기출

> **상사** : 벌써 2시 50분이네. 3시에 팀장회의가 있어서 지금 업무지시를 할게요. 업무보고는 내일
> 9시 30분에 받을게요. 업무보고 전 아침에 회의실과 마이크 체크를 한 내용을 업무보고에
> 반영해 주세요. 내일 있을 3시 팀장회의도 차질 없이 준비해야 합니다. 아, 그리고 오늘 P
> 사원이 아파서 조퇴를 했으니 P 사원 업무도 부탁할게요. 간단한 겁니다. 사업 브로슈어에
> 사장님의 개회사를 추가하는 건데 브로슈어 인쇄는 2시간밖에 걸리지 않지만 인쇄소가 오
> 전 10시부터 6시까지 하니 비서실에 방문해 파일을 미리 받아 늦지 않게 인쇄소에 넘겨주
> 세요. 비서실은 본관 15층에 있으니 가는 데 15분 정도 걸릴 거예요. 브로슈어는 다음날 오
> 전 10시까지 준비되어야 하는 거 알죠? 팀장회의에 사용할 케이터링 서비스는 매번 시키
> 는 D 업체로 예약해 주세요. 24시간 전에는 예약해야 하니 서둘러 주세요.

> (A) 비서실 방문　　　　　　　　　　　　(B) 회의실, 마이크 체크
> (C) 케이터링 서비스 예약　　　　　　　　(D) 인쇄소 방문
> (E) 업무보고

① (A) – (C) – (D) – (B) – (E)　　　　② (C) – (A) – (D) – (B) – (E)
③ (B) – (A) – (D) – (C) – (E)　　　　④ (C) – (B) – (A) – (D) – (E)
⑤ (C) – (A) – (B) – (E) – (D)

02 영업부의 A 부장과 B 대리는 세미나에 참석하기 위해 로스앤젤레스로 가게 되었다. 로스앤젤레스는 한국보다 17시간 느리고, 직항을 이용할 경우 비행 시간은 10시간 55분이다. 로스앤젤레스의 현지 시간으로 12월 25일 오후 2시 15분에 도착하는 비행기를 타야 한다고 할 때, 인천공항에 몇 시까지 도착하여야 하는가? (단, 비행기 출발 한 시간 전에 도착해 수속절차를 밟아야 한다)

① 19:20　　　　　　　② 20:20　　　　　　　③ 21:20
④ 22:20　　　　　　　⑤ 23:20

03 S 회사의 김○○ 사원은 K시에 있는 지부로 발령이 나서 회사 근처에 집을 구하려고 한다. 다음은 김
    ○○ 사원이 알아본 K시에 있는 거주지 세 곳의 월세와 거주지로부터 지부까지의 거리를 나타낸 표이
    다. 김○○ 사원이 월세와 교통비가 가장 적게 드는 곳을 선택한다고 할 때, 다음 중 옳은 것은? (단,
    월 출근일은 20일이며, 교통비는 1km당 1,000원이다)

구분	월세	거리(편도)
빌라 A	270,000원	4.0km
아파트 B	310,000원	2.1km
아파트 C	330,000원	1.2km

① 빌라 A를 선택할 경우 김○○ 사원은 회사와 집만 왕복하면 한 달에 420,000원으로 살 수 있다.
② 월 예산 40만 원으로 세 집 모두 거주가 가능하다.
③ 아파트 C가 교통비가 가장 많이 든다.
④ 최종적으로 S 사원이 고를 거주지는 아파트 C이다.
⑤ 아파트 B는 빌라 A보다 한 달 총 금액이 35,000원 덜 든다.

[04~05]　K 도시에 있는 A, B, C, D, E, F 기업들은 상호관계를 맺어 서로 이익을 내고 있다. 다음은 기
　　　　업 간 교류를 통해 얻는 이익을 나타낸 표이다. 이를 보고 이어지는 질문에 답하시오.

(단위 : 억 원)

구분	A 기업	B 기업	C 기업	D 기업	E 기업	F 기업
A 기업		3	6	9	3	5
B 기업	1		7	6	1	8
C 기업	3	5		4	8	3
D 기업	5	7	2		9	7
E 기업	3	6	7	9		2
F 기업	4	9	6	6	7	

04 B 기업에게 가장 큰 이익을 주는 기업은 어디인가?

① A 기업　　　② C 기업　　　③ D 기업　　　④ E 기업　　　⑤ F 기업

05 E 기업이 부도가 나서 K 도시에서 사업을 철수하게 된다면, K 도시의 어떤 기업이 가장 큰 타격을 입겠는가?

① A 기업　　　② B 기업　　　③ C 기업　　　④ D 기업　　　⑤ F 기업

06 A 대리는 일정을 수행하기 위해 K 렌트카 회사에서 대여한 전기자동차의 이용비를 보고서에 기입하려고 한다. 이용비에는 렌트비와 충전요금이 포함된다. A 대리가 보고서에 올릴 전기자동차 이용비는 얼마인가? (단, A 대리는 비용을 가장 적게 들이는 방법으로 전기자동차를 이용하며, 차량 반납 시간 등 다른 요소는 고려하지 않는다)

【 K 렌트카 전기자동차 렌트비 】

구분	4인승 자동차	7인승 자동차
렌트비	50,000원	55,000원

※ 사용 후 20kW씩 충전해서 반납해야 한다.
※ 5일 연속으로 이용 시 렌트비 총액에서 10% 할인 가능

【 전기자동차 충전요금 】

기본요금	전력량 요금(원/kWh)			
	시간대	여름(6~8월)	봄 · 가을(3~5월, 9~10월)	겨울(11월~2월)
2,380원	경부하	52.1	52.8	60.3
	중간부하	152.3	80.2	120.5
	최대부하	231.5	110.4	192.9

※ 전기자동차 충전요금=기본요금+전력량 요금

【 계절별 시간대 구분 】

구분	봄 · 여름 · 가을(3~10월)	겨울(11~2월)
경부하 시간대	23:00~09:00	
중간부하 시간대	09:00~10:00 12:00~13:00 17:00~23:00	09:00~10:00 12:00~18:00
최대부하 시간대	10:00~12:00 13:00~17:00	10:00~12:00 18:00~23:00

※ K 렌트카 회사 전기자동차 충전 가능 시간은 8시~9시, 14시~15시, 20시~21시이다.

【 A 대리의 차량 사용 현황 】

날짜	시간대	일정 및 차량 이용 인원수
12월 12일(월)	8:30~12:00	수원 A 업체와 현장 미팅(5명)
12월 13일(화)	14:30~19:30	천안 B 공장 답사(4명)
12월 14일(수)	8:00~13:00	일산 킨텍스 방문(7명)
12월 15일(목)	10:00~15:00	일산 킨텍스 방문(6명)
12월 16일(금)	09:00~13:30	성남 C 업체 공장 방문(3명)
12월 20일(화)	16:20~19:00	안산 H 협력업체 출장(2명)
12월 21일(수)	10:00~17:00	광주 I 업체 현장 미팅(6명)

① 322,411원 　　　② 354,231원 　　　③ 364,312원

④ 382,822원 　　　⑤ 383,683원

07 다음은 A 공공기관 휴가 규정의 일부를 발췌한 것이다. A 공공기관의 B 대리는 2011년 1월 1일에 입사하였고 매년 80% 이상의 기간 동안 근무하였다. 2017년 B 대리가 쓸 수 있는 연차휴가는 총 며칠인가?

> 제 27조【연차휴가】
> • 직전 연도에 연간 8할 이상 근무한 직원에게는 10일의 연차유급휴가를 부여한다.
> • 3년 이상 근속한 직원에 대해서 최초 1년을 초과하는 근속 연수 매 2년에 연차유급휴가에 1일을 가산한 휴가를 부여한다. (단, 여기서 소수점 단위는 절사하며, 가산휴가를 포함한 총 휴가 일수는 25일을 넘을 수 없다)
> • 연차 휴가는 직원이 자유롭게 분할하여 사용할 수 있다.
> • 반일 단위(9시~14시, 14시~18시)로 분할하여 사용할 수 있으며, 반일 연차휴가 2회는 연차휴가 1일로 계산한다.
> • 연차휴가를 사용하지 아니하였거나, 사용할 수 없는 경우에는 연봉 및 복지후생 관리규정에 정하는 바에 따라 보상금을 지급하도록 한다.

① 12일 　　　② 14일 　　　③ 15일 　　　④ 16일 　　　⑤ 17일

08 다음 표와 같이 각 지점별 수요량과 공급량, 지점 간 수송비용이 주어졌을 경우, 최소 총 수송비는? (단, 표 안의 숫자는 톤당 수송비용을 나타낸다)

공급지 \ 수요지	A	B	C	D	공급합계
X	7만 원	9만 원	6만 원	5만 원	70톤
Y	5만 원	8만 원	7만 원	6만 원	100톤
Z	6만 원	7만 원	9만 원	8만 원	80톤
수요합계	100톤	80톤	50톤	20톤	250톤

① 1,350만 원 ② 1,410만 원 ③ 1,460만 원
④ 1,540만 원 ⑤ 1,560만 원

09 금번 납품일이 4월 2일이라고 했을 때, 해당 일을 기준으로 다음 납품일을 추정해 보면 언제인가?

【 대화 】현○○ 대리, 오○○ 대리

현○○ 대리 : 안녕하세요, 오 대리님. 저 현 대리입니다. 다름이 아니라 저희 쪽에서 납품일자에 맞춰서 계획해야 되는 일들이 있어서 그런데, 다음 번 납품일이 언제일지 알 수 있을까요?

오○○ 대리 : 아~ 네, 잠시만 기다려주시면 관리 일지 확인해 보고 다시 전화 드리겠습니다.

【 자료 】3월 관리 일지

항목	시간(일)
창고대기시간	18
검사시간	1
가공시간	2
이동(운반)시간	1
작업대기시간	3

※ 비고

총 제조시간 = 가공시간 + 검사기간 + 이동시간 + 작업대기시간

납품 사이클 = 창고대기시간 + 총 제조시간

① 4월 20일 ② 4월 23일 ③ 4월 27일 ④ 4월 30일 ⑤ 5월 2일

10 다음은 ○○회사에 지원한 지원자들의 항목별 평가 점수이다. ○○회사는 각 항목별 점수를 합산하여 가장 점수가 높은 한 명을 채용한다. 그런데 마케팅 부서에서는 최근 인사 이동으로 직원 수가 부족하여 불합격한 지원자들 중 의사소통과 조직적합성 항목에서 점수가 높은 한 명을 더 선발하려고 한다. 마케팅 부서에 추가로 합격할 지원자는 누구인가?

구분	의사소통	논리추론	언어이해	조직적합성
A	7	8	7	7
B	7	5	8	8
C	7	6	6	7
D	8	8	6	9
E	8	6	7	9

① A   ② B   ③ C   ④ D   ⑤ E

11 마케팅팀 오○○ 사원은 재무팀으로부터 예산편성을 위해 3월 예상 지출 비용을 미리 신청해 달라는 요청을 받았다. 다음 자료를 참고해서 예산을 산정한다고 할 때, 주유비로 신청해야 할 금액은?

【 지방 출장 업무 관련 규정 】

• 가급적 출장은 꼭 필요한 경우에만 진행하며, 이에 따르는 경비는 최소화한다.

• 가급적 개인 차량보다는 회사 차량을 사용한다.

• 회사 차량 사용 시 왕복 주유비를 지급받을 수 있고, 주유비 계산은 본사와의 왕복 거리를 기준으로 한다.

【 지점 정보 】

지방지사	위치	본사로부터 편도 거리	지방지사	위치	본사로부터 편도 거리
일산	경기도 고양시 일산동구 ○○	50km	전주	전주시 완산구 ○○	270km
강원	강원도 양양군 ○○	190km	목포	목포기 원산동 ○○	390km
부산	부산시 수영구 ○○	420km	대전	대전시 항곡리 ○○	220km
대구	대구시 중구 ○○	370km	세종	세종시 전동면 ○○	190km
광주	광주시 서구 ○○	310km	제주	제주시 청수리 ○○	550km

【 회사 보유 차량 정보 】

구분	차종	목적	연비(km/ℓ)	기타
A1	대형 세단	의전용	7	고급휘발유
A2	준대형	거래처 방문용	9	경유
B1	중형	출장용	11	휘발유
B2	중형	영업 업무용	13	경유

【 계획안 작성 당시 유가 】

휘발유	고급휘발유	경유	LPG	등유
1,400원	1,800원	1,100원	800원	1,000원

【 3월 영업부서 일정 】

일	월	화	수	목	금	토
	1 주관회의	2	3	4	5 세종 출장	6 세종 출장
7	8 주관회의	9	10 부산 출장	11 부산 출장	12 부산 출장	13
14	15 주관회의	16	17 일산 출장	18	19	20
21	22 주관회의	23 목포 출장	24 목포 출장	25 목포 출장	26 목포 출장	27
28	29 주관회의	30	31			

① 241,800원   ② 249,600원   ③ 251,000원   ④ 259,000원   ⑤ 264,700원

12 다음은 L 전자 총무부에 근무하는 이○○ 과장과 L 전자에 사무용품을 납품하는 협력업체 사장의 대화이다. 거래처 관리를 위한 최 과장의 업무처리 방식으로 가장 바람직한 것은?

> • 오피스용품 사장 : 과장님. 이번 달 오피스용품 주문량이 급격히 감소하여 궁금해 찾아왔습니다. 저희 물품에 무슨 문제라도 있습니까?
> • 이○○ 과장 : 사장님께서 지난 7년간 계속 납품해 주고 계시는 것에 저희는 정말 만족하고 있습니다. 그런데 아시다시피 요즘 들어 경기가 침체되어 저희 내부에서도 비용절약운동을 하고 있어요. 그래서 개인책상 및 서랍 정리를 통해 사용 가능한 종이와 펜들이 많이 수거되었지요. 아마 이런 이유 때문이 아닐까요?
> • 오피스용품 사장 : 그렇군요. 그런데 얼마 전 저희에게 주문하시던 종이가방을 다른 업체에서도 견적서를 받으신 것을 우연히 알게 되었습니다. 저희 종이가방에 어떤 하자가 있었나요?
> • 이○○ 과장 : 아, 그러셨군요. 사실 회사의 임원께서 종이가방의 비용이 너무 높다는 지적을 하셨습니다. 그래서 가격비교 차원에서 다른 업체의 견적서를 받아 본 것입니다.

① 유사 서비스를 제공하는 업체는 많으므로 늘 가격 비교 및 서비스 비교를 통해 업체를 자주 변경하는 것이 유리하다.

② 오래된 거래업체라고 해도 가끔 상호관계와 서비스에 대해 교차점검을 하는 것이 좋다.

③ 사내 임원이나 동료의 추천으로 거래처를 소개받았을 경우에는 기존의 거래처에서 변경하는 것이 좋다.

④ 한 번 선정된 업체는 가급적 변경하지 않고 동일 조건하에 계속 거래를 유지하는 것이 가장 바람직하다.

⑤ 기존 거래처에게 다른 업체의 견적서를 보여주며 비용 절감의 필요성을 알려주는 것이 좋다.

13 다음 네트워크모형에서 출발지 A에서 도착지 G까지 최단경로의 산출거리는 얼마인가? (단, 각 구간별 숫자는 거리(km)를 나타낸다)

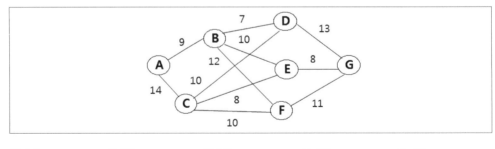

① 27km   ② 29km   ③ 32km   ④ 33km   ⑤ 37km

14 출발지(O)로부터 목적지(D)까지의 사이에 다음 그림과 같은 운송경로가 주어졌을 경우, 그 최단경로와 관련된 설명으로 옳지 않은 것은? (단, 각 구간별 숫자는 거리(km)를 나타낸다)

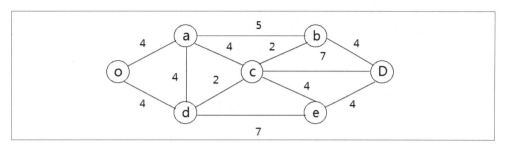

① O에서 b를 경유한 D까지의 최단거리는 12km이다.

② O에서 c까지의 최단거리는 6km이다.

③ O에서 a를 경유한 D까지의 최단거리는 13km이다.

④ O에서 e를 경유한 D까지의 최단거리는 15km이다.

⑤ O에서 D까지의 최단거리는 12km이다.

15 대전에서 부산까지 편도운송을 하는 A사의 화물차량 운행상황이다. 만약, 적재효율을 기존의 1,000상자에서 1,200상자로 높여 운행 횟수를 줄이고자 한다면, A사가 얻을 수 있는 월 수송비절감액은?

【 화물차량 운행사항 】	
• 차량 운행대수 : 4대	• 1대당 1일 운행횟수 : 3회
• 1대당 1회 수송비 : 100,000원	• 월 운행일수 : 20일

① 3,500,000원　　② 3,700,000원　　③ 4,000,000원　　④ 4,500,000원　　⑤ 5,000,000원

한국산업인력공단

취업시험 합격의 신화 에듀크라운

Chapter 05 / 조직이해 능력

01 조직이해 능력

1 정의

조직이해 능력이란 직업인으로서 일상적인 직장생활에 요구되는 조직의 체제와 경영 및 국제 감각을 이해하는 능력을 의미한다. 이러한 조직이해 능력은 조직의 경영의 목표, 경영방법을 이해하는 경영이해 능력과 조직의 구조와 목적 · 규칙 · 규정 등을 이해하는 체제이해 능력, 업무의 성격과 내용을 알고 필요한 지식 · 기술 · 행동을 확인하는 업무이해 능력, 다른 나라의 문화를 이해하고 국제적인 동향을 이해하는 국제감각으로 구성되어 있다.

2 조직의 유형

① **영리성에 따른 분류**

– 영리 조직 : 일반 사기업과 같은 이윤을 목적으로 하는 조직

– 비영리 조직 : 정부조직, 병원, 대학, 시민단체 등 공익을 추구하는 조직

② **조직의 규모에 따른 분류**

– 중 · 소규모 조직 : 중 · 소기업 및 가족 소유의 상점 등

– 대규모 조직 : 대기업 집단

※ 현대자동차, 3M, SONY, 맥도날드, 삼성전자, LG전자, 포스코, 구글 등 둘 이상의 국가에서 법인을 등록하여 활동하고 있는 '다국적 기업'도 최근 국가 간 교역 및 경제활동의 증가 등으로 늘어나고 있는 추세이다.

③ **공식화 정도에 따른 분류**

– 공식 조직 : 조직의 규모와 기능, 규정 등이 조직화된 조직

– 비공식 조직 : 인간관계에 따라 형성된 자발적 조직

02 경영이해 능력

1 경영이해 능력의 정의

경영이해 능력이란 직업인이 자신이 속한 조직의 경영목표와 경영방법을 이해하는 능력이다. 직업인은 경영자가 수행하는 조직의 목적과 전략을 이해할 필요가 있으므로 경영이해 능력의 함양이 요구된다.

2 경영의 구성요소

① **경영목적** : 조직의 목적을 어떤 과정과 방법을 택하여 수행할 것인가를 구체적으로 제시하는 목표이다.

② **인적자원** : 조직에서 일하고 있는 구성원들로, 이들이 어떠한 역량을 가지고 어떻게 직무를 수행하는지에 따라 경영성과가 달라진다.

③ **경영자금** : 경영활동에 사용할 수 있는 금전을 의미하며, 이윤추구가 목적인 사기업에서 자금은 이를 통해 새로운 이윤을 창출하는 기초가 된다.

④ **경영전략** : 조직이 어떻게 자원을 효과적으로 운영하여 무엇을 해야 하고, 어떤 것을 달성해야 하는가를 알려준다. 즉, 기업 내 모든 인적·물적자원을 어떻게 조직화하고, 이를 실행에 옮겨 경쟁우위를 달성하는가에 대한 일련의 방침 및 활동이라 할 수 있다.

3 경영의 계획, 실행, 평가

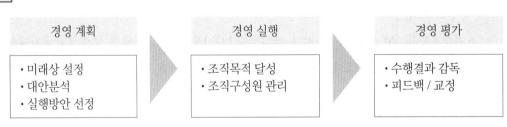

경영 계획	경영 실행	경영 평가
• 미래상 설정 • 대안분석 • 실행방안 선정	• 조직목적 달성 • 조직구성원 관리	• 수행결과 감독 • 피드백 / 교정

4️⃣ 경영전략의 추진이행 과정

경영 계획	경영 실행	전략목표 설정	경영 실행	경영 평가
• 미션 설정 • 비전 설정	• 내부환경 분석 • 외부환경 분석 (SWOT 분석)	• 조직전략 • 사업전략 • 부문전략	• 경영목적 달성	• 경영전략 결과 　평가 • 전략목표 및 　전략 재조정

5️⃣ 마이클 포터의 경영전략

① **원가우위 전략** : 원가절감을 통하여 해당 산업에서 우위를 점하는 전략이다. 대량생산으로 원가를 낮추거나 새로운 생산기술을 개발하는 방법 등이 있다. 우리나라가 1970년대 신발, 섬유, 가발 업체 등이 외국 시장에 진출했을 때 취했던 전략이 원가우위 전략에 해당된다.

② **차별화 전략** : 서비스 및 생산된 제품을 차별화하여 고객에게 독특한 가치로 인식될 수 있도록 하는 전략이다. 연구개발, 광고, 기술, 품질, 이미지, 서비스 등을 개선하는 활동이 모두 이에 포함된다고 볼 수 있다.

③ **집중화 전략** : 경쟁 업체나 조직 등이 소홀히 하고 있는 한정된 시장을 목표로 잡아 집중 공략하는 전략이다. 원가우위나 차별화는 산업 전체를 대상으로 하는 반면, 집중화는 특정 산업을 대상으로 한다는 점이 특징이다.

---

03 조직체제이해 능력

1️⃣ 조직체제이해 능력의 정의

조직체제이해 능력이란 조직의 구조와 목적, 체제 구성 요소 · 규칙 · 규정 등을 이해하는 능력으로, 조직체제의 다양한 요소의 작용원리를 이해하고 개선하기 위해 필요한 능력이다.

2️⃣ 조직목표의 기능과 특징

① 조직목표의 기능

– 조직이 존재하는 정당성과 합법성 부여

- 조직이 나아갈 방향성 제시
- 조직 구성원 의사결정의 기준
- 조직 구성원 행동수행의 동기 부여
- 수행 평가의 기준 제시
- 조직 설계의 기준 제시

② **조직목표의 특징**

- 공식적 목표와 실제적 목표 간 차이가 존재
- 다수의 조직목표 추구 가능
- 조직목표 간 위계적 관계 존재
- 가변적 속성 내재
- 조직의 구성요소와 상호관계 존재

3 조직문화의 기능과 구성요소

① **조직문화의 기능**

- 조직 구성원에게 일체감 및 정체성 부여
- 조직 구성원의 몰입도 향상
- 조직 구성원의 사회화 도모 및 일탈 행동 통제
- 조직의 안정성 유지

② **조직문화의 구성요소** : 피터와 워터맨의 7-S 모형

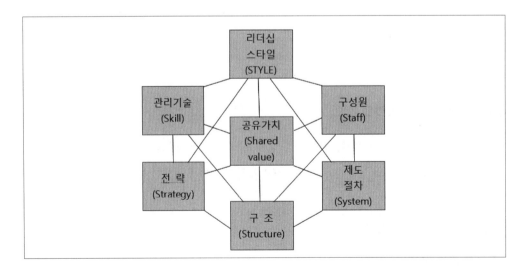

04 업무이해 능력

⑴ 업무이해 능력의 정의

업무이해 능력이란 직업인이 자신에게 주어진 업무의 성격과 내용을 알고 그에 필요한 지식·기술·행동을 확인하는 능력이다. 업무를 효과적으로 수행하는 기초가 된다.

⑵ 업무의 특성

① 공통된 조직의 목적을 지향
② 요구되는 지식, 기술, 도구의 다양성
③ 타 업무와의 독립성과 연계성
④ 업무수행에 있어서의 자율성

⑶ 업무수행의 절차

업무지침 확인	활용 자원 확인	업무수행 시트 작성
· 조직의 업무 지침 · 나의 업무 지침	· 시간 · 예산 · 기술 · 인간관계	· 간트 차트 · 워크 플로 시트 · 체크리스트

05 국제감각

⑴ 국제감각의 정의

국제감각이란 직장생활을 하는 동안 다른 나라의 문화를 이해하고 국제적인 동향을 이해하는 능력이며, 세계화시대에 능력 있는 직업인이 되기 위해 필요한 능력이다.

2 국제동향의 파악 방법

① 관련 분야 해외 인터넷 사이트를 방문하여 최신 이슈를 확인한다.

② 매일 신문의 국제면을 읽는다.

③ 업무와 관련된 국제잡지를 정기 구독한다.

④ 노동부, 한국산업인력공단, 산업자원부, 중소기업청, 상공회의소 등의 관련 사이트를 방문해 국제동향을 확인한다.

⑤ 관련 국제학술대회에 참석한다.

⑥ 업무와 관련된 주요 용어의 외국어를 알아둔다.

⑦ 해외서점 사이트를 방문해 최신 서적 목록과 주요 내용을 파악한다.

⑧ 외국인 친구를 사귀고 대화를 자주 나눈다.

3 주요 국제매너 숙지

직업인의 자국문화 중심적으로 행동하지 않고, 다른 나라의 문화를 순응하고 관습을 존중해 주어야 한다. 예컨대 국제적으로 인사를 할 때에는 국가에 따라 인사법이 다르므로 알아두는 것이 좋다.

① 미국은 악수할 때 손끝만 잡는 것을 예의에 어긋나는 것으로 간주하므로, 영미권에서 악수는 일어서서, 상대방의 눈이나 얼굴을 보면서, 오른손으로 상대방의 오른손을 잠시 힘주어서 잡았다가 놓아야 한다. 또한 이름이나 호칭을 어떻게 부를지 먼저 물어보는 것이 예의이며, 상대방의 개인 공간(Personal space)을 지켜줘야 한다.

② 아프리카는 상대방과 시선을 마주보며 대화하면 실례이므로 코끝 정도를 보면서 대화하도록 한다.

③ 러시아와 라틴아메리카에서는 포옹을 주로 하는데, 매우 친밀함의 표현이므로 이를 이해하고 자연스럽게 받아주는 것이 좋다.

④ 영미권의 명함은 사교용과 업무용으로 나누어지며, 업무용 명함에는 성명, 직장주소, 직위가 표시되어 있다. 업무용 명함은 악수를 한 이후 교환하며, 아랫사람이나 손님이 먼저 꺼내 오른손으로 상대방에게 주고, 받는 사람은 두 손으로 받는 것이 예의이다. 그리고 받은 명함은 한 번 보고 나서 탁자 위에 보이게 놓은 채로 대화를 하거나, 명함지갑에 넣는다. 명함을 구기거나 계속 만지는 것은 예의에 어긋나는 일이다.

⑤ 미국은 시간엄수를 매우 중요하게 여기며, 라틴아메리카·동부유럽·아랍지역은 시간약속을 형식적으로 생각하여 상대방이 기다려줄 것으로 생각하는 경향이 있다.

⑥ 수프는 소리 내어 먹지 않고, 포크와 나이프는 몸의 바깥쪽에 있는 것부터 사용한다.

⑦ 뜨거운 수프는 입으로 불지 않고 손가락으로 저어 식혀야 한다.

⑧ 빵은 수프를 먹고 난 후부터 먹고, 디저트 직전부터 식사가 끝날 때까지 먹을 수 있다.

⑨ 빵은 손으로 떼어 먹고, 생선요리를 뒤집어 먹지 않으며, 스테이크는 잘라가며 먹는 것이 좋다.

※ 조직이해 능력 핵심 정리

조직이해 능력이란 업무를 원활하게 수행하기 위해 국제적인 추세를 포함하여 조직의 체제와 경영에 대해 이해하는 능력을 말한다.

하위능력	정의	세부요소
경영이해 능력	사업이나 조직의 경영에 대해 이해하는 능력	• 조직의 방향성 예측 • 경영조정(조직의 방향성을 바로 잡기 위해 필요한 행위하기) • 생산성 향상 방법
조직체제 이해 능력	업무 수행과 관련하여 조직의 체제를 올바르게 이해하는 능력	• 조직의 구조 이해 • 조직의 규칙과 절차 파악 • 조직 간의 관계 이해
업무이해 능력	조직의 업무를 이해하는 능력	• 업무의 우선순위 파악 • 업무활동 조직 및 계획 • 업무수행의 결과 평가
국제감각	주어진 업무에 관한 국제적인 추세를 이해하는 능력	• 국제적인 동향 이해 • 국제적인 시각으로 업무 추진 • 국제적 상황 변화에 대처

① 조직이해 능력 문제 속에는 정답이 숨어 있다!

경력이 없는 경우 조직에 대한 이해가 낮을 수밖에 없다. 그러므로 문제 자체가 실무적 내용을 담고 있다고 할지라도, 문제 속에서 풀이의 힌트를 줄 수밖에 없다. 잘 모르는 내용이더라도 문제를 꼼꼼하게 읽다 보면 정답을 어렵지 않게 맞출 수 있다.

② 지원 기업의 조직도를 확인, 활용하라!

대부분의 기업들은 홈페이지를 통해 회사의 상세 조직도 및 업무내용을 소개하고 있다. 따라서 지원하고자 하는 기업의 홈페이지를 포함한 다양한 기업들의 홈페이지를 방문하여 조직도의 구조와 그 업무내용을 미리 익혀두도록 한다. 추후 조직이해 능력 관련 문제 출제 시 실제 지원 기업들의 조직 및 업무내용을 기반으로 한 문제가 출제되었을 때에 큰 도움을 받을 수 있다.

06   기출 및 예상 문제

01   직장에서 흔히 사용되는 체크리스트에 대한 설명으로 옳지 않은 것은?   2015. 한국산업인력공단 기출

① 업무의 각 단계를 효과적으로 수행했는지 자가 점검해볼 수 있는 도구이다.

② 표로 작성하는 것이 확인하기 쉽다.

③ 각 활동별로 목표를 달성했는지를 점검하기에 효과적이다.

④ 시간의 흐름을 표현하기에 좋은 방법이다.

⑤ 체크리스트를 통해 놓친 업무가 있는지를 확인하는 데에 효과적이다.

02   조직이 가지고 있는 조직문화의 기능이 아닌 것은?   2015. 한국산업인력공단 기출

① 조직구성원들에게 일체감, 정체감 등을 부여한다.

② 조직 몰입의 향상을 방해한다.

③ 조직구성원들의 행동지침이 된다.

④ 조직의 안정성을 유지한다.

⑤ 조직구성원들의 일탈행동을 사전에 통제할 수 있다.

03   직장생활을 하면서 해외 바이어를 만나는 경우도 있다. 알아두고 있어야 할 국제매너로 옳지 않은 것은?   2015. 한국산업인력공단 기출

① 악수를 한 이후 명함을 건네는 것이 순서이다.

② 러시아, 라틴아메리카 사람들은 포옹으로 인사를 하는 경우도 많다.

③ 이라크 사람들은 상대방이 약속시간이 지나도 기다려 줄 것으로 생각한다.

④ 미국인들은 시간 약속에 매우 철저하지만, 중·남미권의 경우 시간약속이 다소 형식적인 경우도 있다.

⑤ 미국인들과 악수를 할 때는 손끝만 살짝 잡아서 해야 한다.

04 경영의 대표적인 구성요소인 4요소는?
2015. 한국산업인력공단 기출

① 경영목적, 인적자원, 자금, 마케팅
② 자금, 전략, 마케팅, 회계
③ 인적자원, 마케팅, 회계, 자금
④ 경영목적, 인적자원, 자금, 전략
⑤ 인적자원, 물적자원, 자금, 회계

05 제시문이 설명하는 의사결정 방법은?
2015. 한국산업인력공단 기출

> 조직에서 의사결정을 하는 대표적인 방법으로 여러 명이 한 가지의 문제를 놓고 아이디어를 비판 없이 제시하여 그중에서 최선책을 찾아내는 방법이다. 다른 사람이 아이디어를 제시할 때 비판하지 않고 아이디어를 최대한 많이 공유하고 이를 결합하여 해결책을 마련하게 된다.

① 만장일치
② 다수결
③ 제비뽑기
④ 의사결정나무
⑤ 브레인스토밍

06 직장동료와 휴가 계획에 대해 이야기를 하였다. 국제화에 대해 옳지 않게 말한 사람은?
2015. 한국산업인력공단 기출

> 6월 8일 점심식사 시간에 이루어진 대화이다.
> • 철수 : 오늘 뉴스를 보니까 엔화가 계속해서 하락하고 있다고 하더라.
> • 만수 : 환율이 많이 떨어져서 일본으로 여행가기에는 정말 좋겠다.
> • 영수 : 요즘 100엔에 900원 정도밖에 안하지?
> • 희수 : 나는 여름휴가로 미국을 가려고 했는데 전자여권으로 ESTA를 신청해야 하더라.
> • 병수 : 엇, 아니야! 미국은 무조건 비자를 받아서 가야 하지 않아?

① 철수
② 병수
③ 영수
④ 희수
⑤ 만수

07 귀하는 6개월간의 인턴기간을 마치고 정규직 채용 면접에 참가했다. 면접 당일, 면접관이 인턴을 하는 동안 우리 조직에 대해서 알게 된 것을 말해보라는 질문을 던졌다. 다음 중 귀하가 면접관에게 말할 항목으로 가장 적절하지 않은 것은 무엇인가?

① 조직의 구조
② 주요 업무 내용
③ 사무실의 구조
④ 업무 환경
⑤ 회사 내의 부서

08 회사의 자율 휴가제도에 대한 설명이다. 신입사원 교육 시 당사의 자율 휴가제에 대한 장점을 부각해 휴가제를 설명하고자 할 때 올바르지 않은 것은?   2016. 한국산업인력공단 기출

【 자율 휴가제 】

· 연중 본인이 원하는 기간을 지정해 자유롭게 휴가를 사용할 수 있다.

· 3년 이상 근속 시 1일씩 가산 휴가를 준다.

· 휴일에 업무를 하면 당일 근무일수의 2배의 휴가를 지급한다.

· 휴가 사용 시 토요일은 0.5일, 평일은 1.0일로 계산한다.

　※ 월~토 주 6일제 근무이다.

---

① 우리 회사는 근속한 사람에게 그만큼의 대우를 해 준다.

② 정규 근무일 이외에 근무 시 그에 정해진 보상을 한다.

③ 자기가 원하고자 하는 기간에 탄력적으로 휴가를 사용할 수 있다.

④ 휴일 업무 시 휴가기간에 0.5일을 가산해 휴가를 지급한다.

⑤ 휴일 1일 업무 진행 시 2일의 휴가를 지급한다.

09 지수의 하루일과를 통해 알 수 있는 사실로 옳은 것은?   2015. 한국산업인력공단 기출

지수는 대학생으로 화요일에 학교 수업, 아르바이트, 스터디, 봉사활동 등을 한다.

다음은 지수의 화요일 일과이다.

· 지수는 오전 11시부터 오후 4시까지 수업이 있다.

· 수업이 끝나고 학교 앞 프렌차이즈 카페에서 아르바이트를 3시간 동안 한다.

· 아르바이트를 마친 후 NCS 공부를 하기 위해 스터디를 2시간 동안 한다.

· 스터디 후에는 전국적으로 운영되는 유기견 보호단체와 함께 봉사활동을 1시간 동안 한다.

---

① 비공식적이면서 소규모조직에서 3시간 있었다.

② 하루 중 공식조직에서 9시간 있었다.

③ 비영리조직이며 대규모조직에서 6시간 있었다.

④ 영리조직에서 2시간 있었다.

⑤ 하루 중 비공식조직에서 4시간 있었다.

10 영업팀 사원인 K씨는 출장 유류비와 식대비로 총 35만 원을 지불하고 영업처 식대비로 10만 원을 지불했다. 다음 중 [결재규정]에 따라 K씨가 제출할 결재 양식은 무엇인가?

【 결재규정 】

· 결재를 받으려는 업무에 대하여 최고결재권자(대표이사) 포함 이하 직책자의 결재를 받아야 한다.
· '전결'이라 함은 회사의 경영활동이나 관리활동을 수행함에 있어 의사결정이나 판단을 요하는 일에 대하여 최고결재권자의 결재를 생략하고, 자신의 책임 하에 최종적으로 의사결정이나 판단을 하는 행위를 말한다.
· 전결사항에 대해서도 위임 받은 자를 포함한 이하 직책자의 결재를 받아야 한다.
· 표시내용 : 결재를 올리는 자는 최고결재권자로부터 전결 사항을 위임받은 자가 있는 경우 결재란에 전결이라고 표시하고 최종결재권자란에 위임받은 자를 표시한다.
· 최고결재권자의 결재사항 및 최고결재권자로부터 위임된 전결 사항은 아래의 표에 따른다.

구분	내용	금액기준	결재서류	팀장	본부장	대표이사
영업비	영업처 식대비, 판촉물 구입비 등	10만 원 이하	접대비지출품의서, 지출결의서	○ □		
		30만 원 초과			○ □	
		50만 원 이상				○ □
출장비	출장 유류비, 출장 식대비	10만 원 이하	출장계획서	○ □		
		30만 원 초과			○	□
		50만 원 이상				○ □
교육비	내부교육비	50만 원 이하	기안서, 법인카드신청서	○	□	
	외부강사초청비	50만 원 이하			○	□
		50만 원 초과			○	□
		100만 원 초과				○ □

※ ○ : 기안서, 출장계획서, 접대비지출품의서
※ □ : 지출결의서, 각종 신청서 및 청구서

①

출장계획서			
결재	담당	팀장	본부장	최종 결재
	K			대표이사

②

청구서			
결재	담당	팀장	본부장	최종 결재
	K			팀장

③

출장계획서			
결재	담당	팀장	본부장	최종 결재
	K		전결	대표이사

④

출장계획서			
결재	담당	팀장	본부장	최종 결재
	K		전결	본부장

⑤

출장계획서			
결재	담당	팀장	본부장	최종 결재
	K		전결	부장

11 교육팀 한○○ 과장은 신입행원을 위한 은행 기본 업무 매뉴얼에 대한 강의를 준비하고 있다. 은행의 기본업무와 그에 해당하는 역할에 대한 강의를 들은 신입행원들의 반응 중 옳지 않은 것을 고르시오.

기업금융	• 기업고객에 대한 융자상담 및 여신취급에 필요한 신용조사, 여신심사, 품의서 작성, 담보권 설정 • 기업고객의 외환취급에 필요한 상담, 심사 및 의사결정 • 기업고객의 관련 각종 제도의 기회, 여신한도, 연체관리 • 여신 업무계획 및 규정, 제도 등의 수립과 추진
개인금융	• 수시입출금예금, 정기 예적금, 자동화기기, 어음교환, 방카슈랑스 업무 • 카드 및 가계대출 업무 • 창구거래와 상품 마케팅 활동
카드사업	• 카드 사업 계획의 수립과 추진 • 카드 신용관리, 마케팅 및 관리

자금신탁, 운용	• 자금관리, 자금결제 지원 • 자금운용/신탁관리/투자운용
리스크관리	• 은행 차원의 신용 리스크 관리 및 건전성 관리를 위하여 리스크 관리 기획, 자산건전성 분류 및 대손충당금 적립, 신용위험비용 및 사후정산, BIS비율관
IT	• 정보전략 기획, 정보자원 기획, 시스템 운영 • 고객에 대한 서비스 향상 및 영업점 개선 및 지원

① IT인력은 전공자를 전문인력으로 채용하므로 IT관련 필기시험을 따로 실시한다고 하던데?

② PB업무는 개인금융업무 안에서 자산관리를 해주는 특정업무를 말하는데 요즘은 PB센터를 따로 운영하는 곳도 있어.

③ 개인금융 업무를 맡더라도 대출업무, 카드업무 등에 대해서 숙지하고 있어야 하니까 모든 업무에 대한 학습이 필요할 것 같아.

④ 기업금융을 담당하고 싶고 그쪽으로 준비해 왔으니까 앞으로도 기업금융 전문가가 되기 위해 그 분야 전문지식에 대해 공부해야겠어.

⑤ 카드사업의 경우 카드 사업계획의 추진, 고객 신용관리 및 마케팅에 대한 이해가 필요할 것 같아.

12 자동차 부품회사에 근무하는 박 사원은 상사인 박 사장으로부터 거래처인 서울자동차에 보낼 문서 두 건에 대한 지시를 받았다. 그 내용은 "만찬 초대에 대한 감사장"과 "부품 가격 인상 건"에 대한 공문이 었다. 다음 중 문서 작성 및 처리 방법으로 가장 적절한 것은?

① 두 제목으로 각각 문서를 작성하고 한 봉투에 넣어 발송하였다.

② 문서 두 건은 같은 회사로 보낼 것이므로 "가격인상에 대한 고지 및 초대에 대한 감사"라는 제목으로 사외문서 한 장으로 작성하였다.

③ 하나의 문서에 두 개의 제목(제목 : 부품가격 인상 건/제목 : 초대에 대한 감사)을 쓰고 문서 내용은 1, 2로 작성하였다.

④ 두 장의 문서를 별도로 작성하고 같은 봉투에 두 장의 문서를 함께 발송하였다.

⑤ 두 장의 문서를 별도로 작성하고 따로 발송하였다.

[13~14]　다음을 읽고 이어지는 물음에 답하시오.

> 김민수는 ○○건설 비서실에서 사장 비서로 근무하고 있으며, 비서실에서 이진우 비서실장, 정선아 대리와 함께 사장을 보좌하고 있다. 군대를 제대하고 입사한 김민수는 정선아 대리와 동갑이지만 정 대리가 입사 선배이므로 비서실에서 선후배로 지내고 있다.

13　다음 중 비서실 내에서의 바람직한 인간관계를 유지하기 위한 설명으로 가장 적절하지 않은 것은?

① 선배 비서의 업무처리 방식이 자신의 방식과 다르더라도 선배의 업무스타일을 존중하고 맞추도록 노력하는 것이 좋다.
② 사장을 보좌하는 비서이지만, 비서실장의 지휘 하에 업무를 수행하도록 한다.
③ 사장에게 보고할 내용이 있으면 비서실장에게 먼저 보인 후 사장에게 보고한다.
④ 비서실장과 선배 비서가 갈등관계에 있다면, 사장에게 조언을 구한 후 지시에 따른다.
⑤ 동갑이라도 입사 선배이므로 지시에 잘 따른다.

14　김민수 비서는 최근 정선아 대리가 다른 임원 비서에게 자신의 험담을 하는 것을 듣게 되어 약간의 실망감을 느꼈다. 김민수 비서와 정선아 대리와의 갈등을 해결하기 위한 방법으로 가장 적절한 것은?

① 선배가 나에 대해 부정적이라는 것을 알았으므로 되도록 공동의 업무를 줄여 나간다.
② 다른 임원 비서에게 오해를 적극적으로 해명하고 정 대리와의 관계를 설명해 준다.
③ 업무시간이 끝난 후 회식 등의 모임에서 정선아 대리에게 다가가려고 노력하여 친구로 지낸다.
④ 정선아 대리가 가입한 사내 등산모임에 가입하여 자연스럽게 오해를 풀도록 노력한다.
⑤ 험담 들은 것을 솔직하게 얘기하고 선배에게 불만이었던 점을 얘기한다.

15 다음 중 인터뷰 준비를 위한 류희정 사원의 업무처리 내용으로 우선순위가 가장 낮은 것은?

> Henry Thomas의 부하직원 주혜정은 Mr. Thomas와 국내 방송사 기자와의 인터뷰일정을 최종 점검 중이다. 다음은 기자와의 통화내용이다.
>
> **류희정** : 기자님, 안녕하세요. 저는 Sun Capital의 주혜정입니다. Mr. Thomas와의 인터뷰 일정 확인 차 연락드립니다. 지금 통화 가능하세요?
> **기자** : 네, 말씀하세요.
> **류희정** : 인터뷰 예정일이 7월 10일 오후 2시인데 변동사항이 있나 확인하고자 합니다.
> **기자** : 네, 예정된 일정대로 진행 가능합니다. Sun Capital의 회의실에서 하기로 했죠?
> **류희정** : 맞습니다. 인터뷰 준비 관련해서 저희 측에서 더 준비해야 하는 사항이 있나요?
> **기자** : 카메라 기자와 함께 가니 회의실 공간이 좀 넓어야 하겠고, 회의실 배경이 좀 깔끔해야 할 텐데 준비가 가능할까요?

① 총무팀에 연락하여 인터뷰 당일 회의실 예약을 미리 해놓는다.

② 기자에게 인터뷰의 방영일자를 확인하여 인터뷰 영상 내용을 자료로 보관하도록 한다.

③ 인터뷰 당일 Mr. Thomas의 점심식사 약속은 가급적 피하도록 한다.

④ 인터뷰 진행 시 통역이 필요한지의 여부를 확인하고, 질문지를 사전에 받아 Mr. Thomas에게 전달한다.

⑤ 인터뷰에 필요한 사항들을 미리 준비한다.

한국산업인력공단

Chapter 06 직업윤리

1 정의

직업윤리란 개인윤리를 바탕으로 직업에 종사하는 과정에서 요구되는 특수한 윤리규범으로, 직업에 종사하는 현대인이라면 누구나 공통적으로 지켜야 하는 윤리기준이다. 현대인은 필연적으로 직장이라고 하는 특정 조직체에 소속되어 동료들과 협력하여 공동으로 업무를 수행해야 한다.

2 직업윤리의 기본 원칙

다양한 직업 환경의 특성상 모든 직업에 공통적으로 요구되는 윤리원칙을 추출할 수 있으며 그것을 직업윤리의 5대원칙이라고 한다.

① **객관성의 원칙** : 업무의 공공성을 바탕으로 공사구분을 명확히 하고, 모든 것을 숨김없이 투명하게 처리하는 원칙

② **고객중심의 원칙** : 고객에 대한 봉사를 최우선으로 생각하고 현장중심, 실천중심으로 일하는 원칙

③ **전문성의 원칙** : 자기업무에 전문가로서의 능력과 인식을 가지고 책임을 다하며, 능력을 연마하는 것

④ **정직과 신용의 원칙** : 업무와 관련된 모든 것을 숨김없이 정직하게 수행하고, 본분과 약속을 지켜 신뢰를 유지하는 것

⑤ **공정경쟁의 원칙** : 법규를 준수하고, 경쟁원리에 따라 공정하게 행동하는 것

3 직업윤리의 덕목

① **소명의식** : 자신이 맡은 일은 하늘에 의해 맡겨진 일이라고 생각하는 태도

② **천직의식** : 자신의 일이 자신의 능력과 적성에 꼭 맞는다 여기고 그 일에 열성을 가지고 성실히 임하는 태도

③ **직분의식** : 자신이 하고 있는 일이 사회나 기업을 위해 중요한 역할을 하고 있다고 믿고 자신의 활동을 수행하는 태도

④ **책임의식** : 직업에 대한 사회적 역할과 책무를 충실히 수행하고 책임을 다하는 태도

⑤ **전문가의식** : 자신의 일이 누구나 할 수 있는 것이 아니라 해당 분야의 지식과 교육을 밑바탕으로 성실히 수행해야만 가능한 것이라 믿고 수행하는 태도

⑥ **봉사의식** : 직업 활동을 통해 다른 사람과 공동체에 대하여 봉사하는 정신을 갖추는 태도

02 근로윤리

1 근로윤리의 정의

근로윤리란 직업윤리 중에서 일에 대한 존중을 바탕으로 근면하고 성실하며 정직하게 임하는 자세를 의미한다.

2 정직의 의미

정직은 신뢰를 형성하고 유지하는 데 가장 기본적이고 필수적인 규범으로, 사람과 사람 사이에 함께 살아가는 사회시스템은 이렇게 정직에 기반으로 둔 신뢰가 있을 때 운영이 가능하다.

3 정직과 신용 구축을 위한 지침

① 정직과 신뢰의 자산을 매일 조금씩 쌓아가자.

② 잘못된 것도 정직하게 밝히자.

③ 타협하거나 부정직한 행동을 눈감아 주지 말자.

④ 부정직한 관행을 인정하지 말자.

03 공동체윤리

1 공동체윤리의 정의

공동체윤리란 직업윤리 중에서 인간존중을 바탕으로 봉사하고 책임감 있게 규칙을 준수하며 예의를 갖춘 태도로 업무에 임하는 자세를 의미한다.

2 봉사(서비스)의 의미

① 현대 사회의 직업인에게 봉사는 고객의 가치를 최우선으로 하는 서비스의 개념이다.
② SERVICE의 7가지 의미

S (Smile & Speed)	서비스는 미소와 함께 신속하게 하는 것
E (Emotion)	서비스는 감동을 주는 것
R (Respect)	서비스는 고객을 존중하는 것
V (Value)	서비스는 고객에게 가치를 제공하는 것
I (Image)	서비스는 고객에게 좋은 이미지를 심어 주는 것
C (Courtesy)	서비스는 예의를 갖추고 정중하게 하는 것
E (Excellence)	서비스는 고객에게 탁월하게 제공되어야 하는 것

③ **고객접점서비스** : 고객과 서비스 요원 사이의 15초 동안의 짧은 순간에서 이루어지는 서비스로서, 이 순간을 진실의 순간(MOT ; moment of truth) 또는 결정적 순간이라 한다. 이 15초 동안에 고객접점에 있는 최일선 서비스 요원이 책임과 권한을 가지고 우리 회사를 선택한 것이 가장 좋은 선택이었다는 사실을 고객에게 입증해야 한다는 것이다. 즉, '결정적 순간'이란 고객이 기업조직의 어떤 한 측면과 접촉하는 사건이며, 그 서비스의 품질에 관하여 무언가 인상을 얻을 수 있는 사건이다.

04 직장에서의 주요 예절

① 인사예절

① 첫인사를 할 때의 예절

- 상대보다 먼저 인사한다.
- 타이밍을 맞추어 적절히 응답한다.
- 명랑하고 활기차게 인사한다.
- 사람에 따라 인사법이 다르면 안 된다.
- 기분에 따라 인사의 자세가 다르면 안 된다.

② 악수할 때의 예절

- 윗사람에게 먼저 목례를 한 후 악수를 한다.
- 상대의 눈을 보며 밝은 표정을 짓는다.
- 오른손을 사용한다.
- 손을 잡을 때는 너무 꽉 잡아서는 안 된다.
- 손끝만 잡는 행위는 금한다.
- 주머니에 손을 넣고 악수를 하지 않는다.

③ 소개할 때의 예절

- 나이 어린 사람을 연장자에게 소개한다.
- 내가 속해 있는 회사의 관계자를 타 회사의 관계자에게 소개한다.
- 신참자를 고참자에게 소개한다.
- 동료임원을 고객, 손님에게 소개한다.
- 소개받는 사람의 별칭은 그 이름이 비즈니스에서 사용되는 것이 아니라면 사용하지 않는다.
- 반드시 성과 이름을 함께 말한다.
- 상대방이 항상 사용하는 경우라면, Dr. 또는 Ph.D. 등의 칭호를 함께 언급한다.
- 정부 고관의 직급명은 퇴직한 경우라도 항상 사용한다.
- 천천히 그리고 명확하게 말한다.
- 각각의 관심사와 최근의 성과에 대하여 간단한 언급을 한다.

④ **명함교환 예절**

- 명함은 반드시 명함 지갑에서 꺼내고, 상대방에게 받은 명함도 명함 지갑에 넣는다.

- 상대방에게서 명함을 받으면 그 즉시 호주머니에 넣지 않는다.

- 명함은 하위에 있는 사람이 먼저 꺼내는데, 상위자에 대해서는 왼손으로 가볍게 받치는 것이 예의이다.

- 명함을 받으면 그대로 집어넣지 말고 명함에 관해서 한두 마디 대화를 건네 본다.

- 쌍방이 동시에 명함을 꺼낼 때는 왼손으로 서로 교환하고 오른손으로 옮긴다.

- 명함은 새것을 사용하여야 한다.

- 명함에 부가 정보는 상대방과의 만남이 끝난 후에 적는다.

2 전화예절

① **전화걸기**

- 전화를 걸기 전에 먼저 준비를 한다. 정보를 얻기 위해 전화를 하는 경우라면 얻고자 하는 내용을 미리 메모하여 빠뜨리는 정보가 없도록 한다.

- 전화를 건 이유를 숙지하고 이와 관련하여 대화를 나눌 수 있도록 준비한다.

- 전화는 정상적인 업무가 이루어지고 있는 근무 시간에 걸도록 한다. 업무 종료 5분 전에 전화를 건다면 제대로 통화할 수 없을 것이다.

- 당신이 통화를 원하는 상대와 통화할 수 없을 경우에 대비하여 비서나 다른 사람에게 메시지를 남길 수 있도록 준비한다.

- 전화는 직접 걸도록 한다. 비서를 통해 고객에게 전화를 건다면 고객으로 하여금 당신의 시간이 고객의 시간보다 더 소중하다는 느낌을 갖게 만든다.

- 전화를 해달라는 메시지를 받았다면 가능한 한 48시간 안에 답해주도록 한다. 하루 이상 자리를 비우게 되는 경우 다른 사람이 대신 전화를 받아줄 수 없을 때는, 자리를 비우게 되었다는 메시지를 남겨놓는 것이 예의이다.

② **전화받기**

- 전화벨이 3~4번 울리기 전에 받는다.

- 당신이 누구인지를 즉시 말한다.

- 천천히, 명확하게 예의를 갖추고 말한다.

- 목소리에 미소를 띠고 말한다.

    – 말을 할 때 상대방의 이름을 함께 사용한다.

    – 펜과 메모지를 곁에 두어 메시지를 받아 적을 수 있도록 한다.

    – 주위의 소음을 최소화한다.

    – 긍정적인 말로 전화 통화를 마치도록 하고 전화를 건 상대방에게 감사의 표시를 한다.

③ 스마트폰 예절

    – 상대방에게 통화를 강요하지 않는다.

    – 지나친 SNS의 사용은 업무에 지장을 주므로 휴식시간을 이용한다.

    – 운전하면서 스마트폰을 사용하지 않는다.

    – 온라인 상에서 예절을 지킨다.

    – 알림은 무음으로 하여 타인에게 폐를 끼치지 않도록 한다.

3 E-mail 예절

① 이메일 보내기

    – 상단에 보내는 사람의 이름을 적는다.

    – 메시지에는 언제나 제목을 넣도록 한다.

    – 메시지는 간략하게 만든다.

    – 요점을 빗나가지 않는 제목을 잡도록 한다.

    – 올바른 철자와 문법을 사용한다.

② 이메일 답하기

    – 본 메일의 내용과 관련된 일관성 있는 답을 하도록 한다.

    – 다른 비즈니스 서신에서와 마찬가지로 화가 난 감정의 표현을 보내는 것은 피한다.

    – 당신의 답장이 어디로, 누구에게도 전송되는지 주의하여 확인한다. 자동답신을 선택하여 보내는 것이 효율적으로 보이기는 하지만, 그 답신이 원래 메일을 보낸 사람에게 도착하지 않을 수도 있다. 원래의 메시지에 첨부된 회신 주소는 메시지를 보낸 사람의 것이 아닐 수도 있음을 명심하자.

4 성 관련 예절

① **성희롱의 법적 의미** : 성희롱이란 업무, 고용, 그 밖의 관계에서 국가기관 · 지방자치단체, 공공단체 등의 종사자, 사용자 또는 근로자가 다음 어느 하나에 해당하는 행위를 하는 경우를 말한다(양

성평등기본법 제3조 제2호).

- 지위를 이용하거나 업무 등과 관련하여 성적 언동 또는 성적 요구 등으로 상대방에게 성적 굴욕감이나 혐오감을 느끼게 하는 행위
- 상대방이 성적 언동 또는 요구에 대한 불응을 이유로 불이익을 주거나 그에 따르는 것을 조건으로 이익 공여의 의사표시를 하는 행위

② **직장 내 성희롱의 유형**

- 입맞춤·포옹 등 원하지 않는 신체 접촉
- 가슴이나 엉덩이 등 특정한 신체부위를 만지는 행위
- 어깨를 잡고 밀착하는 행위
- 음란한 농담을 하는 행위
- 외모에 대한 성적 비유
- 성적인 내용의 정보를 유포하는 행위
- 음란한 내용의 전화 통화
- 음란한 사진이나, 낙서, 그림 등을 게시하거나 보여주는 행위
- 정보기기를 이용하여 음란물을 보내는 행위
- 자신의 특정 신체부위를 노출하거나 만지는 행위

③ **성희롱의 개인적 대처 방안**

- 직접적으로 거부의사를 밝히고 중지할 것을 항의한다.
- 증거자료를 수거하고 공식적 처리를 준비한다.
- 상사나 노동조합 등의 내부기관에 도움을 요청한다.
- 외부단체 및 성폭력 상담기관 등에 도움을 요청한다.

④ **직장에서의 성희롱 대처 방안**

- 회사내부의 관련 직원이나 외부의 전문가를 초빙하여 공정하게 처리한다.
- 사안에 대해 신속하게 조사하여 처리한다.
- 개인 정보의 유출을 철저히 방지한다.
- 가해자에 대해 납득할 정도의 조치를 취하고 결과를 피해자에게 통지한다.

※ 직업윤리 핵심 정리

직업윤리란 업무를 수행함에 있어 원만한 직업생활을 위해 필요한 태도, 매너, 올바른 직업관을 말한다.

하위능력	정의	세부요소
근로윤리	업무에 대한 존중을 바탕으로 근면하고 성실하고 정직하게 업무에 임하는 자세	• 근면성 • 정직성 • 성실성
공동체윤리	인간 존중을 바탕으로 봉사정신과 책임감을 가지고, 규칙을 준수하며 예의 바른 태도로 업무에 임하는 자세	• 준법성 • 봉사정신 • 책임의식 • 직장예절

① 오답을 통해 직업윤리를 대비하라!

이론을 통해 익히는 것보다는 문제에서 본인이 생각하는 모범답안을 선택하고, 틀렸을 경우 그 이유에 대해서 명확하게 정립하는 방식으로 시간을 절약하고 효율적으로 학습하도록 한다.

② 정답이 모호할 경우, 자신이 가장 적합하다고 판단한 답을 선택하라!

직업윤리 관련 문항에서는 정확한 정답이 없는 문제가 간혹 출제되기도 한다. 정답에서 가장 벗어난 오답을 택할 경우에만 감점이 된다. 그러므로 문제를 풀 때 다소 모호하더라도 가장 적합하다고 판단되는 정답을 고르도록 한다.

③ 직업윤리와 일반윤리를 구분해라!

일반윤리와 구분되는 직업윤리의 특성을 명확히 이해해야 한다. 통념상 비윤리적이라고 일컬어지는 행동도 특정한 직업에서는 허용되는 경우가 있다. 그러므로 문제에서 주어진 상황을 주관적으로 판단하기보다 먼저 직업의 특성을 고려하여 답을 선택하는 것이 우선이다.

05 기출 및 예상 문제

01 다음 중 회사 내에서의 인사 예절로 옳지 않은 것은? 2015. 한국산업인력공단 기출

① 외부인사가 사무실을 방문할 경우 악수를 청하는 것이 예우의 표현이다.
② 악수를 할 때는 왼손을 사용하고 힘있게 하되 너무 강하게 잡지는 않는다.
③ 우리 회사 관계자를 다른 회사 관계자에게 소개한다.
④ 명함을 받았을 때는 바로 주머니에 넣지 않고 명함에 대해 한두 마디 대화를 나눈다.
⑤ 명함을 줄 때에는 두 손으로 자신의 명함을 건내고 상대방의 명함을 두 손으로 받는다.

02 다음 중 SERVICE의 단어 속에 숨겨진 의미로 옳지 않은 것은? 2015. 한국산업인력공단 기출

① R : Respect   ② C : Courtesy   ③ E : Excellence   ④ I : impact   ⑤ V : Value

03 성실에 대한 설명으로 옳지 않은 것은? 2015. 한국산업인력공단 기출

① 성실은 기본이기도 하지만, 세상을 살아가는 데 있어 가장 큰 무기이기도 하다.
② 현대 사회에서는 빨리 큰 돈을 벌어야 한다고 성급하게 생각하기 때문에, 성실하지 않은 삶을 찾게 된다.
③ 성실하면 사회생활을 하는 데 있어서 바보라는 소리를 듣고 실패하기 쉽다.
④ 어떠한 종류의 직업에 종사하는 경우든 정직하고 성실한 태도로 일하는 사람들이 국가와 사회에 이바지하는 바가 크다.
⑤ 성실함은 사회에 있어서 자수성가하여 성공한 사람들이 공통적으로 가지고 있는 무기이다.

04 직업에 종사하는 과정에서 요구되는 특수한 윤리규범인 직업윤리에 대한 설명으로 옳지 않은 것은? 2015. 한국산업인력공단 기출

① 직업윤리와 개인윤리가 충돌할 때에는 직업인이라도 개인윤리에 우선해야 한다.
② 직업을 가진 사람이라면 반드시 지켜야 할 공통적인 윤리규범이다.
③ 어느 직장에 다니느냐를 구분하지 않는다.
④ 직업윤리와 개인윤리는 서로 충돌하거나 배치되는 경우도 간혹 발생한다.
⑤ 기업의 종류에 따라 그 기업만의 특성을 고려한 직업윤리 규범이 존재한다.

05   다음 중 근면에 대한 특성이 다른 한 가지는? 2015. 한국산업인력공단 기출

① 회사는 매달 말 영어시험을 시행한다. 점수가 낮으면 승진에 불이익이 있다. A 직원은 승진을 위해 매일 학원에 간다.
② C 직원은 중국으로 여행을 갈 계획을 짜고 있었다. 즐거운 여행을 위해 중국어 학원에서 중국어를 배우고 있다.
③ 퇴근 전 상사가 내일 오전까지 완료해야 하는 업무를 주었기 때문에 늦은 시간까지 근무를 하였다.
④ 사장은 매주 일요일마다 등산을 간다. 등산을 좋아하는 직원에게 같이 가자고 하는데 B 직원은 등산이 건강에도 좋고 자주 해왔기 때문에 사장과 함께 등산을 자주 간다.
⑤ 회사 내에서 흡연공간이 대폭 축소되었다. 아이들과 나 자신의 건강을 생각하여 금연을 하기로 하였다.

06   다음 중 부패의 특성으로 옳지 않은 것은? 2015. 한국산업인력공단 기출

① 부패를 밝힘으로써 발생하는 혼란을 막기 위해 부패는 방치되거나 처벌을 약하게 받는다.
② 개인의 이득을 위해 자행된 정직하지 못한 행위는 부패로 이어질 수 있다.
③ 부패는 국가와 사회의 정상적인 발전을 가로막고 있다.
④ 불완전한 경쟁상황 하에 부패와 같은 문제가 나타난다.
⑤ 부패는 개인과 조직의 도덕적 해이로 인하여 자주 발생하기도 한다.

07   다음 중 직업윤리와 일반윤리에 대한 설명으로 옳지 않은 것은? 2015. 한국산업인력공단 기출

① 직업윤리는 일반윤리에 비해 더 구체적이다.
② 직업윤리와 일반윤리는 서로 반하지 않는다.
③ 일반윤리와 달리 직업윤리는 직업에 따라서 다양하다.
④ 직업윤리는 일반윤리에 비해 특수성을 갖고 있다.
⑤ 직업윤리는 조직의 안정을 위해서 지켜야 하는 규범이다.

08 다음 대화를 듣고 C가 A 사원에게 해 줄 조언으로 옳지 않은 것은? 2016. 한국산업인력공단 기출

> (전화를 당겨받는다.)
>
> **A 사원** : 네.
>
> **B 팀장** : 안녕하세요, D 팀장님 자리에 안 계신가요?
>
> **A 사원** : 네.
>
> **B 팀장** : 그럼 메모 좀 남겨주실 수 있으세요?
>
> **A 사원** : 네(10초간 펜과 노트를 찾는다). 말씀하세요.
>
> **B 팀장** : 월요일에 보낸 업무협조요청 관련해서 자료 회신 부탁드린다고 전해줘요.
>
> **A 사원** : 메모 전해드리겠습니다.
>
> **B 팀장** : 네. 수고하세요.

① 소속을 먼저 밝히고 당겨 받은 이유를 설명했어야지.

② 너무 사무적으로 받았어. 이웃주민에게 하듯이 친근하게 받았어야지.

③ 전화를 끊기 전에 메모 내용을 다시 한 번 확인했어야지.

④ 펜과 메모는 항상 준비해 놔야 해. 시간이 지체되면 상대방이 불쾌감을 느낄 수 있어.

⑤ D 팀장님께 잘 전달할 수 있도록 메모 내용을 잘 파악할 수 있도록 했어야지.

09 실적이 안 좋아서 고민이 많은 이○○ 부장은 중요한 거래처 공개입찰을 성공시키기 위해 한 달 동안 공들여 발표를 준비하였다. 공개입찰 당일 날 직접 시행 장소로 차를 운전해서 가고 있던 이○○ 부장은 바로 눈앞에서 어린 아이가 차에 치이는 교통사고를 목격했다. 당신이 이○○ 부장이라면 어떻게 대처할 것인가? 2016. 한국산업인력공단 기출

① 거래처에 전화해서 사정을 이야기한 후 시간을 늦춰달라고 한다.

② 발표 자료를 가지고 있는 사원에게 전화해 발표를 부탁한 후 아이를 안고 병원으로 즉시 간다.

③ 신고를 한 뒤 주위에 도움을 요청해 아이를 인계하고 발표장소로 가 발표를 진행한다.

④ 무시하고 그냥 간다.

⑤ 거래처 공개입찰 일정 조정이 되는지를 문의한다.

10 이메일(e-mail)에서의 에티켓을 잘못 설명한 것은?

① 내용을 보낼 때는 용건을 간단히 하여 보낸다.

② 용량이 큰 파일은 압축하여 첨부한다.

③ 주소가 정확한지 다시 확인하고 발송하도록 한다.

④ 이메일 상에서 사용되는 함축어나 이모티콘 등을 활용한다.

⑤ 메일 제목을 상대방이 알아보기 쉽도록 적는다.

11 명함은 현대에 와서는 특히 비즈니스맨에게는 없어서는 안 될 업무상 소도구의 하나라고 할 수 있다. 다음은 직장 예절 중 명함을 교환하는 예절에 대한 설명이다. 가장 적절하다고 생각되는 것은?

① 명함은 한 손으로 건네도 예의에 어긋나지 않는다.

② 바지 주머니에서 명함을 꺼내는 것이 깔끔하다.

③ 이름의 한자 발음을 물어보는 것은 실례다.

④ 명함을 동시에 주고받을 때에는 왼손으로 주고 오른손으로 받는다.

⑤ 명함은 고객이 바로 볼 수 있도록 건넨다.

12 직장에서는 지위체계에 따라 상사가 있고, 더욱 지위가 높은 임원급이 있는가 하면, 같은 시기에 직장에 들어 온 동료가 있다. 또한 부하직원도 있고, 협력회사 및 고객도 있다. 직장 내 다양한 인간관계 속에서 직업인이 지켜야 할 예절로서 적절하지 않은 내용은?

① 외부 인사와 첫인사로 악수를 할 때는 서로의 이름을 말하고 간단한 인사 몇 마디를 주고받는 정도의 시간 안에 끝내야 한다.

② 비즈니스상의 소개를 할 때는 직장 내에서의 서열과 나이, 성별을 고려해야 한다.

③ 명함을 교환할 때는 하위에 있는 사람이 먼저 꺼내는데 상위자에 대해서는 왼손으로 가볍게 받쳐 내는 것이 예의이며, 동위자 하위자에게는 오른손으로만 쥐고 건넨다.

④ 전화를 받을 때는 전화벨이 3~4번 울리기 전에 받고 자신이 누구인지를 즉시 말한다.

⑤ 휴대폰 이용 시 지나친 SNS의 사용은 업무에 지장을 주므로 휴식시간을 이용한다.

13 다음 중 전화응대의 기본예절로 부적절한 것은?

① 인사나 필요한 농담이라도 길어지지 않도록 한다.
② 상대가 누구이건 차별하지 말고 경어를 쓰도록 한다.
③ 업무에 방해되지 않도록 출근 직후나 퇴근 직전에 전화를 한다.
④ 상대가 이해하지 못할 전문용어나 틀리기 쉬운 단어는 사용하지 않는다.
⑤ 상대에게 약어를 남발하지 않는다.

14 최근 직장에서는 성희롱과 같은 문제가 이슈화되고 있다. 성예절을 지키기 위한 자세로서 가장 적절하지 않은 것은?

① 여성의 직업참가율이 비약적으로 높아졌기 때문에 남성이 대등한 동반자 관계로 동등한 역할과 능력 발휘를 한다는 인식을 가질 필요가 있다.
② 직장 내에서 여성이 남성과 동등한 지위를 보장받기 위해서 그만한 책임과 역할을 다해야 하며, 조직은 그에 상응하는 여건을 조성해야 한다.
③ 성희롱 문제는 근본적인 해결을 위해 사회적인 문제로 이슈화시켜 인식을 전환시키는 것이 중요하며, 해결이 안 될 경우 법적 처벌을 요구해야 한다.
④ 실정법을 준수하여 회사의 명예와 본인의 품위를 지켜야 하며, 사회적 또는 윤리적으로 비난받을 행위를 하지 않아야 한다.
⑤ 우리 사회에는 뿌리 깊은 남성 위주의 가부장적 문화와 성역할에 대한 과거의 잘못된 인식이 아직도 남아 있기 때문에 남녀 공존의 직장문화를 정착하는 데 남다른 노력을 기울여야 한다.

15 성희롱 예방을 위한 상사의 태도로 가장 부적절하다고 생각되는 것은?

① 부하직원을 칭찬하거나 쓰다듬는 행위는 부하직원에 대한 애정으로 받아들일 수 있다.
② 중재, 경고, 징계 등의 조치 이후 보복이나 앙갚음을 하지 않도록 주시한다.
③ 성희롱을 당하면서도 거부하지 못하는 피해자가 있다는 것을 알면 중지시켜야 한다.
④ 자신이 관리하는 영역에서 성희롱이 일어나지 않도록 예방에 힘쓰며, 일단 성희롱이 발생하면 그 행동을 중지시켜야 한다.
⑤ 여자 직원들 앞에서 성적인 발언을 한다면 자제시켜야 한다.

한국산업인력공단

취업시험 합격의 신화 **에듀크라운**

Chapter 07 / 실전모의고사

문항 수 : 60문항
시험시간 : 60분

정답 및 해설 · 29p~39p

01 다음 중 경청의 바른 자세를 설명한 것으로 적절한 것은?

① 상대를 정면으로 마주보는 자세는 위압감을 줄 수 있으므로 삼가도록 한다.
② 우호적인 눈의 접촉을 통해 자신이 관심을 가지고 있다는 사실을 알리게 된다.
③ 상대를 향하여 상체를 기울여 다가앉는 것은 부담감을 줄 수 있으므로 주의한다.
④ 다리를 꼬는 것은 상대에게 친근감을 주며 개방적인 마음을 갖고 있다는 표시이다.
⑤ 상대방의 말이 옳지 않다면 중간에 끊고 옳지 않은 부분을 지적해야 한다.

02 다음 열거된 8개의 낱말 중에서 공통점이 있는 것을 4개 골라 그 낱말과 연관이 있는 말을 고르면?

증폭	안경	난청	베토벤	안개	청력	보건소	렌즈

① 청진기   ② 증권거래소   ③ 보청기   ④ 오페라   ⑤ 휠체어

[03~04] 귀하가 근무하는 기업에서 한글날을 기념하여 범정부적으로 추진하는 '쉬운 공공언어 사용운동'에 동참하려고 한다. 다음의 지문을 읽고 이어지는 문제에 답하시오.

【 쉬운 공공언어 쓰기 기본 길잡이 】

1. 국민의 처지에서 표현하기
　가. 권위적 표현을 사용하지 않는다.
　　　예 다음과 같이 작성할 것 → 다음과 같이 작성해 주십시오.
　나. 차별적 표현을 사용하지 않는다.
　　　예 독거노인과 결손가정에 생필품을 전달했다.
　　　　→ 독거노인과 한 부모 가족, 청소년 가장 등에 생필품을 전달했다.
2. 쉬운 말로 쓰기
　가. 줄임말(약어)과 전문용어는 쉽게 풀어 쓴다.
　　　예 섯다운제 → 게임일몰제, R&D → 연구개발, MOU → 업무협정 등

나. 외국어를 남용하지 않는다.

> **예** 서비스 모니터링을 연 1회 이상 실시하여 미흡한 점을 개선하겠습니다.
>
> → '점검 또는 실태 조사'

다. 외국 글자나 한자를 피한다.

> **예** H.P → 휴대전화, Fax → 팩스, 內 → 내, 對 → 대, 外 → 외

3. 명료한 문장으로 쓰기

가. 문맥에 맞는 단어를 쓴다.

> **예** 계획을 달성할 수 있도록 → 계획을 이행할 수 있도록/목표를 달성할 수 있도록

나. 문장 구성 요소끼리 잘 어울려야 한다.

> **예** 미세 먼지란 입자의 크기가 ~ 이하를 말한다.
>
> → 미세 먼지란 입자의 크기가 ~ 이하인 것을 말한다.

다. 문장 구성 요소를 지나치게 생략하지 말아야 한다.

> **예** 일정 규모 이상의 야적장을 물류창고로 운영하는 물류창고업자는 등록해야 하므로
>
> → 일정 규모 이상의 야적장을 물류창고로 운영하는 물류창고업자는 물류창고업을 등록해야 하므로

라. 문장을 짧게 쓰고, 자연스러운 어순으로 쓴다.

마. 조사를 정확하게 사용해야 한다.

바. 번역 투를 피한다.

> **예** 선정된 점포에 대해서는 → 선정된 점포에는

사. 명사 나열 표현을 피한다.

> **예** 일괄 공사 변경과 ~ → 일괄 공사하는 것으로 변경하고 ~

아. 뜻이 불분명한 말을 피한다.

> **예** 알맞은 자격 및 능력이 있다고 인정되는 사람
>
> → 알맞은 자격 또는 능력이 있다고 인정되는 사람

자. 의무, 금지, 재량, 예외사항을 분명히 나타낸다.

4. 한눈에 알 수 있게 구성하기

가. 공문서는 형식에 맞춰 주제가 분명하게 드러나도록 써야 한다.

나. 글의 내용을 일관성 있게 전개해야 한다.

다. 글은 종류에 따라 먼저 확인해야 할 내용과 반드시 필요한 내용 등이 달라진다. 될 수 있으면 결론을 먼저 쓰고, 그 다음에 이유 또는 설명을 쓴다.

라. 항목별로 정보를 나열하여 제시할 경우 해당 항목에서 그와 관련된 내용을 파악할 수 있도록 해야 한다.

마. 공공언어는 시각적 편의(작은따옴표, 밑줄, 굵기 등)를 고려하여 편집해야 한다.

※ 출처 : 국립국어원

03 귀하는 전 직원을 대상으로 쉬운 공공언어 사용에 대한 교육을 진행할 예정인데, 원활한 이해를 돕기 위해 예문을 보충하려고 한다. 다음 중 쉬운 공공언어 쓰기 길잡이에 의해 올바르게 작성된 것은?

① 외국인 근로자 등 소외 계층을 대상으로 무료 법률 상담을 진행할 예정이다.
② 글로벌 우수 과학자를 유치하기 위해 과학자 간의 글로벌 네트워크를 구축하고 연구 성과를 글로벌 스탠더드를 적용하여 평가한다.
③ 이번 교육은 청소년들이 전통 음식의 우수성 및 녹색 식생활을 이해하고 실천할 수 있게 하려고 마련되었다.
④ 이 설문조사 결과는 청소년 언어 개선책을 시급히 마련해야 한다는 점을 말해주고 있다.
⑤ 글로벌 오디션을 통해 우수한 직원들을 현지에서 채용하여 회사의 국제적인 경쟁력을 도모한다.

04 귀하는 상사로부터 '쉬운 공공언어 쓰기' 점검표를 작성하라는 요청을 받았으며 아래와 같이 초안을 완성하였다. 귀하는 상사에게 초안을 보고하기 전 검토하려고 한다. 아래 점검표에서 잘못 쓰여진 글자는 모두 몇 개인가?

단어	고압적 권위적 표현, 차별적 표현(성, 지역, 인종, 장애 등)은 없는가?	예 ☐	아니오 ☐
	일반적으로 널리 쓰이는 쉬운 단어를 사용했는가? (상토적인 한자어, 어렵고 낯선 외국어를 다드머 썼는가?)	예 ☐	아니오 ☐
	줄림말(약어)이나 전문용어를 친절하게 설명했는가?	예 ☐	아니오 ☐
	괄호 안에 쓰지 않고 외국 문자를 바로 노출한 단어는 없는가?	예 ☐	아니오 ☐
	한글 맞춤법, 외래어 표기법 등 어문규범에 맞게 썼는가?	예 ☐	아니오 ☐
문장	문장이 장황하거나 지나치게 길지 않은가?	예 ☐	아니오 ☐
	여러 가지로 해석되는 단어나 문장은 없는가?	예 ☐	아니오 ☐
	문장 성분끼리 잘 호응하는가?	예 ☐	아니오 ☐
	불필요한 피동 사동 표현이나 번역 투 표현은 없는가?	예 ☐	아니오 ☐
구성	적절한 형식에 맞춰 제시하였는가?	예 ☐	아니오 ☐
	제목이나 소제목이 전달 의도를 잘 보여주는가?	예 ☐	아니오 ☐
	논리적으로 베열되어 글이 조리 있게 전개되는가?	예 ☐	아니오 ☐
	도표나 수식 등의 보조 자료는 쉽게 이해할 수 있는가?	예 ☐	아니오 ☐

① 3개   ② 4개   ③ 5개   ④ 6개   ⑤ 7개

05 수자원공사에 근무 중인 귀하는 상사로부터 이번 달 사보에 실을 기고의 검토를 요청 받았다. 다음 중 교정 방향이 올바르지 않은 것은?

물은 무색·무취·무미라고 하는데 정말 그럴까? 요즘은 미네랄워터, 빙하수, 해양심층수, 탄산수 등 다양한 먹는 샘물을 시판하는데, 조금씩 맛이 다르고 사람마다 선호도도 다르다. 그렇다면 물에도 분명 맛이 있는 것이 아닐까? 전문가들은 미네랄 함량에 따라 물맛이 달라진다고 말한다. 순수한 물에서는 아무런 맛이 느껴지지 않지만, 적당량의 미네랄을 함유한 물에서는 성분과 함량에 따라 다양한 맛을 느낄 수 있다. ① <u>즉 Ca, K, Mg, Na 등 물속에 녹아 있는 다양한 미네랄 성분이 복합적으로 작용해 물맛이 달라지는 것이다.</u>

마시면 시원한 맛이 나는 물이 있다. ② <u>이런 물의 청량감은 유리 탄산 때문이다.</u> 물속에 녹아 있는 적정량의 이산화탄소와 산소가 청량함을 느끼게 하는 것이다. 물에 녹아 있는 수소 이온의 농도를 나타내는 수치를 pH라 한다. ③ <u>순수한 물은 25℃에서 pH7 정도로 중성이다. 이보다 수치가 낮으면 산성, 높으면 알칼리성이다.</u> 수치가 낮을수록 시큼한 맛이 나며 높으면 쓴맛이 느껴진다. 보통 맛있다고 느끼는 물은 pH7~8.5 정도이나 개인의 기호에 따라 선호하는 물맛은 다를 수 있다.

그럼 수돗물은 어떨까? 우리나라 지하수는 미네랄이 골고루 녹아 있어 물맛이 좋다. 그리고 그 물이 수돗물의 원수가 되기 때문에 당연히 수돗물 맛도 좋다. ④ <u>그렇지만</u> 과거 오염된 수질, 과도한 소독 등 수돗물에 대한 좋지 않은 선입견 때문에 아직도 수돗물은 냄새가 나고 맛이 없다고 생각하는 사람이 많다. ⑤ <u>또한 ○○수자원공사에서는 수질 검사 항목 수뿐 아니라 국제숙련도 시험에서도 우수한 능력을 인증 받았으며, 세계 보건기구의 물 안전 관리 기법(WSP) 도입국으로 공식 등재되어 수돗물의 우수성을 입증하였다.</u>

이에 정부와 수자원공사에서는 수돗물에 대한 부정적 인식을 불식하고자 다양한 노력을 하고 있다. 특히 수자원공사는 오존 공정과 활성탄(숯)을 이용한 흡착 시설 등 고도 정수 처리 시설을 도입하록 수돗물의 안전성을 확보하기 위해 사전 예방적 조류 대응체계를 구축했다.

… 생략 …

---

① 화학 원소기호만 표시하는 것보다 원소 이름도 함께 작성하는 것이 좋겠어.

② '유리 탄산'은 전문용어이므로 일반인이 쉽게 이해할 수 있도록 추가 설명해주는 것이 좋겠어.

③ pH 수치에 따라 맛이 다르다는 내용을 효과적으로 전달하려면, 그림이나 그래프로 표현하는 것이 좋겠어.

④ 앞문장의 내용과 뒷문장이 서로 이어지는 내용이므로 '그런데'로 수정하는 것이 좋겠어.

⑤ ○○수자원공사가 가진 기술과 국제적인 우수성을 이야기하는 내용이니 ④ 앞으로 문장을 이동하는 것이 좋겠어.

06 다음 중 3D 기피 현상과 관련이 없는 것은?

① 외국인 노동자의 비율이 높아진다.

② 노동력은 풍부하지만 생산인력은 부족한 모습을 보인다.

③ 노동을 경시하는 측면이 강하고 과정보다는 결과만을 중요시한다.

④ 교육과 소득수준이 높을수록 기피 현상이 더 늘어난다.

⑤ 힘들고 어렵고 위험한 일을 하지 않으려는 청년층의 비율이 높아진다.

07 다음은 최근 진행된 유지보수 · 개발구축 사업의 기본 정보이다. 이에 대한 설명으로 옳지 않은 것은?

사업명	사업내용	사업금액	사업기간
종로구 청계천 유지 사업	유지보수	12.5억 원	2년 이상
양천구 오목교 유지보수 사업	개발구축	17억 원	3년 이상
마포구 마포대교 보수 사업	유지보수	8억 원	2년 미만
강서구 까치산 둘레길 개발 사업	개발구축	5.6억 원	1년 미만
관악구 관악산 등산로 구축 사업	개발구축	9억 원	4년 미만
도봉구 도봉산 도로 개발 사업	개발구축	13억 원	3년 이상
영등포구 여의도 한강공원 보수 사업	개발구축	11억 원	1년 이상
종로구 낙산공원 유지 사업	유지보수	8억 원	2년 이상
서초구 반포 한강공원 유지보수 사업	유지보수	9.5억 원	1년 미만

① 사업기간이 1년 미만인 것은 2개이다.

② 사업금액이 6억 원 미만인 것이 1개이다.

③ '유지보수'로 잘못 적힌 것이 2개이다.

④ 사업금액이 가장 많이 드는 사업과 사업기간이 가장 긴 사업은 다르다.

⑤ 종로구 청계천 유지 사업이 사업금액이 가장 크다.

08 다음은 사원들이 아래 신문기사를 읽고 나눈 대화 내용이다. 신문기사의 내용을 정확하게 파악하지 못한 사람은 누구인가?

○○ 일보

○○일보 제1111호 0000년 00월 0일
안내전화 02-000-0000 www.crown xxx.com

계란의 콜레스테롤, 걱정하지 마세요!

　농촌진흥청이 계란에 대한 잘못된 상식을 바로잡기 위한 정보 제공에 앞장서고 있다. 계란의 1개 열량은 75~80kcal로 열량이 낮고 영양이 풍부해 콜레스테롤 걱정을 하지 않고 섭취해도 된다는 것이다.

　농진청은 계란의 노른자에는 시력보호 물질인 루테인 등이 풍부해 항산화작용과 자외선을 차단, 노화를 막는 역할을 한다고 설명했다. 또 콜린은 두뇌 발달과 기억력 증진, 인지질인 레시틴은 항산화와 피부건강에 도움을 준다고 강조했다. 농진청은 '계란은 콜레스테롤이 높다'는 잘못된 상식이 퍼지고 있지만 건강한 사람의 경우 하루 3~4알 정도는 자유롭게 먹어도 괜찮다고 피력했다.

　농진청이 4~5주 동안 실험용 쥐에게 계란을 먹인 결과 총 콜레스테롤 수치는 늘지 않았고 오히려 몸에 좋은 콜레스테롤인 HDL 수치가 약 20% 증가하였으며 과다 섭취한 콜레스테롤은 몸에 쌓이지 않고 배설된 것으로 파악됐다. 뿐만 아니라 "오히려 계란에 함유된 레시틴은 콜레스테롤 수치를 떨어뜨리는 역할을 한다"고 덧붙였다.

---

① A 사원 : 매일 계란을 두 알씩 섭취하더라도 콜레스테롤 걱정은 안 해도 되겠네요.

② B 사원 : 맞아요. 오히려 노화 방지에 많은 도움이 되겠는데요?

③ C 사원 : 그래도 계란을 과다 섭취하면 콜레스테롤이 몸에 쌓이니까 노른자를 빼고 먹는 게 좋겠어요.

④ D 사원 : 계란 하나 열량이 75~80kcal밖에 안 되니까 다이어트 식품으로도 제격입니다.

⑤ E 사원 : 계란을 하나씩 먹으면 시력보호에 도움이 되겠네요.

> "기업들은 근로자를 학벌이나 연공서열이 아닌 직무능력과 성과로 평가해야 한다." 박영범 산업인력공단 이사장은 제4차 포용적 성장 포럼에서 발제자로 나서 '일자리 창출과 포용적 성장'이라는 주제로 발표하며, "능력 중심의 사회를 만들어야 한다."며 "대기업에서 시작하면 쭉 대기업에 있고 중소기업이나 비정규직으로 출발하면 벗어나기 어려워, 대기업에 가기 위해 젊은 청년들이 대학 졸업까지 미룬 채 몇 년씩 취업준비를 한다."고 지적했다. 중소기업에서 비정규직으로 출발해도 학벌이 아닌 능력으로 평가받는 시스템이 갖춰져 있다면 자연스럽게 대기업 정규직이 될 수 있는 사회적 문화와 제도적 보장이 이뤄질 수 있을 것인데 그렇지 못한다는 것이다. 청년실업 문제를 해결하기 위해서는 일자리 미스매칭 문제가 해결돼야 하고 그를 위해 능력중심의 평가가 필요하다는 것이 박 이사장의 견해다. 박 이사장은 "미국은 맥도널드 최고경영자(CEO)가 매장 파트타이머 출신인 경우도 있지만 우리나라는 처음에 잘못 들어가면 발 빼고 못 간다."며 "능력 중심의 임금체계 구축과 성과평가가 이뤄진다면 변화가 가능할 것"이라고 강조했다. 박 이사장은 제대로 성과평가제도를 실현하기 위해서는 성과연봉제의 도입이 필요하다고 강조했다. 그는 "지금도 성과평가제가 있기는 하지만 근로자의 성과가 연봉, 승진과 제대로 연동이 안 되다 보니 부실한 측면이 많았다."며 "성과평가가 승진, 연봉과 연결돼야 근로자들도 제대로 따져보고 항의도 하면서 제대로 된 성과평가제가 구축될 수 있을 것"이라고 설명했다. 규제완화를 하면 일자리가 늘어날지 여부에 대해 박 이사장은 유럽과 미국의 예를 들며 경험적으로 증명된 부분이지만 한국에도 적용될 수 있을지는 좀 더 살펴봐야 한다는 입장이었다. 박 이사장은 "세계경제가 1980년대 불황으로 유럽과 미국 모두 경제가 어려웠다가 다시 살아났는데 미국과 유럽의 일자리를 비교해 보면 미국은 늘어났는데 유럽은 늘지 않았다."며 그 이유로 "유럽과 달리 미국이 해고하기 쉬워 사람을 많이 썼기 때문이었다."라고 설명했다.

09 한국산업인력공단의 사보에 실린 기사를 읽고 사원들이 나눈 대화로 적절하지 않은 것은?

① 김 대리 : 나 역시 기업들이 근로자들을 학벌로 평가하는 것이 부당하다고 생각했었어.
　유 대리 : 맞아. 이제는 사원들을 학벌이 아닌 직무능력으로 평가할 시대야.
② 강 과장 : 그리고 보니 우리 대학 출신들이 이 부장님 밑에 많지 않습니까?
　이 부장 : 강 과장님, 저는 사원들을 그렇게 학벌로 줄 세우지 않을 생각입니다.
③ 박 차장 : 우리나라는 첫 직장이 어디냐가 아주 중요한 문제죠.
　강 대리 : 맞습니다. 첫 직장의 규모가 영세하면 쭉 그대로 가는 경우가 대부분이다 보니….
④ 김 과장 : 능력 중심의 임금체계 구축과 성과평가가 이루어지면 어떤 효과가 있을까요?
　이 대리 : 성과평가제도는 다소 불합리한 제도라 반발이 거셀 것 같습니다.
⑤ 김 차장 : 능력중심사회에서 평가제도는 당연히 직무능력과 성과평가 중심으로 바뀌어야 해.
　윤 대리 : 그래야 열심히 성과를 낼 수 있도록 직원들이 동기부여가 되지 않을까요?

10 위 기사의 제목으로 적절한 것은?

① 성과평가제도란 무엇인가?

② 첫 직장 비정규직이면 점프하기 어려운 현실… 능력 중심 평가 확산을

③ 미국 맥도날드 CEO, 알고 보니 파트타이머 출신

④ 세계경제 불황기, 미국과 유럽의 차이점은?

⑤ 비정규직제도에서 벗어나기 위한 방법

[11~12] 귀하는 올 하반기에 있을 총무팀 워크숍 진행을 담당하게 되었다. 오늘 오후에 워크숍 기안문을 과장님께 보고할 예정이다. 이어지는 물음에 답하시오.

【 기안문 】

기안일자	2017년 5월 26일	결제	담당	과장	부장	사장
시행일자	2017년 8월 22일 ~ 23일					
보존기한						
수신		경유				
기안부서		처리기간				
제목	이천십칠년 총무팀 워크숍 행사 진행의 건 시행(안)					

아래와 같이 이천십칠년 하계 워크숍 행사 진행 및 일정을 품의하오니
검토 후 결재하여 주시기 바랍니다.

– 아래 –

1.일시 : 2017년 8월 22일 ~ 2017년 8월 23일

2.장소 : 강원도 영월군

3.워크숍 참석대상 : 총무팀 전체(30명)

4.예산 : 별도 첨부

5.일정 : 별도 첨부

첨부 : 예산 및 일정 각 1부

11 김○○ 과장에게 보고하기 전에 오○○ 대리가 기안문을 보게 되었다. [공문서 작성 및 처리지침계]와 함께 기안문을 보던 대리가 귀하에게 조언해줄 수 있는 말이 아닌 것은?

【 공문서 작성 및 처리지침계 】

· 숫자는 아라비아 숫자로 쓴다.

· 날짜는 숫자로 표기하되 연 · 월 · 일의 글자는 생략하고 그 자리에 온점을 찍어 표시한다.

· 본문이 끝나면 1자(2타) 띄우고 '끝.' 표시를 한다. 단, 첨부물이 있는 경우, 첨부 표시문 끝에 1 자(2타) 띄우고 '끝.' 표시를 한다.

· 기안문 및 시행문에는 행정기관의 로고 · 상징 · 마크 또는 홍보문구 등을 표시하여 행정기관 의 이미지를 높일 수 있도록 하여야 한다.

· 행정기관의 장은 문서의 기안 · 검토 · 협조 · 결재 · 등록 · 시행 · 분류 · 편철 · 보관 · 이관 · 접 수 · 배부 · 공람 · 검색 · 활용 등 문서의 모든 처리절차가 전자문서시스템 또는 업무관리시스 템 상에서 처리되도록 하여야 한다.

※ 온점 : 가로쓰기에 쓰는 마침표

---

① '끝.' 표시도 중요합니다. 첨부 표시문 뒤에 '끝.'을 붙이세요.

② 공문서에서 날짜 표기는 이렇게 하지 않아요. '2017년 8월 22일 ~ 2017년 8월 23일'을 '2017. 8. 22 ~ 2017. 8. 23'로 고치세요.

③ 오류를 수정하여 기안문을 출력해 과장님께 보고하세요.

④ 어! 로고가 빠졌네. 우리 팀의 로고를 넣어주세요.

⑤ 숫자는 한글로 표기가 아닌 아라비아 숫자로 써주세요.

12 귀하가 작성한 워크숍 기안문 외에도 회사에서는 다양한 문서를 작성해야 한다. 문서작성의 기본 원칙 이 아닌 것은?

① 문장은 짧고 간결하게 작성하도록 한다.

② 상대방이 이해하기 쉽게 쓴다.

③ 큰 제목 외의 표제는 사용하지 않는다.

④ 간결체로 작성한다.

⑤ 한자의 사용을 되도록 자제한다.

13 A 회사에서 특허 관련 업무를 담당하고 있는 현○○씨는 주요 약관을 요약하고 정리하고 고객 질문에 응대하는 역할을 한다. [주요 약관]을 보고 이어지는 물음에 답하시오.

【 주요 약관 】

1. 특허 침해 죄
   ① 특허권을 침해한 자는 7년 이하의 징역 또는 1억 원 이하의 벌금에 처한다.
   ② 제1항의 죄는 고소가 있어야 한다.

2. 위증죄
   이 법의 규정에 의하여 선서한 증인 감정인 또는 통역인이 특허심판원에 대하여 허위의 진술 감정 또는 통역을 한 때에는 5년 이하의 징역 또는 1천만 원 이하의 벌금에 처한다.

3. 사위행위의 죄
   사위(詐僞) 기타 부정한 행위로써 특허청으로부터 특허의 등록이나 특허권의 존속기간의 연장등록을 받은 자 또는 특허심판원의 심결을 받은 자는 3년 이하의 징역 또는 2천만 원 이하의 벌금에 처한다.

4. 양벌규정
   법인의 대표자나 법인 또는 개인의 대리인, 사용인, 그 밖의 종업원이 그 법인 또는 개인의 업무에 관하여 특허 침해 죄, 사위행위의 조의 어느 하나에 해당하는 위반행위를 하면 그 행위자를 벌하는 외에 그 법인에게는 다음 각 호의 어느 하나에 해당하는 벌금형을, 그 개인에게는 해당 조문의 벌금형을 과(科)한다. 다만 법인 또는 개인이 그 위반행위를 방지하기 위하여 해당 업무에 관하여 상당한 주의와 감독을 게을리 하지 아니한 경우에는 그러하지 아니하다.
   ① 특허 침해 죄의 경우 : 3억 원 이하의 벌금
   ② 사위행위 죄의 경우 : 6천만 원 이하의 벌금
   　※ 사위(詐僞) : 거짓을 꾸미어 속임.

담당자 현○○씨는 [주요 약관]을 바탕으로 Q&A 게시판에 다음과 같이 작성된 질문에 응대했다. 답변 내용 중 옳지 않은 것은?

① Q. 특허권을 침해당한 것 같은데 어떻게 해야 처벌이 가능한가요?
　A. 특허 침해 죄로 처벌하기 위해서는 고소가 있어야 합니다.

② Q. 사위행위로써 특허심판원의 심결을 받은 경우 처벌 규정이 어떻게 되나요?
　A. 3년 이하의 징역 또는 2천만 원 이하의 벌금에 처해집니다.

③ Q. 제 발명품을 특허무효사유라고 선서한 감정인의 내용이 허위임이 밝혀졌습니다. 어떻게 처벌이 가능한가요?
　A. 감정인의 처벌을 위해서는 고소의 절차를 거쳐야 합니다.

④ Q. 법인의 대표자로서 특허 침해 죄 행위로 고소를 당하고 벌금까지 내야 한다고 하는데 벌금이
　　어느 정도인가요?
　A. 양벌규정에 의해 특허 침해 죄의 경우 3억 원 이하의 벌금에 처해집니다.
⑤ Q. 특허권을 침해한 자에 대한 처벌 규정은 어떻게 되나요?
　A. 특허권을 침해한 자는 7년 이하의 징역 또는 1억 원 이하의 벌금에 처해집니다.

[14~15]　아래 문서를 보고 물음에 답하시오.

【 사회취약계층 주택 개보수 사업 】

1. 목적
　　기초수급자가 소유한 노후 불량 주택을 개보수하여 저소득층 정주 여건 개선

2. 사업개요
　　근거 : 사회취약계층 주택개보수 사업 시행계획(국토부)

3. 신청대상
　　– 기초생활수급자 또는 탈수급자 중 희망키움통장 가입자
　　　희망키움통장 : 일하는 수급자의 탈빈곤 촉진을 위한 통장(복지부 지자체)
　　– 위 대상자 중 노후 자가주택 소유자
　　　보조금(호당) : 600만 원 지원(국비 80%, 시비 20%)
　　　사업시행자 : LH공사

4. 사업항목
　　– 구조안전 및 세대내부 환경개선
　　　지붕 천장 기둥 벽체 바닥 등 구조안전 강화
　　　세대내부 구조개선(욕실과 주방 분리, 화장실 구조개선 등)
　　　급수 배수 등 기계시설, 누전차단기 등 전기시설 개보수
　　– 그린홈 사업
　　　창호교체, 새시 설치, 단열시공 등

【 추진실적 】

(단위 : 호, 백만 원)

구분		계	2010년	2011년	2012년
사회취약계층 주택개보수	호수	258	63	115	80
	사업비	1,548	378	690	480

14 다음 중 위 문서의 내용과 일치하지 않는 것은?

① 위 사업의 목적은 기초수급자가 소유한 노후 불량 주택을 개보수하여 저소득층 정주 여건을 개선하는 것이다.

② 호당 600만 원의 보조금 중 국비는 480만 원이다.

③ 사업 항목에는 크게 구조안전 및 세대내부 환경개선과 그린홈 사업 두 가지가 있다.

④ 2012년 사회취약계층 주택개보수 사업비는 4천 8백만 원이다.

⑤ 환경개선과 구조안전을 강화시키는 사업을 추진하고 있다.

15 다음 중 사업을 신청할 수 있는 요건을 갖춘 사람은?

	이름	기초생활수급자	탈수급자	희망키움통장 가입	노후 자가주택 소유
①	광진		○	○	×
②	대성		○	○	○
③	승준	○		○	×
④	지한	○		×	○
⑤	진희	○	○	○	×

16 다음은 모바일 뱅킹 서비스 이용 실적에 관한 5개 분기별 자료이다. 다음 중 옳지 않은 것은?

【 모바일 뱅킹 서비스 이용 실적 】

(단위 : 천 건, %)

구분	2012년				2013년
	1/4분기	2/4분기	3/4분기	4/4분기	1/4분기
조회 서비스	817	849	886	1,081	1,106
자금이체 서비스	25	16	13	14	25
합계	842(18.6)	865(2.7)	899(3.9)	1,095(21.8)	1,131(3.3)

※ ( )는 전 분기 대비 증가율

① 조회 서비스 이용 실적은 분기마다 계속 증가하였다.

② 2012년 2/4분기의 조회 서비스 이용 실적은 전 분기보다 3만 2천 건 증가하였다.

③ 자금이체 서비스 이용 실적은 2012년 2/4분기에 감소하였다가 다시 증가하였다.

④ 모바일 뱅킹 서비스 이용 실적의 전 분기 대비 증가율이 가장 높은 분기는 2012년 4/4분기이다.

⑤ 자금이체 서비스는 2012년 1/4분기와 2013년도 1/4분기가 같다.

17 다음 표는 국가 A의 최종 에너지 소비량에 대한 자료이다. 이에 대한 설명으로 옳은 것을 모두 고르면?

【 자료 1 】 A국 2008~2010년 유형별 최종에너지 소비량 비중

(단위 : %)

구분	석탄		석유제품	도시가스	전력	기타
	무연탄	유연탄				
2008년	2.7	11.6	53.3	10.8	18.2	3.4
2009년	2.8	10.3	54.0	10.7	18.6	3.6
2010년	2.9	11.5	51.9	10.9	19.1	3.7

【 자료 2 】 A국 2010년 부문별 유형별 최종에너지 소비량

(단위 : 천 TON)

구분	석탄		석유제품	도시가스	전력	기타	합
	무연탄	유연탄					
산업	4,750	15,317	57,451	9,129	23,093	5,415	115,155
가정 상업	901	4,636	6,450	11,105	12,489	1,675	37,256
수송	0	0	35,438	188	1,312	0	36,938
기타	0	2,321	1,299	669	152	42	4,483
계	5,651	22,274	100,638	21,091	37,046	7,132	193,832

ㄱ. 2008~2010년 동안 전력 소비량은 매년 증가한다.
ㄴ. 2010년에는 산업부문의 최종에너지 소비량이 전체 최종에너지 소비량의 50% 이상을 차지한다.
ㄷ. 2008~2010년 동안 석유제품 소비량 대비 전력 소비량의 비율이 매년 증가한다.
ㄹ. 2010년에는 산업부문과 가정 상업부문에서 유연탄 소비량 대비 무연탄 소비량의 비율이 각각 25% 이하이다.

① ㄱ, ㄴ   ② ㄱ, ㄹ   ③ ㄴ, ㄷ   ④ ㄴ, ㄹ   ⑤ ㄷ, ㄹ

[18~19] 다음 표는 ○○시 가구의 형광등을 LED 전구로 교체할 경우 기대효과를 분석한 자료이다. 이 자료를 보고 다음 물음에 답하시오.

A시의 가구 수 (세대)	적용 비율 (%)	가구당 교체개수 (개)	필요한 LED 전구 수 (천 개)	교체비용 (백만 원)	연간 절감 전력량 (만 kWh)	연간 절감 전기요금 (백만 원)
600,000	30	3	540	16,200	3,942	3,942
		4	720	21,600	5,256	5,256
		5	900	27,000	6,570	6,570
	50	3	900	27,000	6,570	6,570
		4	1,200	36,000	8,760	8,760
		5	1,500	45,000	10,950	10,950
	80	3	1,440	43,200	10,512	10,512
		4	1,920	56,600	14,016	14,016
		5	2,400	72,000	17,520	17,520

※ 1kWh당 전기요금=연간 절감 전기요금/연간 절감 전력량

18 다음 내용 중 올바른 것은?

> ㄱ. A시의 50%의 가구가 형광등 3개를 LED 전구로 교체한다면 교체비용은 270억 원이 소요된다.
> ㄴ. A시의 30%의 가구가 형광등 5개를 LED 전구로 교체한다면 연간 절감 전기요금은 50% 가구의 형광등 3개를 LED 전구로 교체한 것과 동일하다.
> ㄷ. A시에 적용된 전기요금은 1kWh당 100원이다.
> ㄹ. A시의 모든 가구가 형광등 5개를 LED 전구로 교체하려면 LED 전구 240만 개가 필요하다.

① ㄱ, ㄴ   ② ㄴ, ㄷ   ③ ㄷ, ㄹ   ④ ㄱ, ㄴ, ㄷ   ⑤ ㄴ, ㄱ, ㄹ

19 ○○시 80%의 가구가 형광등 5개를 LED 전구로 교체할 때와 50%의 가구가 형광등 5개를 LED 전구로 교체할 때의 3년 후 절감액의 차는 얼마인가?

① 18,910백만 원   ② 19,420백만 원   ③ 19,710백만 원
④ 19,850백만 원   ⑤ 20,430백만 원

[20~21] 다음 표는 서울특별시와 6대 광역시의 2012년 1월부터 9월까지의 월간이구동향(출생, 사망, 혼인 및 이혼)을 나타내고 있다. 이 자료를 보고 다음 물음에 답하시오.

행정구역	종류별	1월	2월	3월	4월	5월	6월	7월	8월	9월
서울특별시	출생	9,000	7,900	8,400	7,700	7,700	7,500	7,800	8,000	7,900
	사망	3,700	3,800	3,700	3,400	3,300	3,200	3,100	3,500	3,100
	혼인	6,000	5,400	6,100	6,000	6,200	5,600	5,300	5,400	4,300
	이혼	1,600	1,600	1,700	1,500	1,800	1,700	1,800	1,800	1,600
부산광역시	출생	2,600	2,500	2,600	2,400	2,300	2,200	2,400	2,500	2,500
	사망	1,900	1,900	1,800	1,600	1,700	1,600	1,500	1,600	1,600
	혼인	2,000	1,600	1,600	1,800	1,700	1,700	1,600	1,500	1,100
	이혼	600	700	700	600	600	600	600	600	600
대구광역시	출생	1,900	1,800	1,900	1,900	1,800	1,800	1,700	1,900	1,900
	사망	1,100	1,200	1,200	1,000	1,000	900	1,000	1,100	700
	혼인	1,400	1,100	1,100	1,200	1,200	1,100	1,000	1,100	700
	이혼	400	400	400	400	500	500	400	400	400
인천광역시	출생	2,600	2,200	2,500	2,300	2,300	2,200	2,300	2,400	2,400
	사망	1,100	1,100	1,100	1,100	1,000	1,000	1,000	1,100	1,000
	혼인	1,500	1,400	1,600	1,500	1,500	1,400	1,400	1,400	1,100
	이혼	600	600	600	500	700	600	700	600	600
광주광역시	출생	1,400	1,300	1,300	1,200	1,100	1,100	1,200	1,200	1,300
	사망	600	700	600	500	500	500	500	600	500
	혼인	800	700	800	700	700	700	600	700	500
	이혼	200	300	200	200	300	200	300	300	200
대전광역시	출생	1,400	1,300	1,400	1,300	1,200	1,200	1,200	1,300	1,300
	사망	700	600	600	500	500	500	500	500	500
	혼인	900	800	900	900	800	800	700	700	500
	이혼	200	300	300	200	300	200	300	300	200
울산광역시	출생	1,100	1,000	1,100	1,100	1,000	900	1,000	1,000	1,100
	사망	400	400	400	300	400	400	400	400	400
	혼인	800	600	600	700	700	600	600	600	400
	이혼	200	200	200	200	200	200	300	200	200

※ 자연증가인구 = 출생자 − 사망자

20 이 자료를 보고 판단한 내용 중 올바르지 않은 것은?

① 6월에 출생자 수가 가장 적은 도시는 울산광역시이다.

② 1월에 혼인 건수가 가장 많은 도시는 서울특별시이다.

③ 서울특별시와 인천광역시의 출생인구 증감은 일치한다.

④ 이혼을 가장 많이 한 달의 이혼 건수가 500건 이하인 도시는 4군데이다.

⑤ 1월부터 9월 중 인천광역시는 1월에 출생이 가장 많다.

21 조사기간 중 부산광역시의 월평균 자연증가인구는 몇 명인가? (단, 소수점 둘째 자리에서 반올림한다)

① 743.7명   ② 755.6명   ③ 767.5명   ④ 771.4명   ⑤ 780.3명

[22~23] 다음 그림과 표는 K 국의 2009년부터 2012년까지의 쌀 생산과 소비에 관한 자료이다. 자료를 보고 다음 물음에 답하시오.

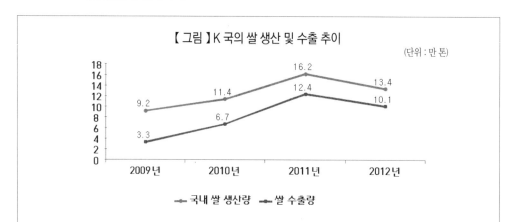

【그림】K 국의 쌀 생산 및 수출 추이
(단위 : 만 톤)

─●─ 국내 쌀 생산량   ─●─ 쌀 수출량

【표】K 국 쌀 소비 추이

연도 구분	2009년	2010년	2011년	2012년
쌀 소비량(만 톤)	5.3	4.2	3.0	2.8
1인당 연간 쌀 소비량(kg)	30.1	28.0	28.4	22.0

· K 국에서 생산된 쌀은 국내에서 소비되거나 수출되며, 남은 쌀은 다음 연도 국내 소비, 수출을 위해 국내에 비축된다.

· K 국은 다른 나라로부터 쌀이 유입되지 않는다.

· 2009년 1월 1일의 K 국 쌀 비축량은 '0'이다.

22 자료를 보고 판단한 내용 중 올바르지 않은 것은?

① K 국의 전년 대비 국내 쌀 수출량 증가율은 2010년부터 2012년까지 중에서 2010년에 가장 크다.

② 국내 쌀 생산량과 1인당 연간 쌀 소비량은 특별한 상관관계가 없다.

③ 생산량 대비 수출량이 가장 큰 해는 2012년이다.

④ K 국의 2011년 1월 1일 쌀 비축량이 0이라면, 2012년 1월 1일 쌀 비축량은 0.8만 톤 이상이다.

⑤ 쌀 소비량이 매년 하락하고 있다.

23 2010년 K 국의 인구는 약 몇 명인가?

① 약 150만 명　　　　② 약 300만 명　　　　③ 약 900만 명

④ 약 1,500만 명　　　⑤ 약 1,700만 명

24 다음은 2005년부터 2010년까지 자원봉사 참여 현황에 대한 표이다. 6년 동안 참여율이 4번째로 높은 해의 전년 대비 참여 증가율은 얼마인가?

【 자원봉사 참여 현황 】

(단위 : 천 명, %)

구분	2005년	2006년	2007년	2008년	2009년	2010년
총 성인 인구수	35,744	36,786	37,188	37,618	38,038	38,931
자원봉사 참여 성인 인구수	1,621	2,103	2,548	3,294	3,879	4,634
참여율	4.5	5.7	6.9	8.7	10.2	11.9

※ 자료 : 행정안전부(시 · 도, 시 · 군 · 구 자료)

① 약 17%　　　　② 약 19%　　　　③ 약 21%

④ 약 23%　　　　⑤ 약 25%

25 경영기획실에서 근무하는 귀하는 매년 부서별 사업계획을 정리하는 업무를 맡고 있다. 부서별로 수립한 사업계획을 간략하게 정리한 보고서를 보고 귀하가 할 수 있는 생각으로 옳은 것은?

【 사업별 기간 및 소요예산 】

A 사업 : 총 사업기간은 2년으로, 첫 해에는 1조 원, 둘째 해에는 4조 원의 예산이 필요하다.

B 사업 : 총 사업기간은 3년으로, 첫 해에는 15조 원, 둘째 해에는 18조 원, 셋째 해에는 21조 원의 예산이 소요된다.

C 사업 : 총 사업기간은 1년으로, 총 소요예산은 15조 원이다.

D 사업 : 총 사업기간은 2년으로, 첫 해에는 15조 원, 둘째 해에는 8조 원의 예산이 필요하다.

E 사업 : 총 사업기간은 3년으로, 첫 해에는 6조 원, 둘째 해에는 12조 원, 셋째 해에는 24조 원의 예산이 소요된다.

올해를 포함한 향후 5년간 위의 5개 사업에 투자할 수 있는 예산이 아래와 같다.

【 연도별 가용예산 】

(단위 : 조 원)

1차년도(올해)	2차년도	3차년도	4차년도	5차년도
20	24	28.8	34.5	41.5

【 규정 】

1. 모든 사업은 한 번 시작하면 완료될 때까지 중단할 수 없다.
2. 5개 사업에 투자할 수 있는 예산은 당해 사업연도에 남아도 상관없다.
3. 각 사업연도의 예산은 이월될 수 없다.
4. 모든 사업을 향후 5년 이내에 반드시 완료한다.

---

① B 사업을 세 번째 해에 시작하고 C 사업을 최종연도에 시행한다.

② A 사업과 D 사업을 첫 해에 동시에 시작한다.

③ 첫 해에는 E 사업만 시작한다.

④ D 사업을 첫 해에 시작한다.

⑤ C 사업의 총 필요예산은 20조 원이다.

[26~27] 아래의 제시문을 보고 이어지는 질문에 답하시오.

- 사업자는 30만 원 이상 거래금액에 대하여 그 대금을 현금(대금 일부를 현금으로 지급한 경우도 포함)으로 받은 경우, 세금계산서를 발급하는 경우를 제외하고는 소비자가 요청하지 않아도 현금영수증을 발급하여야 한다. 물론 30만 원 미만의 거래금액도 소비자의 요청이 있으면 현금영수증을 발급하여야 한다.
- 사업자가 현금영수증 발급 의무를 위반하였을 경우에는 미발급금액의 50%를 과태료로 부과한다. 사업자가 현금영수증을 발급하지 않은 경우, 소비자가 거래사실과 거래금액이 확인되는 계약서 등 증빙서류를 첨부하여 현금 지급일로부터 1개월 이내에 신고하면, 미발급금액에 대한 과태료의 20%를 포상금으로 지급한다.
- 소비자가 현금영수증 발급을 원하지 않는 경우에 사업자는 국세청에서 지정한 코드로 발급할 수 있으며, 이 경우 현금 영수증 발급으로 인정한다.

※ 단, 제시문에 제시된 업종의 사업자는 현금영수증 발급 의무자이다.

26 부동산중개인을 통해 2015년 4월 1일 집을 산 대성이는 중개료 70만 원에 대해 30만 원은 신용카드로, 40만 원은 현금으로 결제하였으나 부동산중개인은 현금영수증을 발급하지 않았다. 대성이는 같은 해 4월 29일 부동산중개인이 현금영수증 발급 의무를 위반했다며 신고하였다. 이때 대성이에게 주어지는 포상금은 얼마인가?

① 4만 원   ② 6만 원   ③ 8만 원   ④ 10만 원   ⑤ 12만 원

27 신우가 2015년 6월 5일 법무서비스 대금 100만 원을 현금으로 지불하면서 현금영수증 발급을 원하지 않는다고 말하자 업주는 국세청의 지정코드로 자진 발급하였다. 마음이 변한 신우는 업주가 현금영수증 당연 발급 의무를 위반했다며 2015년 6월 12일 관련 증빙서류를 첨부하여 신고했다. 이때 신고 포상금은?

① 받을 수 없다.   ② 5만 원   ③ 10만 원   ④ 20만 원   ⑤ 25만 원

28 같은 해에 입사한 동기 A, B, C, D, E는 모두 S 전자 소속으로 일하고 있다. 이들이 근무하는 부서와 해당 부서의 한 달 치 성과급은 다음과 같다. 각 사원은 모두 각 부서의 성과급을 동일하게 받는다고 가정할 때, 아래의 표와 부서배치에 관한 조건, 휴가에 관한 조건을 참고하여 항상 옳은 것을 고른 것은?

【 부서별 성과급 】

비서실	영업부	인사부	총무부	홍보부
60만 원	20만 원	40만 원	60만 원	60만 원

【 부서배치 조건 】

1. A는 성과급이 평균보다 적은 부서에서 일한다.
2. B와 D의 성과급을 더하면 나머지 세 명의 성과급의 합과 같다.
3. C의 성과급은 총무부보다는 적지만 A보다는 많이 받는다.
4. C와 D 중 한 사람은 비서실에서 일한다.
5. E는 홍보부에서 일한다.

【 휴가 조건 】

1. 영업부 직원은 비서실 직원보다 휴가를 더 늦게 가야 한다.
2. 인사부 직원은 첫 번째 또는 제일 마지막으로 휴가를 가야 한다.
3. B의 휴가 순서는 이들 중 세 번째이다.
4. E는 휴가를 반납하고 성과급을 두 배로 받는다.

① A의 3개월치 성과급은 C의 2개월치 성과급보다 많다.
② C가 맨 먼저 휴가를 갈 경우, B가 맨 마지막으로 휴가를 가게 된다.
③ D가 C보다 성과급이 많다.
④ 휴가철이 끝난 직후, 급여 명세서에 D와 E의 성과급의 차이는 세 배이다.
⑤ B는 A보다 휴가를 먼저 출발한다.

29 윤○○은 정원이 12명이고 개인회비가 1인당 20,000원인 모임의 총무이다. 정기모임을 카페에서 가지기로 했는데 음료를 1잔씩 주문하고 음료와 곁들일 음식도 2인에 한 개씩 시킬 예정이다. 다음 중 가장 저렴하게 먹을 수 있는 방법으로 메뉴를 주문한 후 남는 돈은? (단, 2명은 커피를 마시지 못한다)

COFFEE		NON-COFEE		FOOD	
아메리카노	3,500원	그린티라떼	4,500원	베이글	3,500원
카페라떼	4,100원	밀크티라떼	4,800원	치즈케이크	4,500원
카푸치노	4,300원	초코라떼	5,300원	초코케이크	4,700원
카페모카	4,300원	곡물라떼	5,500원	티라미수	5,500원

| 조건 |

• 10잔 이상의 음료 또는 음식을 구입하면 2잔은 무료로 제공된다(단, 4,500원 이하).
• 세트메뉴로 음료와 음식을 구입하면 해당 메뉴 금액의 10%가 할인된다.

① 175,000원
② 178,500원
③ 180,500원
④ 187,500원
⑤ 188,200원

30 K 회사는 새롭게 개발한 립스틱을 대대적으로 홍보하고 있다. 다음 제시문을 바탕으로 대안으로 올바른 것은?

K 회사의 립스틱 특징은 지속력과 선명한 색상, 그리고 20대 여성을 타깃으로 한 아기자기한 디자인이다. 하지만 립스틱의 매출이 좋지 않고 홍보가 잘 안 되고 있다. 조사결과 저가 화장품이라는 브랜드 이미지 때문인 것으로 드러났다.

① 블라인드 테스트를 통해 제품의 질을 인정받는다.
② 홍보비를 두 배로 늘려 더 많은 광고를 한다.
③ 브랜드 이름을 최대한 감추고 홍보한다.
④ 무료증정 이벤트를 연다.
⑤ 타깃을 30대 여성으로 바꾼다.

31　인사담당자 김○○ 과장은 채용설명회를 준비하며 포스터를 만들려고 한다. 다음 제시된 인재상을 실제 업무 상황과 관련지어 포스터에 문구를 삽입하려고 할 때 올바른 문구가 아닌 것은?

인재상	업무환경
1. 책임감 2. 고객지향 3. 열정 4. 목표의식 5. 글로벌인재	1. 격주 토요 근무 2. 자유로운 분위기 3. 잦은 출장 4. 고객과 직접 대면하는 업무 5. 해외지사와 업무협조

① 고객을 최우선으로 생각하고 행동하는 인재

② 자신의 일을 사랑하고 책임질 수 있는 인재

③ 어느 환경에서도 잘 적응할 수 있는 인재

④ 중압적인 분위기를 잘 이겨낼 수 있는 열정적인 인재

⑤ 글로벌화에 발맞춰 소통으로 회사의 미래를 만드는 인재

32　A사는 기계에 들어갈 부품을 하청업체에 맡길지, 자가 생산할지 고민하고 있다. 하청업체에서 부품을 만들 시 기본 생산량이 만 개이며 단가는 280원이고, 자가 생산은 기본 생산비가 20만 원, 단가가 270원이다. 하청업체에서 부품 만 개를 구입할 때 자가생산과 대비해서 얻을 수 있는 손익은?

① +20만 원　　　② +10만 원　　　③ -10만 원　　　④ -20만 원　　　⑤ 차이가 없다.

[33~34] 다음 기사를 읽고 물음에 답하시오.

> 국민건강보험공단(이사장 성상철)은 국민권익위원회가 주관하는 2015년 공공기관 청렴도 평가에서 종합청렴도 8.80점을 받아 직원 2,300명 이상 공공기관이 소속된 공직유관단체 1형 21개 기관 중 '매우 우수기관'으로 선정되었다고 밝혔다.
>
> 공단은 외부고객이 평가하는 외부청렴도에서는 지난해 8.87(2등급)보다 0.26점 상승한 9.13점을 받고, 소속직원이 평가하는 내부청렴도에서도 지난해 8.68(2등급)보다 0.02점이 상승한 8.70점을 받는 등 조직 내외의 청렴도가 상승한 것으로 나타났다.
>
> 공단은 매우 우수기관(1등급) 달성을 위해 청렴성을 향상시키는 노력을 꾸준히 해왔다. 대외적으로는 지역사회 시민단체, 소비자단체 등과의 교류를 통하여 공단 서비스에 대한 문제점 등을 지속적으로 청취하여 이를 적극적으로 개선하였고, 대내적으로는 지사직원과의 소통을 통하여 현장중심의 청렴 문화를 확산시키도록 "찾아가는 청렴컨설팅"을 확대 실시하였다. 또한, 부패 유발요인을 사전에 제거하기 위하여 익명신고시스템을 활성화하고 청렴감찰제를 강화하였으며, 올해 제정된 "청탁금지법" 시행에 선제적으로 대응하기 위하여 공단의 형사고발기준을 강화하였다.
>
> 성상철 이사장은 "공단의 부패방지 노력이 다시 한 번 확인되어 전 직원과 기쁨을 함께 하고 싶다. 그러나 청렴도 '매우 우수기관' 달성에 만족하지 않고 부족한 부분은 보완하여 국민에게 더욱 신뢰받는 청렴한 기관이 되도록 노력해 나가겠다"고 밝혔다.

33 다음 기사 제목으로 알맞은 것은?

① 건보공단, 2015년 공공기관 청렴도 1등급(매우 우수기관) 선정
② 건보공단, "찾아가는 청렴컨설팅" 도입
③ 건보공단, 익명신고시스템 활성화
④ 건보공단, "청탁금지법" 공기업 최초 시행
⑤ 건보공단, 내외의 청렴도 수직 상승

34 청렴성을 높이기 위해 실시한 방법이 아닌 것은?

① 청렴감찰제를 강화하였다.
② 형사고발기준을 강화하여 청탁금지법에 선제적으로 대응하였다.
③ 지사직원들과 소통하는 등 여러 방면으로 노력하였다.
④ 대외적으로 청렴성에 대해 홍보하였다.
⑤ 고객과의 교류를 통해 의견을 듣고 수렴하였다.

PART 2 · NCS 직업기초능력평가

35 다음 아래 조건을 바탕으로 했을 때 5층에 있는 부서로 올바른 것은?

| 조건 |

- 기회조정실의 층수에서 경영지원실의 층수를 빼면 3이다.
- 보험급여실은 경영지원실 바로 위 층에 있다.
- 급여관리실은 빅데이터운영실보다는 아래 층에 있다.
- 빅데이터운영실과 보험급여실 사이에는 두 층이 있다.
- 경영지원실은 가장 아래 층이다.

① 빅데이터운영실　　　　② 보험급여실　　　　③ 경영지원실
④ 기획조정실　　　　　　⑤ 급여관리실

36 8명이 앉을 수 있는 원탁에 각 지역본부 대표가 참여하여 회의를 하고 있다. 다음 조건을 바탕으로 경인 지역본부 대표의 맞은 편에 앉은 사람은?

| 조건 |

- 서울, 부산, 대구, 광주, 대전, 경인, 춘천, 속초 대표가 참여하였다.
- 서울은 12시 방향에 앉아 있다.
- 서울의 오른쪽으로 두 번째는 대전이다.
- 부산은 경인의 왼쪽에 앉는다.
- 대전과 부산 사이에는 광주가 있다.
- 광주와 대구는 마주보고 있다.
- 서울과 대전 사이에는 속초가 있다.

① 대전　　　② 부산　　　③ 대구　　　④ 속초　　　⑤ 서울

K 기업은 직원들의 명함을 아래의 〈기준〉에 따라 제작한다. 다음을 읽고 물음에 답하시오.

| 기준 |

· 국문 명함 : 100장에 10,000원, 50장 추가 시 3,000원
· 영문 명함 : 100장에 15,000원, 50장 추가 시 5,000원
 * 고급종이로 만들 경우 정가의 10% 가격 추가

37 올해 신입사원이 입사해서 국문 명함을 만들었다. 명함은 1인당 150장씩 지급했으며, 일반 종이로 만들었고 총 제작비용은 195,000원이 들었다. 신입사원은 총 몇 명인가?

① 12명　　　② 13명　　　③ 14명　　　④ 15명　　　⑤ 16명

38 이번 신입사원 중 해외영업 부서로 배치 받은 사원이 있다. 해외영업부 사원들에게는 고급종이로 영문 명함을 200장씩 만들어 주려고 한다. 총 인원이 8명일 때 총 가격은 얼마인가?

① 158,400원　　　② 192,500원　　　③ 210,000원
④ 220,000원　　　⑤ 247,500원

39 다음 밑줄 친 부분에 들어갈 단어를 A, B, C 순서대로 나열한 것은?

　　　A　　 은 치열한 경쟁 시장인 　　B　　 과 경쟁자가 없는 시장인 　　C　　 을 조합한 말이다. 포화 상태의 치열한 경쟁이 펼쳐지는 기존의 시장 　　B　　 에서 새로운 아이디어나 기술 등을 적용함으로써 자신만의 새로운 시장 　　A　　 을 만든다는 의미로 발상의 전환을 통하여 새로운 가치의 시장을 만드는 것을 일컫는다.

① 블루오션 – 레드오션 – 퍼플오션　　② 레드오션 – 블루오션 – 퍼플오션
③ 퍼플오션 – 레드오션 – 블루오션　　④ 퍼플오션 – 블루오션 – 레드오션
⑤ 블루오션 – 퍼플오션 – 레드오션

40 귀하의 회사에서 ○○제품을 신제품으로 개발하여 중국시장에 진출하고자 한다. 귀하의 상사는 3C 분석 결과를 건네주며, 사업 기획에 반영하고 향후 해결해야 할 회사의 전략과제가 무엇인지 정리하여 보고하라는 지시를 내렸다. 다음 중 회사에서 해결해야 할 전략과제로 적절하지 않은 것은?

Company	Customer	Competitor
• 국내시장 점유율 1위 • A/S 등 고객서비스 부문 우수 • 해외 판매망 취약 • 온라인 구매시스템 미흡 (보안, 편의 등) • 생산관리체계의 미흡 • 높은 생산원가 구조 • 높은 기술개발력	• 전반적인 중국시장은 매년 10% 성장 • 중국시장 내 제품의 규모는 급성장 중 • 20~30대 젊은 층이 중심 • 온라인 구매가 약 80% 이상 • 인간공학 지향	• 중국기업들의 압도적인 시장 점유 • 중국기업들 간의 치열한 가격 경쟁 • A/S 및 사후관리 취약 • 생산 및 유통망 노하우 보유

① 중국 시장의 판매유통망 구축   ② 온라인 구매시스템 강화

③ 고객서비스 부문 강화   ④ 원가절감을 통한 가격경쟁력 강화

⑤ 해외 판매망 강화

41 프랑스 해외지부에 있는 김○○ 부장은 국내 본사로 인사발령을 받았다. 2일 9시 30분에 파리에서 인천으로 가는 비행기를 예약했다. 파리에서 인천까지 비행시간은 총 13시간이 걸리며, 한국은 프랑스보다 7시간이 더 빠르다. 김○○ 부장이 인천에 도착했을 때 현지 시간은 몇 시인가?

① 3일 2시 30분   ② 3일 3시 30분   ③ 3일 4시 30분

④ 3일 5시 30분   ⑤ 3일 6시 30분

[42~43] 법무팀에 근무하는 김○○씨는 최근 규제가 강화되고 있는 허위표시나 과대광고를 예방하기 위해 관련 법조문을 홍보팀에 전달하게 되었다. [허위표시 및 과대광고 관련 법조문]을 보고 이어지는 물음에 답하시오.

【 허위표시 및 과대광고 관련 법조문 】

제00조

① 식품에 대한 허위표시 및 과대광고의 범위는 다음 각 호의 어느 하나에 해당하는 것으로 한다.

　1. 질병의 치료와 예방에 효능이 있다는 내용의 표시 광고

　2. 각종 감사장 상장 또는 체험기 등을 이용거나 '인증', '보증' 또는 '추천'을 받았다는 내용을 사용하거나 이와 유사한 내용을 표현하는 광고. 다만 중앙행정기관 특별지방행정 기관 및 그 부속기관 또는 지방자치단체에서 '인증', '보증'을 받았다는 내용의 광고는 제외한다.

　3. 다른 업소의 제품을 비방하거나 비방하는 것으로 의심되는 광고나, 제품의 제조방법 품질 영양가 원재료 성분 또는 효과와 직접적인 관련이 적은 내용 또는 사용하지 않은 성분을 강조함으로써 다른 업소의 제품을 간접적으로 다르게 인식하게 하는 광고

② 제1항에도 불구하고 다음 각 호에 해당하는 경우에는 허위표시나 과대광고로 보지 않는다.

　1. 일반음식점과 제과점에서 조리 제조 판매하는 제품에 대한 표시 광고

　2. 신체조직과 기능의 일반적인 증진, 인체의 건전한 성장 및 발달과 건강한 활동을 유지하는 데 도움을 준다는 표시 광고

　3. 제품에 함유된 영양성분의 기능 및 작용에 관하여 식품영양학적으로 공인된 사실

---

42 법무팀 김○○씨에게 법조문을 전달받은 귀하는 회사 계열사들이 허위표시 및 과대광고를 하고 있는지 알아보기 위해 각 계열사별 광고 문구를 확인하였다. 허위표시 및 과대광고를 하지 않은 곳은?

ㄱ. (○○삼계탕 식당 광고) "고단백 식품인 닭고기와 스트레스 해소에 효과가 있는 인삼을 넣은 삼계탕은 인삼, 찹쌀, 밤, 대추 등의 유효성분이 어우러져 영양의 균형을 이룬 아주 훌륭한 보양식입니다."

ㄴ. (○○라면의 표시 광고) "우리 회사의 라면은 폐식용유를 사용하지 않습니다."

ㄷ. (○○두부의 표시 광고) "건강유지 및 영양보급에 만점인 단백질을 많이 함유한 ○○두부"

ㄹ. (○○녹차의 표시 광고) "변비와 당뇨병 예방에 탁월한 ○○녹차"

ㅁ. (○○소시지의 표시 광고) "위해요소중점관리 기준을 충족하는 업소에서 만든 식품의약품 안전처 인증 ○○소시지"

① ㄱ, ㄴ　　　　② ㄹ, ㅁ　　　　③ ㄱ, ㄴ, ㄷ　　　　④ ㄱ, ㄷ, ㅁ　　　　⑤ ㄱ, ㄷ, ㄹ

43 법조문을 받은 후, 점심식사를 하면서 광고에 대한 주제로 대화가 흐르게 되었다. 동료들과 나눌 수 있는 대화가 아닌 것은?

① 얼마 전 어머니가 당뇨병에 좋다며 사온 건강식품도 허위광고에 속으신 거였어.
② 최근 인터넷 검색을 하면 체험후기가 많은데 그것도 모두 과대광고에 속하는 거지?
③ 어제 구매한 운동보조식품이 신체의 건강한 발달에 도움이 된다고 광고한 것도 과대광고인 거지? 환불해야겠어.
④ 혈관성 질환에 확실히 효과가 있다고 광고하는 것도 과대광고구나.
⑤ 블로그에서 본 추천 받았다는 내용도 모두 허위 사실이고 과대광고였어.

44 기사를 보고 근로자가 적절하게 선택한 행동으로 옳은 내용만을 〈보기〉에서 고른 것은?

> 담합은 경제에 미치는 악영향도 크고 워낙 은밀하게 이뤄지는 탓에 경쟁 당국 입장에서는 적발하기 어렵다는 현실적인 문제가 있다. 독과점 사업자는 시장에서 어느 정도 드러나기 때문에 부당행위에 대한 감시감독을 할 수 있지만, 담합은 그 속성상 증거가 없으면 존재 여부를 가늠하기 힘들기 때문이다.
>
> – ○○신문, 2015년 6월 24일자 –

| 보기 |

ㄱ. 신고를 통해 개인의 이익을 얻고 사회적으로 문제 해결을 한다.
ㄴ. 내부에서 먼저 합리적인 절차에 따라 문제 해결을 하고자 노력한다.
ㄷ. 근로자 개인이 받는 피해가 클지라도 기업 활동의 해악이 심각하면 이를 신고한다.

① ㄱ　　　② ㄴ　　　③ ㄱ, ㄷ　　　④ ㄴ, ㄷ　　　⑤ ㄱ, ㄴ, ㄷ

45 다음 중 올바른 인사 예절에 대한 설명으로 적절하지 않은 것은?

① 상대에게 맞는 인사를 전한다.　　　② 인사는 내가 먼저 한다.
③ 상대의 입을 바라보고 하는 것이 원칙이다.　　　④ 인사말을 크게 소리 내어 전한다.
⑤ 아랫사람이 윗사람에게 먼저 인사한다.

46 다음 중 상대방 설득방법으로 가장 적절하지 않은 것은?

① 논쟁(Argument)을 적극적으로 유도한다.
② 상대방의 말을 중간에서 자르지 말고 그의 말을 끝까지 들은 후 얘기한다.
③ 상대방의 잘못을 노골적으로 지적하지 않는다.
④ 이해관계가 직접적으로 얽혀지지 않는 제 3자를 통해 말하는 것이 효과적일 수도 있다.
⑤ 상대방의 의견을 존중해줘야 한다.

47 조직 내 갈등에 대한 설명으로 적절하지 않은 것은?

① 갈등상황을 형성하는 구성요소로서는 조직의 목표, 구성원의 특성, 조직의 규모, 분화, 의사전달, 권력구조, 의사결정에의 참여의 정도, 보상제도 등이 있다.
② 갈등은 직무의 명확한 규정, 직위 간 관계의 구체적 규정, 직위에 적합한 인원의 선발 및 훈련 등을 통해서 제거될 수 있다.
③ 갈등상황에 따라 객관적으로 비춰볼 수 있도록 훈련하는 것이 필요하다.
④ 회피는 갈등을 야기할 수 있는 의사결정을 보류하거나 갈등상황에 처한 당사자들이 접촉을 피하도록 하는 것이나 갈등행동을 억압하는 것이다.
⑤ 갈등은 순기능적이 될 수 없으므로, 갈등이 없는 상태가 가장 이상적이다.

48 A 전자 영업부에 근무하는 성찬 사원은 제품에 대한 불만이 있는 고객의 전화를 받았다. 제품에 문제가 있어 담당부서에 고장수리를 요청했으나 연락이 없어 고객이 화가 많이 난 상태였다. 고객이 사장과의 전화통화를 요구할 때 직원으로서 가장 적절한 응대는?

① 고객에게 사과를 하여 고객의 마음을 진정시키고 전화를 상사에게 연결한다.
② 고객의 불만을 들어준 후, 고객에게 제품수리에 대해 담당부서로 다시 전화할 것을 권한다.
③ 회사를 대표해서 미안하다는 사과를 하고, 고객의 불만을 메모한 후 담당부서에 먼저 연락하여 해결해 줄 것을 의뢰한다.
④ 고객의 불만을 듣고 지금 사장님과 전화연결은 어렵고 다시 연락을 드리겠다고 답한 후, 사장님께 전화메모를 전한다.
⑤ 고객의 불만을 듣고, 담당부서에 새 제품으로 교환을 요청한다.

49 오○○ 씨는 이번 주에 있을 한국산업인력공단 H팀의 1주일간 합숙 연수를 위해 점심식단을 구상하고 있다. 다음을 근거로 점심식단의 빈칸을 채워 넣을 때 옳지 않은 것은?

- 한 끼의 식사는 밥, 국, 김치, 기타 반찬, 후식 각 종류별로 하나의 음식을 포함하며, 요일마다 다양한 색의 음식으로 이번 주의 점심식단을 짜고자 한다.
- 밥은 4가지, 국은 5가지, 김치는 2가지, 기타 반찬은 5가지, 후식은 4가지가 준비되어 있다.

색 \ 종류	흰색	붉은색	노란색	검은색
밥	백미밥	–	잡곡밥	흑미밥, 짜장덮밥
국	북엇국	김칫국, 육개장	된장국	미역국
김치	–	배추김치, 깍두기	–	–
기타 반찬	–	김치전	계란찜, 호박전, 잡채	돈육장조림
후식	숭늉, 식혜	수정과	단호박샐러드	–

- 점심식단을 짜는 조건은 아래와 같다.
  - 총 20가지의 음식은 이번 주 점심식단에 적어도 1번씩은 오른다.
  - 붉은색과 흰색 음식은 각각 적어도 1가지씩 매일 식단에 오른다.
  - 하루에 붉은색 음식이 3가지 이상 오를 시에는 흰색 음식 2가지가 함께 나온다.
  - 목요일에만 검은색 음식이 없다.
  - 금요일에는 노란색 음식이 2가지 나온다.
  - 일주일 동안 2번 나오는 후식은 식혜뿐이다.
  - 후식에서 같은 음식이 이틀 연속 나올 수 없다.

【 점심식단 】

색 \ 종류	월요일	화요일	수요일	목요일	금요일
밥	잡곡밥	백미밥			짜장덮밥
국		된장국	김칫국	육개장	미역국
김치	배추김치	배추김치	깍두기	–	–
기타 반찬			호박전	김치전	잡채
후식		수정과		단호박샐러드	–

① 화요일의 기타 반찬은 돈육장조림이다.　② 수요일의 밥은 흑미밥이다.
③ 목요일의 밥은 백미밥이다.　④ 월요일의 후식은 숭늉이다.
⑤ 금요일의 후식은 단호박샐러드이다.

50 다음 중 악수 예절에 대한 설명으로 옳지 않은 것은?

① 악수는 왼손으로 하는 것이 원칙이다.
② 상대의 눈을 보지 않고 하는 악수는 실례이다.
③ 손끝만 내밀어 악수하지 않는다.
④ 상대가 악수를 청할 경우, 남성은 반드시 일어서서 받는다.
⑤ 상대를 바라보며 악수한다.

51 다음 중 바람직한 소개 예절과 거리가 먼 것은?

① 나이 어린 사람을 연장자에게 소개한다.
② 내가 속해 있는 회사의 관계자를 타 회사의 관계자에게 소개한다.
③ 고참자를 신참자에게 먼저 소개한다.
④ 한 사람을 여러 사람에게 소개할 때는 한 사람을 먼저 소개하고 그 후 각각을 소개한다.
⑤ 서로 일어서서 소개한다.

52 조직의 목적이나 규모에 따라 업무는 다양하게 구성될 수 있다. 조직 내의 업무 종류에 대한 설명으로 다음 중 가장 부적절한 내용은?

① 총무부 – 주주총회 및 이사회개최 관련 업무, 의전 및 비서업무, 집기비품 및 소모품의 구입과 관리, 사무실 임차 및 관리 등
② 인사부 – 조직기구의 개편 및 조정, 업무분장 및 조정, 인력수급계획 및 관리, 직무 및 정원의 조정 종합, 노사관리 등
③ 기획부 – 교육체계 수립 및 관리, 임금제도, 복리후생제도 및 지원업무, 복무관리, 퇴직관리 등
④ 회계부 – 재무상태 및 경영실적 보고, 결산 관련 업무, 재무제표 분석 및 보고 등
⑤ 영업부 – 판매계획, 판매예산의 편성, 시장조사, 광고 · 선전, 견적 및 계약 등

53 직업에서 근면의식의 표출로 바르지 않은 것은?

① 강요에 의한 근면은 노동 행위에 즐거움을 주지 못한다.
② 직업의 현장에서는 능동적인 자세로 임해야 한다.
③ 노동 현장에서 보수나 진급이 보장되지 않으면 일을 적게 하는 것이 중요하다.
④ 즐거운 마음으로 시간을 보내면 궁극적으로 우리의 건강이 증진된다.
⑤ 오늘 해야 할 일에 대한 목표의식을 가지면 일이 수월해진다.

54 업무상의 이유로 상대방 회사에 전화를 걸었을 때의 대응태도로 가장 올바른 것은?

① 전화를 걸고 인사 후에는 용건을 결론부터 이야기하고 나서 부연설명을 한다.

② 전화를 건 후 먼저 "○○회사, ○○님 맞습니까?"라고 상대방을 확인한 후 자신의 신분을 밝힌다.

③ 전화통화 도중 필요한 자료를 찾기 위해 "잠시만요"라고 양해를 구하고 자료를 찾는다.

④ 다른 회사의 상사와 직접 통화를 한 후 끝날 때 먼저 수화기를 공손히 내려놓는다.

⑤ 상대방이 신원을 밝히지 않는 경우에는 상대가 누구인지 물어보아서는 안 된다.

55 (주) ○○환경연구소에서는 유기농 생산증진을 위해 유익한 미생물을 연구하고 증식시키고자 한다. 최근 연구대상인 A 미생물은 실온에서 4시간마다 3배씩 증가하는 특징을 가지고 있다. 금일 오후 4시에 확인했을 때, 243,000마리였다면 오전 8시에는 몇 마리였겠는가?

① 1,000마리   ② 3,000마리   ③ 9,000마리   ④ 27,000마리   ⑤ 54,000마리

56 다음은 직장에서 에티켓을 지키지 않는 회사원 김 과장의 사례이다. 화목한 분위기를 만들려면 기본적으로 지켜야 할 예절(에티켓)이 필요하다. 사례를 읽고 직장에서 김 과장에게 필요한 예절이 무엇인지 해당 항목을 고른 것은?

> 전략기획부의 김 과장은 사적인 전화를 사무실에서 아무렇지도 않게 한다. 마치 옆 동료가 들어보라는 듯 목소리가 크고 전화기를 잡고 내려놓지를 않는다. 또한 김 과장은 스스로 사교성이 뛰어나다고 착각을 한다. 반말을 섞어 말하는 것이 친근함의 표현이라 믿는 듯하다. 김 과장에게 회사의 사무실 비품은 개인 물품이 된 지 오래이다. 그리고 음식을 먹을 때 지나치게 집착을 한다. 김 과장과 회식하는 날은 항상 기분좋게 끝난 적이 없다.

① 전화예절, 언어예절, 식사예절

② 전화예절, 복장예절, 인사예절

③ 전화예절, 언어예절, 승강기 예절

④ 전화예절, 언어예절, 식사예절, 이메일 예절

⑤ 전화예절, 언어예절, 이메일 예절

57 (가)의 입장에서 (나)의 문제점을 해결하기 위해 제시할 수 있는 자세를 〈보기〉에서 모두 고른 것은?

> (가) 모든 사회 구성원이 공정하게 대우받는 정의로운 공동체를 만들기 위해서는 부패행위를 방지해야 한다. 우리 조상들은 전통적으로 청렴 의식을 중요하게 여겨, 청렴의식을 강조하는 전통 윤리를 지켜왔다.
>
> (나) 부패 인식 지수는 공무원과 정치인이 얼마나 부패해 있는지에 대한 정도를 비교하여 국가별로 순위를 매긴 것이다. 100점 만점을 기준으로 점수가 높을수록 청렴하다. 2014년 조사한 결과 우리나라의 부패인식 지수는 55로 조사대상국 175개국 중 43위를 기록했다.

> **| 보기 |**
>
> ㉠ 공동체와 국가의 공사를 넘어서 개인의 일을 우선하는 정신을 기른다.
> ㉡ 공직자들은 개인적 이익과 출세만을 추구하지 않고 바른 마음과 정성을 가진다.
> ㉢ 부당한 방법으로 공익을 추구하려 하지 않고 개인의 이익을 가장 중요하게 여긴다.
> ㉣ 공직자들은 청빈한 생활 태도를 유지하면서 국가의 일에 충심을 다하려는 정신을 지닌다.

① ㄱ, ㄴ   ② ㄱ, ㄷ   ③ ㄴ, ㄷ   ④ ㄴ, ㄹ   ⑤ ㄱ, ㄹ

58 A 회사의 연구용역 업무를 담당하는 정 대리는 연구비 총액 6,000만 원이 책정된 용역업체와의 계약을 체결하였다. [규정]을 준수하는 정 대리의 상사 최 부장은 계약 체결 건에 대해 확인하기 위해 정 대리에게 전화를 걸었다. 통화 내용 중 옳지 않은 부분은?

> **【 규정 】**
>
> 제00조(용역발주의 방식) 연구비 총액 5,000만 원 이상의 연구용역은 경쟁입찰 방식을 따르되, 그 외의 연구용역은 담당자에 의한 수의계약 방식으로 발주한다.
> 제00조(용역방침결정서) 용역 발주 전에 담당자는 용역방침결정서를 작성하여 부서장의 결재를 받아야 한다.
> 제00조(책임연구원의 자격) 연구용역의 연구원 중에 책임연구원은 대학교수 또는 박사학위 소지자여야 한다.
> 제00조(계약실시요청 공문 작성) 연구자가 결정된 경우, 담당자는 연구용역 계약실시를 위해 용역수행계획서와 예산계획서를 작성하여 부서장의 결재를 받아야 한다.
> 제00조(보안성 검토) 담당자는 연구용역에 참가하는 모든 연구자들에게 보안서약서를 받아야 하며, 총액 3,000만 원을 초과하는 연구용역에 대해서는 감사원에 보안성 검토를 의뢰해야 한다.

제00조(계약실시요청) 담당자는 용역방침결정서, 용역수행계획서, 예산계획서, 보안성 검토결과를 첨부하여 운영지원과에 연구용역 계약실시요청 공문을 발송해야 한다.

제00조(계약의 실시) 운영지원과는 연구용역 계약실시를 요청받은 경우 지체없이 계약업무를 개시하여야 하며, 계약과정에서 연구자와의 협의를 통해 예산계획서상의 예산을 10% 이내의 범위에서 감액할 수 있다.

정 대리 : 네, ××과 정○○ 대리입니다.

최 부장 : 이번에 연구용역 계약 체결은 다 완료되었나?

정 대리 : 네, ⊙ 경쟁입찰 방식으로 용역 발주하였습니다. 용역방침결정서도 부서장님께 결재받았습니다.

최 부장 : 그래, 연구원들은 총 몇 명이나 되나?

정 대리 : ⓛ ××대학교 교수님이 책임연구원으로 계시고, 밑에 석사과정생 3명이 있습니다.

최 부장 : 예산은 어느 정도로 책정되었나?

정 대리 : ⓒ 처음에 6,000만 원으로 책정되었는데 계약과정에서 연구자와 협의해보니 5,000만 원까지 감액할 수 있을 것 같습니다.

최 부장 : 운영지원과에 공문은 발송했나?

정 대리 : ② 아직 감사원으로부터 보안성 검토결과가 오지 않아 발송하지 못하였고 오는 대로 공문 발송하겠습니다.

최 부장 : 그럼 업무는 언제부터 시작하나?

정 대리 : ⑩ 운영지원과에 연구용역 계약실시요청 공문을 발송한 즉시 바로 업무 개시될 예정입니다.

① ⊙   ② ⓛ   ③ ⓒ   ④ ②   ⑤ ⑩

귀하는 회사 내 직원복지제도 중 하나인 온라인 강의 및 도서 제공 서비스를 담당하고 있다. 귀하가 제작한 [FAQ]를 보고 이어지는 물음에 답하시오.

【 FAQ 】

Q1. 도서 환불 규정

Q2. 동영상 프로그램 재설치 방법

Q3. 스트리밍서버에 접근 오류 대처방법

Q4. 플레이어 업데이트를 실패하였을 때 대처방법

Q5. 동영상 강좌 수강신청 방법

Q6. 수강 중인 강의의 수강 잔여일 또는 수강 종료일은 어디서 확인하나요?

Q7. 수강기간은 어떻게 되나요?

Q8. 동영상 환불 규정

Q9. 강좌의 수강 횟수가 정해져 있나요?

Q10. 동영상 플레이어 끊김 또는 화면이 안 나올 때 대처 방법

---

59 귀하는 인트라넷 개편에 따라 기존 정보를 분류하여 정리하려고 한다. ㉠~㉢에 들어갈 수 있는 질문으로 적절한 것은?

【 Best FAQ】

환불	수강방법	동영상 오류
㉠	㉡	㉢

① ㉠ : Q1, Q5   ② ㉠ : Q6, Q7   ③ ㉢ : Q3, Q5, Q10

④ ㉡ : Q6, Q9   ⑤ ㉢ : Q2, Q9, Q10

60 총무팀에 근무하는 윤○○씨는 지난달 중국어 강의를 신청했지만 새로운 프로젝트를 진행하게 되면서 강의를 거의 듣지 못했다. 프로젝트가 마무리 단계에 접어들자 저번에 신청했던 중국어 강의가 생각이 난 윤○○씨는 직원 복지팀의 귀하에게 아직 남은 수강일이 며칠인지 수강기간이 얼마 남지 않았다면 강의를 취소하고 도서와 함께 환불받을 수 있는지 문의했다. 귀하가 윤○○씨에게 참고하라고 알려줄 수 있는 경로는?

① [인트라넷] – [직원복지제도] – [온라인 강의] – [FAQ] – [Q1, Q6, Q8]
② [인트라넷] – [직원복지제도] – [온라인 강의] – [FAQ] – [Q2, Q4, Q5]
③ [인트라넷] – [직원복지제도] – [온라인 강의] – [FAQ] – [Q3, Q7, Q8]
④ [인트라넷] – [직원복지제도] – [온라인 강의] – [FAQ] – [Q4, Q6, Q8]
⑤ [인트라넷] – [직원복지제도] – [온라인 강의] – [FAQ] – [Q6, Q8, Q10]

한국산업인력공단

취업시험 합격의 신화 | 에듀크라운

PART

3

NCS 직무능력평가 한국사

취업시험 합격의 신화 에듀크라운

한국산업인력공단

취업시험 합격의 신화 **에듀크라운**

Chapter 01 / 한국사 핵심이론

01 원시시대와 고조선

1 정치

① **정치제도** : 다수의 군장 중에서 왕을 추대 → 왕의 권력 취약

② **지방행정** : 군장세력이 각기 자기 부족 통치, 군장의 관료 명칭을 왕의 관료와 동일하게 사용 → 왕의 권력 취약

③ **군사제도** : 군장세력이 독자적으로 지휘

2 사회

① **신분제**

  ㉠ 구석기 : 무리 생활, 평등사회(이동 생활)

  ㉡ 신석기 : 부족사회, 평등사회(정착 생활 시작)

  ㉢ 청동기 : 사유재산제, 계급 발생(고인돌), 군장국가(농경 보편화)

  ㉣ 초기 철기 : 연맹왕국 형성

② **사회조직**

  ㉠ 구석기 : 가족 단위의 무리 생활

  ㉡ 신석기 : 씨족이 족외혼을 통해 부족 형성

  ㉢ 청동기 : 부족 간의 정복활동, 군장사회

  ㉣ 초기 철기 : 군장이 부족을 지배하면서 국왕 선출

3 경제

① 구석기

ㄱ 빙하기 : 물고기잡이와 사냥, 채집 생활 → 무리 생활 → 이동 생활 → 동굴과 막집 생활(뗀석기, 골각기)

ㄴ 주먹도끼 : 연천군 전곡리 출토 → 서구 우월주의 비판

② 신석기

ㄱ 농경의 시작 → 정착 생활 → 강가나 해안가(물고기잡이 병행) : 움집 생활, 씨족 공동체사회 (부족·평등사회)

ㄴ 빗살무늬 토기, 간석기 사용, 원시 신앙 발달

③ 청동기

ㄱ 청동기 사용 → 전반적인 기술의 급격한 발달 → 부와 권력에 의한 계급 발생 → 국가 등장 : 고조선(선민사상)

ㄴ 비파형 동검과 미송리식 토기(고조선의 세력 범위와 일치)

ㄷ 벼농사의 시작과 농경의 보편화 → 구릉지대 생활

④ 철기

ㄱ 세형동검, 명도전과 거푸집, 암각화

ㄴ 연맹왕국이 나타나기 시작

ㄷ 배산임수의 취락 구조 정착, 장방형 움집, 지상가옥화

4 문화

① **신석기** : 애니미즘, 샤머니즘, 토테미즘, 영혼숭배와 조상숭배(원시신앙)

② **청동기** : 선민사상(정치이념)

5 고조선

① 청동기 문화를 바탕으로 기원전 2333년에 건국

② 만주의 요령 지방과 한반도 서북 지방의 여러 부족을 통합

③ **홍익인간(널리 인간을 이롭게 한다)** : 민족의 자긍심을 일깨워줌.

④ **변천과정** : 건국 → 중국의 연과 대립으로 쇠퇴 → 철기 도입 → 위만조선 건국(기원전 194년) → 철기와 중계무역으로 성장 → 한의 침입으로 멸망

⑤ **의의** : 민족사의 유구성과 독자성

⑥ **사회모습**

    ㉠ 선민사상 : 환인과 환웅의 후손

    ㉡ 농경사회 : 농사에 필요한 비, 바람, 구름을 주관

    ㉢ 토테미즘 : 곰과 호랑이 숭배

    ㉣ 제정일치 사회

6 여러 나라의 성장

① 고조선이 멸망할 무렵 철기 문화를 바탕으로 성립 → 각 부족의 연합 또는 전쟁을 통해 국가 형성

② **만주지방** : 부여, 고구려

③ **한반도 북부 동해안** : 옥저, 동예

④ **한반도 남부** : 마한, 변한, 진한

    ㉠ 마한 : 54개의 소국, 목지국의 지배자가 마한의 왕으로 행세

    ㉡ 진한과 변한 : 각각 12개의 소국으로 구성

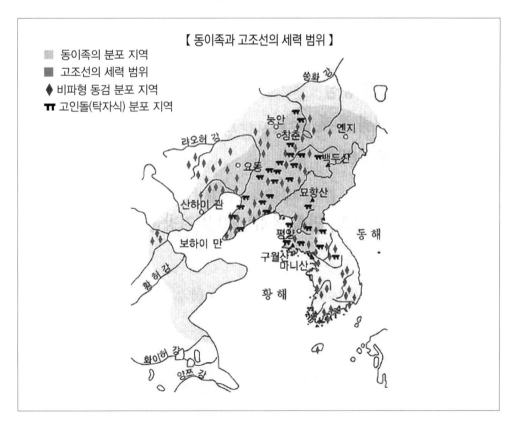

02 　삼국시대와 남북국시대(통일신라와 발해)

1 정치

① 삼국시대(민족 문화의 동질적 기반 확립)

　㉠ 정치제도(왕권강화와 중앙 집권화)

　　• 왕위세습, 율령반포, 관등제

　　• 귀족합의제도 : 제가, 정사암, 화백회의는 국가 중대사 결정 → 왕권 중심의 귀족국가 정치

　㉡ 지방행정

　　• 군사적 성격, 부족적 전통

　　• 고구려 : 5부(욕살)

　　• 백제 : 5방(방령)

　　• 신라 : 5주(군주)

　㉢ 군사제도 : 군사조직은 지방제도와 관련, 국왕이 직접 군사를 지휘

② 남북국시대

　㉠ 정치제도(왕권의 전제화 – 신라 중대)

　　• 집사부 시중의 권한 강화

　　• 국학 설치 : 유교정치이념 수용

　　　※ 발해 : 왕위의 장자 상속, 독자적 연호 사용

　㉡ 지방행정(지방 제도 정비)

　　• 신라

　　　– 9주(도독) : 행정 중심

　　　– 5소경 : 지방세력 통제

　　• 발해 : 왕위의 장자 상속, 독자적 연호 사용

　㉢ 군사제도

　　• 신라 : 9서당(왕권강화, 민족 융합), 10정(지방군)

　　• 발해 : 8위

　㉣ 군사제도

　　• 신라 : 9서당(왕권강화, 민족 융합), 10정(지방군)

　　• 발해 : 8위

② 경제

① 토지제도
  ㉠ 왕토사상 : 토지 공유
  ㉡ 통일신라의 토지 분급, 녹읍(귀족의 농민 징발도 가능) → 관료전 지급(신문왕, 왕권강화) →
    녹읍의 부활(신라 하대, 왕권약화)
  ㉢ 농민에게 정전 분급

② 조세제도
  ㉠ 조세 : 생산량의 1/10
  ㉡ 역 : 군역과 요역
  ㉢ 공물 : 토산물세

③ 산업
  ㉠ 신석기 : 농경 시작
  ㉡ 청동기 : 벼농사 시작, 농경의 보편화
  ㉢ 철기 : 철제농기구 사용 → 경작지 확대
  ㉣ 지증왕 : 우경 시작
  ㉤ 신라통일 후 상업 발달, 아라비아 상인 출입(울산항)

③ 사회

① 신분제(신분제도 성립)
  ㉠ 지배층 특권을 유지하기 위해 율령제도, 신분제도 마련
  ㉡ 신분은 친족의 사회적 위치에 따라 결정
    • 귀족 : 권력과 경제적 독점
    • 평민 : 생산활동에 참여, 조세 부담
    • 천민 : 노비, 부곡민
  ㉢ 신라 골품제
    • 골품은 개인의 신분과 정치활동 제한
    • 관등조직은 골품제와 연계 편성, 복색은 관등에 따라 지정

② 사회조직
  ㉠ 골품제도 : 중앙집권국가 성립시기에 군장세력 재편 → 신라 하대에 골품제도의 모순 노출

ⓛ 귀족합의기구 : 화백, 정사암, 제가회의 → 왕권 견제

ⓒ 화랑제도 : 교육의 기능, 계급갈등을 조절

ⓔ 진골 귀족의 왕위 쟁탈전

ⓜ 반신라 세력 : 호족, 6두품, 도당유학생, 선종, 풍수지리설

ⓗ 전국적 농민 봉기

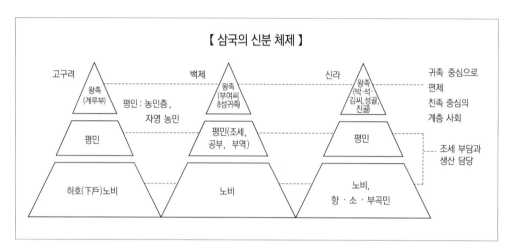

【 삼국의 신분 체제 】

4 문화

① 삼국시대

ⓐ 불교

- 수용 : 중앙 집권 체제 확립과 통합
- 발전 : 왕실불교, 귀족불교

ⓑ 유교

- 고구려 : 태학, 경당(모든 계층 망라)
- 백제 : 5경 박사
- 신라 : 임신서기석

ⓒ 전통사상 및 도교

- 시조신 숭배 : 지배층
- 샤머니즘, 점술 : 민중
- 도교 : 사신도, 산수무늬 벽돌, 사택지적비, 백제 봉래산 향로

② 남북국시대

　㉠ 불교

　　• 원효의 정토종 : 불교의 대중화, 화쟁 사상(불교 통합)

　　• 의상의 화엄종 : 전제왕권 지지

　　• 교종 : 경전, 귀족 – 신라 중대

　　• 선종 : 참선, 호족 – 신라 하대(반신라), 개인의 정신 중시 → 신라 중대에 탄압

　　• 발해 : 고구려 불교 계승

　㉡ 유교

　　• 유교이념 수용 : 국학, 독서삼품과(귀족의 반대로 실패)

　　• 강수 : 외교 문서

　　• 설총 : 이두 정리

　　• 김대문 : 주체적

　　• 최치원 : 사회개혁

　㉢ 전통사상 및 도교

　　• 도교 : 최치원의 난랑비, 정효공주 묘비

　　• 풍수지리설 : 중국에서 전래, 국토 재편론(호족 지지) → 신라 왕권의 권위 약화

---

03 고려시대

🔺 정치

① 정치제도

　㉠ 최승로의 시무28조 : 중앙집권적, 귀족정치, 유교정치이념 채택

　㉡ 귀족제 : 공음전과 음서제

　㉢ 합좌기구 : 도병마사 → 도평의사사(귀족연합체제)

　㉣ 지배계급 변천 : 호족 → 문벌귀족 → 무신 → 권문세족 → 신진사대부

　㉤ 서경제 : 관리임명 동의, 법률개폐 동의

② **지방행정**

  ㉠ 지방제도의 불완전성(5도 양계 : 이원화)

  ㉡ 중아집권의 취약성(속군, 속현)

    ※ 속군과 속현 : 지방관이 파견 안 된 곳으로 향리가 실제 행정을 담당. 이들 향리가 후에 신

      진사대부로 성장

  ㉢ 중간행정기구의 미숙성(임기 6개월, 장관품계의 모순)

  ㉣ 지방의 향리세력이 강함.

③ **군사제도**

  ㉠ 중앙 : 2군 6위(직업군인)

  ㉡ 지방 : 주현군, 주진군(국방담당)

  ㉢ 특수군 : 광군, 별무반, 삼별초

  ㉣ 합의기구 : 중방

2 경제

① **토지제도(전시과 체제 정비)**

  ㉠ 역분전(공신)

  ㉡ 전시과 제도 : 수조권만 지급, 시정전시과 → 개정전시과(직·산관) → 경정전시과(직관)

  ㉢ 귀족의 경제 기반 : 공음전

  ㉣ 고려 후기 : 농장 발달(권문세족)

② **조세제도**

  ㉠ 전세 : 민전은 1/10세

  ㉡ 공납 : 상공, 별공

  ㉢ 역 : 정남(16~60세), 강제노동

  ㉣ 잡세 : 어세, 염세, 상세

③ **산업**

  ㉠ 농업 중심의 자급자족사회 : 유통경제 부진

  ㉡ 농업 : 심경법, 2년 3작, 시비법, 목화

  ㉢ 상업 : 화폐주조

  ㉣ 무역발달(송, 여진, 거란, 일본, 아랍), 예성강 입구의 벽란도

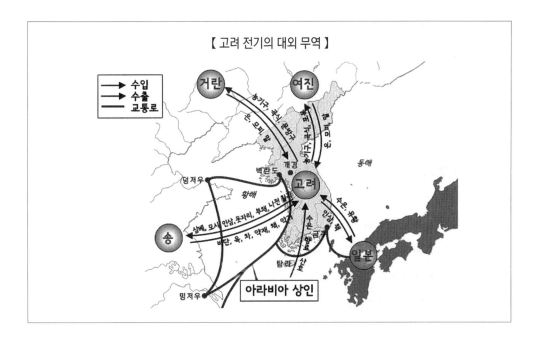

【 고려 전기의 대외 무역 】

③ 사회

① 신분제(신분제도의 재편성)

　　㉠ 골품제도의 붕괴 : 호족 중심의 중세 사회 형성

　　㉡ 호족의 문벌 귀족화

　　㉢ 중간계층의 대두

　　　　• 귀족 : 왕족, 문무고위 관리

　　　　• 중간계층 : 남반, 서리, 향리, 군인

　　　　• 양인 : 농, 상, 공 – 조세부담

　　　　• 천민 : 노비, 향 · 소 · 부곡민

　　㉣ 여성의 지위가 조선시대보다 격상

② 사회조직

　　㉠ 법률 : 대가족 제도를 운영하는 관습법 중심

　　㉡ 지배층의 성격 비교

　　　　• 문벌귀족(고려 중기) : 과거나 음서를 통해 권력 장악

　　　　• 권문세족(몽골간섭기) : 친원파로 권력 독점, 농장 소유

　　　　• 사대부(무신집권기부터) : 성리학자, 지방향리출신, 중소지주

　　㉢ 사회시설

- 의창 · 제위보 : 빈민구제
- 상평창 : 물가 조절

4 문화

① 불교

　㉠ 숭불정책(훈요10조 : 연등회, 팔관회)

　㉡ 연등회, 팔관회 : 왕실 권위 강화

　㉢ 불교의 통합운동(원효 화쟁론의 영향)

　　- 의천의 천태종 : 교종 중심, 귀족적(중기)

　　- 지눌의 조계종 : 선종 중심, 무신정권기

　　- 돈오점수, 정혜쌍수(지눌) : 혜심의 유불일치설

② 유교

　㉠ 유교정치이념 채택(최승로의 시무28조)

　㉡ 유학성격변화 : 자주적(최승로) → 보수적(김부식) → 쇠퇴(무신)

　㉢ 성리학의 수용(몽골간섭기) : 사대부의 정치사상으로 수용, 사회개혁 촉구

　㉣ 이제현의 사략(성리학적 사관)

③ 전통사상 및 도교

　㉠ 도교행사 빈번 : 장례

　㉡ 풍수지리설 : 서경길지설(북진정책 기반 – 묘청의 서경천도)

　㉢ 묘청의 서경천도 운동 : 귀족사회의 구조적 모순에서 비롯됨.

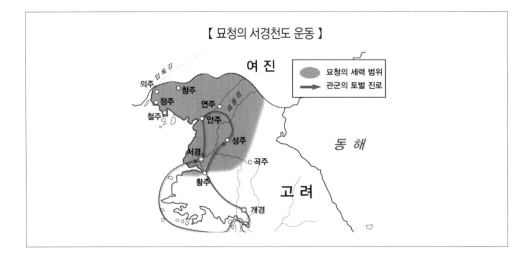

【 묘청의 서경천도 운동 】

04 조선시대(전기)

1 정치

① **정치제도(15C : 훈구파 주도, 16C : 사림파의 성장과 주도)**

　㉠ 왕권과 신권의 균형(성리학을 바탕으로 한 왕도정치)

　㉡ 의정부 : 합의기구, 왕권강화

　㉢ 6조 : 행정분담

　㉣ 3사 : 왕권견제

　㉤ 승정원 · 의금부 : 왕권강화

② **지방행정(중앙집권과 지방자치의 조화)**

　㉠ 8도(일원화) : 부, 목, 군, 현 – 면, 리, 통

　㉡ 모든 군현에 지방관 파견

　㉢ 향리의 지위 격화(왕권 강화)

　㉣ 향 · 소 · 부곡 소멸 : 양인 수 증가

　㉤ 유향소 · 경재소 운영 : 향촌자치를 인정하면서도 중앙집권강화

　㉥ 사림은 향약과 서원을 통해 향촌 지배

③ **군사제도(양인개병제, 농병일치제)**

　㉠ 중앙 : 5위, 궁궐 수비 · 수도 방비

　㉡ 지방 : 영진군

　㉢ 잡색군 : 전직관리, 서리, 노비로 구성된 예비군

【 조선의 통치 체제 】

```
                          ┌─ 의정부 ─ 6조 ─┬─ 이조
                          │                 ├─ 호조
                          │                 ├─ 예조
              ┌─ 경관직 ─┤  승정원          ├─ 병조
              │          │                 ├─ 형조
              │          │  의금부          └─ 공조
              │          │
              │          │  사헌부
              │          │
              │          ├─ 사간원 ─ 3사
   왕 ────────┤          │  홍문관
              │          │
              │          │  한성부
              │          │
              │          │  춘추관
              │          │
              │          └─ 성균관
              │                          ┌─ 부
              └─ 외관직 ─ 8도 ────────────┼─ 목
                                         ├─ 군
                                         └─ 현
```

2 경제

① **토지제도(과전법 체제)**

　㉠ 과전법 : 사대부의 경제기반 마련

　㉡ 직전법(세조, 직관) : 농장의 출현

　㉢ 관수관급제(성종) : 국가의 토지 지배 강화, 양반의 농장 보편화 촉진

      ⓔ 녹봉제(명종) : 과전법 체제의 붕괴, 지주 전호제 강화, 농민 토지 이탈 → 부역제와 수취제의

         붕괴(임란과 병란이 이를 촉진시킴)

② **조세제도**

    ㉠ 전세 : 수확의 1/10세, 영정법(4두)

    ㉡ 공납 : 호구세, 상공과 별공

    ㉢ 군역 : 양인개병제, 농병일치제

③ **산업(중농억상 정책으로 상공업 부진)**

    ㉠ 농업 : 이양법 시작, 이모작 보급

    ㉡ 상업 : 시전 중심, 지방 중심, 화폐유통 부진

    ㉢ 수공업 : 장인은 관청에 부역

    ⓔ 무역 : 조공무역 중심

③ 사회

① **신분제(양반 관료제 사회)**

    ㉠ 양인 수 증가 : 향·소·부곡의 해체, 다수의 노비 해방

    ㉡ 양천제 실시(양인과 천민)

    ㉢ 과거를 통한 능력 중심의 관료 선발

    ⓔ 16C 이후 양반, 중인, 상민, 천민으로 구별

② **사회조직**

    ㉠ 법률 : 경국대전 체제(성리학적 명분·질서의 법전화)

    ㉡ 종법적 가족제도 발달 : 유교적 가족제도로 가부장의 권한 강화, 적서차별

    ㉢ 사회시설

      • 환곡 : 의창 → 상평창(1/10)

      • 사창 : 양반지주층 중심의 자치적인 구제기구

    ⓔ 사회통제책 : 오가작통법, 호패법

④ 문화

① **불교**

    ㉠ 불교의 정비 : 유교주의적 국가기초확립

ⓒ 재정확보책 : 도첩제, 사원전 몰수, 종파의 통합

　　※ 고대 : 불교, 중세 : 유·불교, 근세 : 유교

② 유교

　㉠ 훈구파(15C) : 중앙집권, 부국강병, 사장 중시, 과학기술 수용, 단군 숭배

　㉡ 사림파(16C) : 향촌자치, 왕도정치, 경학 중시, 과학기술 천시, 기자 숭배

　㉢ 주리론 : 이황(영남학파, 남인, 도덕 중시)

　㉣ 주기론 : 이이(기호학파, 서인, 현실 중시)

③ 전통사상 및 도교

　㉠ 도교 행사 정비 : 소격서(중종 때 조광조에 의해 폐지)

　㉡ 풍수지리설 : 한양천도(왕권강화), 풍수·도참사상 – 관상감에서 관리

　㉢ 민간신앙의 국가신앙화

　　※ 기타 종교와 사상에 대한 국가 관리는 유교사회를 확립하려는 의도

05　조선시대(후기)

① 정치

① 정치제도

　㉠ 임진왜란을 계기로 비변사의 강화 → 왕권의 약화(상설기구 전환)

　㉡ 정쟁의 심화 → 서인의 일당 독재화, 영·정조의 탕평책 실패 → 세도정치의 등장 → 대원군의 개혁(왕권강화, 농민 안정책)

② 군사제도

　㉠ 중앙 : 5군영(용병제), 임란과 병란으로 인한 부역제의 해이로 실시

　㉡ 지방 : 속오군(향촌자체방위, 모든 계층)

　㉢ 조선 초기(진관체제) → 임란(제승방략체제) → 조선 후기(진관체제, 속오군 편성)

2 경제

① 토지제도

실학자의 토지제 개혁론 "농민의 토지 이탈과 부역제의 붕괴를 막는 것은 체제의 안정을 유지하는 것"

㉠ 유형원 : 균전제(계급 차등분배)

㉡ 이익 : 한전제(영업전 지급)

㉢ 정약용 : 여전제(급진적 내용, 공동생산과 공동분배)

② 조세제도

농민의 불만 해소와 재정 확보를 위해, 궁극적으로는 야반지배체제의 유지를 위하여 수취제도를 개편

㉠ 영정법(전세) : 1결 4두 → 지주 유리

㉡ 대동법(공납) : 공납의 전세화, 토지 결수로 징수

㉢ 균역법 : 2필 → 1필, 선무군관포, 결작

  ※ 조세의 전세화, 금납화 → 화폐경제, 도시와 시장 발달 → 수요 증대 → 상품경제와 상공업 발달 ⇒ 자본주의 맹아

㉣ 광업

  • 17C : 사채의 허용과 은광 개발이 활발(대청 무역)

  • 18C : 상업 자본의 광산 경영 참여로 잠채성금(금·은광)

  • 자본과 경영의 분리 : 덕대가 채굴 노동자 고용

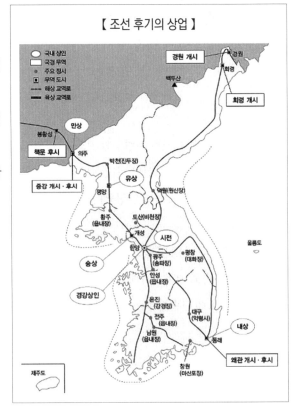

【 조선 후기의 상업 】

③ 사회

① 신분제(신분제도의 동요)

  ㉠ 양반 수의 증가 : 납속책, 공명첩, 족보 위조

  ㉡ 중인층의 지위 향상 : 서얼의 규장각 등용, 역관

  ㉢ 평민의 분화 : 농민(경영형 부농, 임노동자), 상인(도고상인, 영세상인)

  ㉣ 노비 수의 감소 : 공노비 해방(순조), 양인 확보

② 사회조직(사회 불안의 고조)

  ㉠ 신분제 동요 : 몰락양반의 사회개혁 요구

  ㉡ 삼정(전정, 군정, 환곡)의 문란 : 서민의식의 향상(비판의식)

  ㉢ 위기의식의 고조 : 정감록 유행, 도적의 출현, 이양선의 출몰

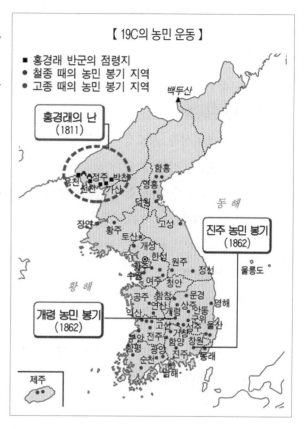

【 19C의 농민 운동 】
■ 홍경래 반군의 점령지
● 철종 때의 농민 봉기 지역
● 고종 때의 농민 봉기 지역

홍경래의 난 (1811)

진주 농민 봉기 (1862)

개령 농민 봉기 (1862)

④ 문화

① 불교 : 불교의 민간 신앙화

② 유교

  ㉠ 양명학의 수용 : 정제두의 강화학파

   ※ 실학 : 통치 질서의 붕괴와 성리학의 한계, 서학의 전래, 고증학의 영향으로 등장

  ㉡ 중농학파 : 토지제도 개혁

  ㉢ 중상학파 : 상공업 진흥책, 박제가(소비론), 박지원(화폐유통론)

  ㉣ 국학 : 동사강목(한국사의 정통론), 해동역사(다양한 자료 이용), 동사·발해고(반도 사관 극복), 연려실기술(실증적 연구)

③ 전통사상 및 도교(사회의 동요)

  천주교 수용, 동학의 발전, 정감록 등 비기도참 사상, 미륵신앙 유행 → 현실 비판(서민문화의 발달)

06 근·현대사의 흐름

1 정치

(1) 개항과 근대 변혁 운동

① **흥선대원군의 정책**

ㄱ 19C 중엽의 상황 : 세도정치의 폐단, 민중 세력의 성장, 열강의 침략적 접근

ㄴ 흥선대원군의 집권(1863~1873)

- 왕권강화정책 : 서원 철폐, 삼정의 문란 시정, 비변사 폐지, 의정부와 삼군부의 기능 회복, 대전회통 편찬

- 통상수교거부정책 : 병인양요, 신미양요, 척화비 건립

② **개항과 개화정책**

ㄱ 개항 이전의 정세

- 개화 세력의 형성

- 흥선대원군의 하야와 민씨 세력의 집권(1873)

- 운요호 사건(1875)

ㄴ 문호개방

- 강화도 조약(1876) : 최초의 근대적 조약, 불평등 조약

- 조·미 수호통상조약(1882) : 서양과의 최초 수교, 불평등 조약

③ **갑신정변(1884)** : 최초의 근대화 운동(정치적 – 입헌군주제, 사회적 – 신분제 폐지 주장)

ㄱ 전개 : 급진개화파(개화당) 주도

ㄴ 실패원인 : 민중의 지지 부족, 개혁 주체의 세력 기반 미약, 외세 의존, 청의 무력간섭

ㄷ 결과 : 청의 내정간섭 심화

ㄹ 1880년대 중반 조선을 둘러싼 열강의 대립 심화

④ **동학농민운동의 전개**

ㄱ 배경

- 대외적 : 열강의 침략 경쟁에 효과적으로 대응하지 못함.

- 대내적 : 농민 수탈, 일본의 경제적 침투

- 농민층의 상황 : 불안과 불만 팽배 → 농촌 지식인들과 농민들 사이에서 사회 변화 움직임 고조

ⓒ 전개 과정

　　・고부 봉기 : 전봉준 중심으로 봉기

　　・1차 봉기 : 보국안민과 제폭구민을 내세움 → 정읍 황토현 전투의 승리 → 전주 점령

　　・전주 화약 : 폐정개혁 12개조 건의, 집강소 설치

　　・2차 봉기 : 항일 구국 봉기 → 공주 우금치 전투에서 패배

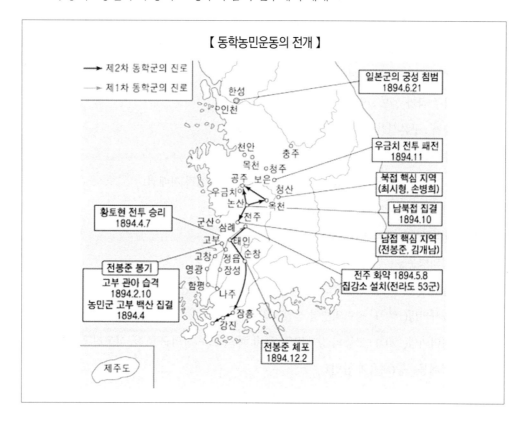

【 동학농민운동의 전개 】

⑤ **갑오개혁과 을미개혁**

㉠ 갑오개혁(1894)

　　・군국기무처 설치 : 초정부적 회의 기관으로 개혁 추진

　　・내용 : 내각의 권한 강화, 왕권 제한, 신분제 철폐

　　・과정 : 홍범 14조 반포

　　・한계 : 군사적 측면에서의 개혁이나 농민들의 요구에 소홀

㉡ 을미개혁(1895)

　　・과정 : 일본의 명성 황후 시해 → 친일 내각을 통해 개혁 추진

　　・내용 : 단발령, 태양력 사용 등

⑥ 독립협회와 대한제국

　　㉠ 독립협회(1896~1898)

　　　　• 배경 : 아관파천으로 인한 국가 위신 추락

　　　　• 활동 : 국권 · 이권수호 운동, 민중계몽운동, 입헌군주제 주장

　　　　• 만민공동회(1898) : 최초의 근대식 민중대회

　　　　• 관민공동회 : 헌의 6조 결의

　　㉡ 대한제국 성립(1897)

　　　　• 배경 : 고종의 환궁 여론 고조

　　　　• 자주 국가 선포 : 국호 – 대한제국, 연호 – 광무

　　　　• 성격 : 구본신참의 복고주의, 전제 황권 강화

⑦ 일제의 국권 강탈

　　㉠ 러 · 일 전쟁 : 일본의 승리(한반도에 대한 일본의 독점적 지배권)

　　㉡ 을사늑약(1905, 제2차 한 · 일 협약)

⑧ 항일의병전쟁과 애국계몽운동

　　㉠ 항일의병운동

　　　　• 을미의병(1895) : 한말 최초의 의병봉기(을미사변과 단발령이 원인)

　　　　• 을사의병(1905) : 평민의병장 신돌석의 활약

　　　　• 정미의병(1907) : 고종의 강제퇴위, 군대 해산, 13도 창의군 조직, 서울진공작전

　　㉡ 애국계몽운동(교육과 산업)

　　　　※ 신민회(1907) : 비밀결사 조직, 문화적 · 경제적 실력양성 운동, 105인 사건으로 해산

(2) 민족의 수난과 항일 민족 운동

① 일제의 식민정책

　　㉠ 1910년대(1910~1919) : 무단통치(헌병경찰제 – 즉결처분권 부여)

　　㉡ 1920년대(1919~1931) : 문화통치

　　㉢ 1930년대(1931~1945) : 민족말살통치(병참기지화 정책, 내선일체, 황국신민화, 일본식 성명

　　　　강요)

② 3 · 1 운동(1919)

　　㉠ 배경 : 미국 윌슨 대통령의 '민족자결주의'와 2 · 8독립선언

　　㉡ 대한민국 임시정부가 세워진 계기가 됨.

③ 대한민국 임시정부(1919. 9. 상하이)

　　㉠ 한성정부의 법통 계승

　　㉡ 연통제, 교통국, 외교활동(구미위원부)

④ 국내외 항일민족운동

　　㉠ 국내 항일운동

　　　· 신간회(1927) : 비타협적 민족주의와 사회주의 세력 연합 → 노동 · 소작쟁의, 동맹 휴학 등
　　　　을 지원

　　　· 학생운동 : 6 · 10만세운동(1926), 광주학생 항일운동(1929)

　　㉡ 국외 항일운동 : 간도와 연해주 중심

　　　· 대표적 전과 : 봉오동 전투, 청산리 전투(1920)

　　　· 간도 참변(1920) : 봉오동 · 청산리 전투에 대한 일제의 보복

　　　· 자유시 참변(1921) : 러시아 적군에 의한 피해

　　　· 3부의 성립(1920년대) : 정의부, 참의부, 신민부

　　　· 중국군과 연합하여 항일전 전개(1930년대)

　　　· 한국광복군(1940, 충칭)

　　㉢ 사회주의 세력 : 중국 공산당과 연계 – 화북 조선 독립 동맹 결성, 조선 의용군 조직

2 경제

① 토지제도

　　㉠ 동학농민운동에서만 토지의 평균분작 요구

　　㉡ 대한제국 : 지계 발급

　　㉢ 일제의 수탈

　　　· 토지조사사업(1910~1918) : 조선의 토지약탈을 목적으로 실시

　　　· 산미증식계획(1920~1935) : 농지개량, 수리시설 확충 비용 소작농이 부담

　　　· 병참기지화 정책(1930~1945) : 중화학공업, 광업 생산에 주력(기형적 산업구조) – 군사적
　　　　목적

② 조세제도

　　㉠ 갑신정변 : 지조법 개정

　　㉡ 동학농민운동 : 무명잡세 폐지

　　㉢ 갑오 · 을미개혁 : 조세 금납화

　　㉣ 독립협회 : 예산공표 요구

③ 산업

　　㉠ 근대적 자본의 성장

　　㉡ 일제 강점기 : 물산장려운동

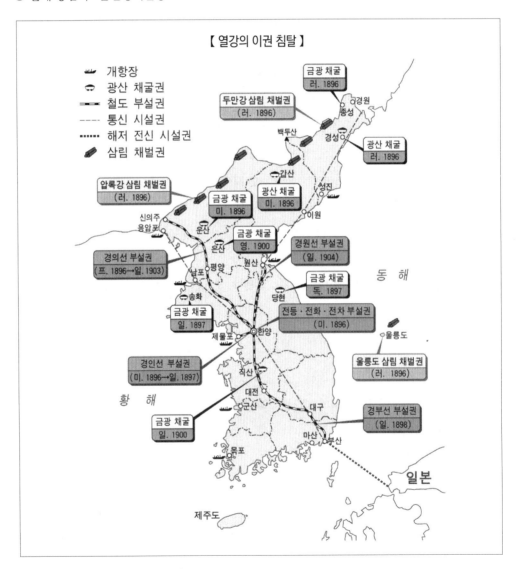

【 열강의 이권 침탈 】

3 사회

① **신분제(평등 사회로의 이행)**

　⊙ 갑신정변(1884) : 문벌 폐지, 인민평등권

　ⓒ 동학농민운동(1894) : 노비제 폐지, 여성지위 상승

　ⓒ 갑오개혁(1894) : 신분제 폐지, 봉건폐습 타파

　ⓔ 독립협회(1896) : 민중의식 변화, 민중과 연대

　ⓜ 애국계몽운동(1905) : 민족 교육운동, 실력 양성

② **사회조직**

　⊙ 개혁 세력 : 민권사상을 바탕으로 평등사회 추구

　ⓒ 위정척사파 : 양반 중심의 봉건적 신분질서 유지

　ⓒ 동학농민운동 : 반봉건, 반제국주의의 개혁 요구

　ⓔ 독립협회 : 자주, 자유, 자강 개혁 요구

　ⓜ 광무개혁 : 전제 군주제를 강화하기 위한 개혁

　ⓗ 의병활동 : 반제국주의의 구국 항전

　ⓢ 애국계몽단체 : 자주독립의 기반 구축 운동

4 문화

① **동도서기(東道西器)** : 우리의 정신문화는 지키고 서양의 과학 기술을 받아들이자는 주장(중체서용, 구본신참) → 양무운동, 대한제국

② **불교 유신론** : 미신적 요소를 배격하고 불교의 쇄신을 주장

③ **민족사학의 발전** : 신채호, 박은식, 최남선

④ 기독교계는 애국계몽운동에 힘씀.

07　현대사회의 발전

1️⃣ 광복과 대한민국의 수립

(1) 광복 전후의 국제적 논의

구분	참가국	내용
카이로 회담 (1943. 11.)	미국, 영국, 중국	• 일본에 대한 장래의 군사행동 협정 • 한국을 자유 독립국가로 해방시킬 것을 결의
얄타 회담 (1945. 2.)	미국, 영국, 소련	• 소련의 대일참전 결정 • 한국에 대한 신탁통치 밀약 • 한국의 38도 군사 경계선 설정 확정
츠담 회담 (1945. 7.)	미국, 영국, 중국, 소련	• 일본 군대의 무장해제 • 카이로 선언의 재확인(한국 독립에 대한 약속)
모스크바 3상 회의 (1945. 12.)	미국, 영국, 소련	• 미·소 공동 위원회 설치(임시정부 수립 원조) • 미국, 영국, 소련, 중국 등 4개국 정부의 한국 신탁통치 결정(5년간)

(2) 대한민국 정부의 수립

① **좌·우합작 운동**

ㄱ 배경 : 모스크바 3상 회의에서 결정된 신탁통치와 정부수립 방향을 놓고 좌·우 세력 대립 → 좌·우 대립을 극복하고 통일 정부를 수립하려는 중도파의 의지

ㄴ 좌우합작위원회(1946) : 중도 좌익(여운형), 중도 우익(김규식) 중심으로 발족, 반탁을 주장하는 김구, 이승만 등의 극우세력은 배제 → 합작7원칙 발표 → 좌우합작위원회 결렬(미·소 공동 위원회 결렬)

② **통일 정부 수립의 노력**

ㄱ 남북한 총선거 : 유엔총회의 결의(1947) → 소련 측의 반대 → 유엔소총회의의 남한 단독 선거 결정(1948)

ㄴ 김구의 남북협상 제의(1948. 3. 8.) : 공산주의자 중심 진행으로 실패

ㄷ 제주도 4·3 사건(1948. 4. 3) : 1947년 3월 1일 경찰의 발포사건을 기점으로 하여, 경찰·서북청년회(우익단체)의 탄압에 대한 저항과 남한의 단독선거(5·10 총선거)·단독정부 반대를 기치로 1948년 4월 3일 남조선노동당(남로당) 제주도당 무장대가 무장봉기한 이래 1954년 9월

21일 한라산 금족지역이 전면 개방될 때까지 제주도에서 발생한 무장대와 토벌대 간의 무력 충돌과 토벌대의 진압과정에서 수많은 주민들이 희생당한 사건

③ 대한민국 정부 수립

   ⊙ 5·10 총선거(1945. 5. 10.) : 남한 단독 선거, 김구 등 남북 협상파의 불참, 이승만 한민당 계열의 압승 → 제헌국회 구성, 대한민국 임시 정부의 법통을 계승한 민주 공화국 체제의 헌법 제정

   ⓒ 대한민국 정부 수립(1948. 8. 15.) : 대통령에 이승만, 부대통령에 이시영을 선출, 대한민국의 성립을 내외에 선포

   ⓒ 반민족 행위 처벌법 제정(1948. 9. 22.) : 일제 시대에 친일 행위를 한 자를 처벌하기 위한 법 → 이승만 정부의 소극적 태도로 친일파 처벌 실패

   ⓔ 농지 개혁법 제정(1949. 6. 21.) : 농민들을 대상으로 한 정부의 토지 배분(유상 몰수·유상 분배)

④ 6·25 전쟁

   ⊙ 원인 : 북한의 무력 통일 정책, 이승만 정권의 정치·경제적 불안

   ⓒ 과정 : 무력 남침(1950. 6. 25.) → 서울 함락, 낙동강 전선까지 후퇴 → 유엔 16개국 참전 → 인천 상륙작전(1950. 9. 15.) → 서울 탈환, 압록강 초산까지 전진 → 중공군 개입 → 후퇴 → 휴전 협정(1953. 7.)

   ⓒ 결과 : 경제적·인적 피해, 한미상호방위조약 체결(1953)

2 대한민국의 발전

(1) 민주주의의 시련

① 4·9 혁명(1960. 4. 19.)

   ⊙ 원인 : 장기 집권을 위한 자유당 정권의 3·15 부정 선거

   ⓒ 경과 : 마산 지역 학생과 시민들의 부정 선거 규탄 의거 → 전국적 규모의 시위

   ⓒ 결과 : 이승만 정부의 계엄령 선포 → 이승만 대통령의 하야 발표, 자유당 정권 붕괴

② 제2공화국 성립(장면 내각)

   ⊙ 과도정부의 개헌 : 내각 책임제와 양원제를 골자로 헌법 개정

   ⓒ 정면 내각 : 개정된 헌법에 따라 총선거 실시 → 민주당의 장면 내각 성립 → 계속되는 정치혼란

③ 5·16 군사 정변(1961. 5. 16.)과 군정의 실시

   ⊙ 군사 정변 : 박정희 중심의 군부 세력이 제2공화국을 무력으로 무너뜨리고 전국에 계엄령을 선포하며 정권을 장악

ⓒ 군정의 실시 : 헌정 중단, 국가 재건 최고 회의 구성 → 대통령 중심제와 단원제로 헌법 개정 → 대통령 선거에서 박정희 당선(1963)

④ 박정희 정권의 주요 사건

　ⓐ 경제개발 5개년 계획 발표 : 기간산업 확충, 수출 주도형 성장, 공업 건설의 집중 지원 등과 같은 경제 발전계획을 5개년 단위로 추진

　ⓑ 6 · 3 사건(1964. 6. 3.) : 일본과의 관계 개선을 위해 체결한 한 · 일 협정에 반대하여 시민과 학생들이 일으킨 시위

　ⓒ 새마을 운동(1970) : 근면 · 자조 · 자립 정신을 바탕으로 한 범국민적 지역사회 개발 운동

　ⓓ 10월 유신(1972) : 장기 집권을 위한 헌법 개정, 독재 체제 구축

⑤ 전두환 정부(제5공화국)

　ⓐ 12 · 12 사태(1979. 12. 12.) : 신군부 세력의 군권 · 정치적 실권 장악

　ⓑ 5 · 18 광주 민주화 운동(1980. 5. 18.) : 신군부의 집권 의도를 반대하고 민주화를 요구하는 대규모 시위

　ⓒ 헌법 개정 : 국가 보위 비상 대책 위원회를 구성하여 국가의 통치권 장악, 7년 단임의 대통령 간접 선거로 헌법 개정

(2) 민주주의의 발전

① 노태우 정부(제6공화국)

　ⓐ 6 · 29 민주화 선언 : 6월 민주 항쟁으로 국민의 민주화 요구 수용 → 5년 단임의 대통령 직선제를 주요 내용으로 하는 6 · 29 민주화 선언 발표

　ⓑ 외교 정책 : 북방 정책 본격화(헝가리 · 폴란드 · 소련 · 중국과의 외교 관계 수립)

② 김영삼 정부(문민정부)

　ⓐ 국정 목표 : 깨끗한 정부, 튼튼한 경제, 통일 조국, 건강한 사회

　ⓑ 공직자의 재산 등록과 금융 실명제 등의 법제화(1993)

　ⓒ 지방 자치제의 전면적 실시, OECD 가입(1996)

③ 김대중 정부(국민의 정부)

　ⓐ 최초의 여야 정권 교체

　ⓑ 국정 목표 : 민주주의, 시장 경제, 국민 화합, 법 질서 수호, 남북 교류

　ⓒ 외환 위기 극복과 국민 화합의 실현, 월드컵 · 아시아 경기대회의 성공적 개최

　ⓓ 남북 화해와 협력의 시대를 위한 햇볕정책

④ 노무현 정부(참여정부)

　　㉠ 국정 목표 : 더불어 사는 사회, 국민과 함께 하는 민주주의, 평화와 번영의 동북아 시대

　　㉡ 경의선 복원 연결식(2003. 6.)

⑤ 이명박 정부(실용정부)

　　㉠ 국정 목표 : 국민을 섬기는 정부, 활기찬 시장 경제, 능동적 복지, 인재대국, 성숙한 세계국가

　　㉡ 4대강(한강, 낙동강, 금강, 영산강) 정비 사업 착수(2008)

　　㉢ 서울 G20 정상회의 개최(2010), 대구 세계 육상대회 개최(2011), 한 · 미 FTA 발표(2012)

　　㉣ 북한의 연평도 포격 사건(2010)

※ 남북한 외교 정책

정부	통일 정책
박정희 정부	• 1972년 7 · 4 남북 공동 선언 : 자주 · 평화 · 민족적 대단결의 3대 통일 원칙, 공식 대화 기구로 남북 조절 위원회 구성 • 1973년 평화 통일 외교 정책 : 양국의 내정 간섭 금지, 1민족 2국가, 모든 국가에 대한 문호 개방 • 1974년 남북한 상호 불가침 협정 체결 제안, 평화 통일 3대 원칙 발표(상호 무력 불사용, 교류와 협력, 토착 인구 비례에 의한 자유 총선거 실시)
전두환 정부	1982 민족 화합 민주 통일 방안 : 남북 대표로 민족 통일 협의회 구성, 민족 · 민주 · 자유 · 복지의 이상을 추구하는 통일 헌법적 절차를 통해 남북한 총선거 실시, 통일 국회와 정부 구성
노태우 정부	• 1988년 7 · 7 선언(민족자존과 통일 번영을 위한 대통령 특별 선언) : 남북한 간의 적극적인 교류 제의, 이산가족 문제 해결, 민족 경제의 균형 발전, 북한과 한국 우리방과의 관계 개선, 한국과 사회주의 국가와의 관계 개선 • 1991년 남북한 유엔 동시 가입 • 1991년 남북한 화해와 불가침 · 교류 협력에 관한 기본 합의서 : 7 · 4 남북 공동성명에서 천명한 조국 통일 3대 원칙의 재확인, 무력 침략과 충돌 방지, 긴장 완화와 평화 보장, 교류 협력을 통한 민족 공동의 번영 도모, 평화 통일을 위한 공동의 노력 등을 규정
김영삼 정부	1994년 3단계 민족 공동체 통일 방안 : 화해 협력 → 남북 연합 → 통일 국가
김대중 정부	2000년 6 · 15 공동 선언 : 통일 문제의 자주적 해결, 통일을 위한 연합제와 연방제의 공통성 인정, 이산가족 방문단 교환과 비전향장기수(非轉向長期囚) 문제 해결, 경제협력을 통한 민족 경제의 균형적 발전
노무현 정부	2007년 10 · 4 남북 정상 공동 선언 : 6 · 15 공동 선언 적극 구현, 군사적 적대 관계 종식을 위한 협력과 불가침의무 준수, 서해 평화 협력 특별지대 설치, 경의선 화물철도 개통과 안변 · 남포 조선 협력 단지 건설, 백두산 관광 실시, 이산가족 상봉

이명박 정부	• 비핵 · 개방 · 3000 구상 : 북한이 핵을 포기하면 정부가 국제사회와 함께 10년 내에 북한의 1인당 국민소득이 3,000달러 수준으로 도약할 수 있도록 적극 지원 • 금강산 관광객 피격 사망 사건, 2차 핵실험, 장거리 미사일 발사, 천안함 폭침 등의 사건으로 남북 관계 경색 • 2010년 5 · 4 조치 : 북한 선박의 우리 해역 운항 전면 불허, 남북교역 중단, 우리 국민의 방북 불허, 북한에 대한 신규 투자 불허, 대북 지원사업 보류 • 5 · 24 조치 이후에도 북한의 연평도 포격 도발, 장거리 미사일 발사로 남북교류는 거의 단절

한국사 기출유형 문제

정답 및 해설 • 43p~49p

01 다음 시대의 생활상에 대한 설명으로 바른 것은?

> 강원도 고성군 죽왕면 문암리에서는 서기전 3600년~서기전 3000년의 동아시아 최초의 밭 유적이 발견되었는데, 움집, 짧은 빗살무기토기, 돌화살촉 등이 함께 출토되었다.

① 식량 채집경제 생활이 시작되었으며, 토기가 제작되었다.
② 움집은 주로 원형이나 모둥근 방형으로, 중앙에 화덕을 설치하고 남쪽에 출입문을 내었다.
③ 원시적 평등 사회로 지배–피지배의 계급은 나뉘지 않고, 원시 신앙도 발생하지 않았다.
④ 돌보습, 굴지구와 더불어 반달돌칼, 홈자귀 등 간석기가 사용되었고, 원시적 수공업이 이루어졌다.
⑤ 동굴 벽화와 풍만한 여인 조각상 등을 제작하였다.

02 (가) 시대의 생활모습으로 옳은 것은?

연천 전곡리에서 출토된 주먹도끼는 (가) 시대에 만들어졌다.
주로 짐승을 잡아 고기를 썰 때나 가죽을 벗겨낼 때 이용된 도구이다.

① 반달돌칼을 이용해 곡식을 수확했다.　② 계급이 생겨나기 시작했다.
③ 거푸집을 이용해서 도구를 생산했다.　④ 정복전쟁이 활발하게 이루어졌다.
⑤ 주로 동굴이나 바위 그늘에서 살았다.

03 다음 법이 지배했던 국가에 대한 설명으로 가장 적절한 것은?

> • 사람을 죽인 자는 즉시 죽인다.
> • 남에게 상처를 입힌 자는 곡식으로 갚는다.
> • 도둑질을 한 자는 노비로 삼는다. 용서받고자 하는 자는 한 사람마다 50만 전을 내야 한다.

① 한나라와 진국 여러 나라 사이에서 중계 무역으로 경제적 이익을 취했다.

② 군장의 영향력이 미치지 못하는 소도가 있었다.

③ 철기 문화를 배경으로 성립된 우리 민족 최초의 국가였다.

④ 방직 기술이 발달하였으며 단궁, 과하마, 반어피 등이 유명하였다.

⑤ 4세기 말 광개토대왕으로 인해 영토가 확장되었다.

04 다음 자료에 해당하는 나라에 대한 설명으로 옳은 것은?

> 나라에는 군왕이 있고 모두 여섯 동물이 이름으로 관직명을 정하여 마가, 우가, 대사, 대사자, 사자가 있다. …(중략)… 제가는 별도로 사출도를 주관하는데 큰 곳은 수천 가이고, 작은 곳은 수백 가이다.
>
> 「삼국지」 동이전

① 낙랑과 왜에 철을 수출하였다.　　② 소도라는 신성한 지역이 있었다.

③ 8조법을 만들어 사회질서를 유지하였다.　　④ 신지라는 지배자가 있었다.

⑤ 영고라는 제천행사를 열었다.

05 다음 글을 읽고 (가)와 (나), 각각의 고대 국가들에 대한 설명을 〈보기〉에서 알맞게 연결한 것은?

> (가) 살인자는 사형에 처하고 그 가족은 노비로 삼았다. 도둑질을 하면 12배로 변상케 했다. 남녀 간에 음란한 짓을 하거나 부인이 투기하면 모두 죽였다. 투기하는 것을 더욱 미워하여, 죽이고 나서 시체를 산 위에 버려서 썩게 했다. 친정에서 시체를 가져가려면 소와 말을 바쳐야 했다.
>
> (나) 귀신을 믿기 때문에 국읍에 각각 한 사람씩 세워 천신에 대한 제사를 주관하게 했다. 이를 천군이라 했다. 여러 국에는 각각 소도라고 하는 별읍이 있었다. 큰 나무를 세우고 방울과 북을 매달아 놓고 귀신을 섬겼다. 다른 지역에서 거기로 도망쳐 온 사람은 누구든 돌려보내지 않았다.
>
> 「삼국지」

| 보기 |

ㄱ. 동물의 이름을 본 딴 관직명을 가지고 있었다. → (가)

ㄴ. 처가에 사위가 들어가 자녀가 자랄 때까지 사는 데릴사위제가 있었다. → (가)

ㄷ. 제정일치제도를 가지고 있었다. → (나)

ㄹ. 철이 많이 나와 낙랑과 왜에 수출하기도 하였다. → (나)

① ㄱ, ㄴ　② ㄱ, ㄷ　③ ㄱ, ㄹ　④ ㄴ, ㄹ　⑤ ㄷ, ㄹ

06 아래에 해당하는 문화유산으로 옳은 것은?

- 국보 지정 : 국보 제 21호
- 건립 시기 : 통일 신라
- 관련 설명 : 무영탑이나 석가탑으로도 불리며 이 탑의 보수과정에서 <무구정광대다라니경>이 발견됨.

① 미륵사지 석탑　　② 분향사 모전석탑　　③ 첨성대
④ 불국사 삼층석탑　　⑤ 정림사지 오층석탑

07 '(가)'에 대한 설명으로 옳지 않은 것은?

이것은 (가) 궁궐의 옛 터에서 출토된 것으로 현무암으로 만들어진 높이 6.3미터의 거대한 석등이다. (가)는 전성기에 해동성국이라고 불렸으며, 통일 신라와 함께 우리나라 역사의 한 근간을 이뤘던 나라이다.

① 고구려의 문화를 계승하였다.　　② 통일 신라와 교류가 오가지는 않았다.
③ 대조영이 건국하였다.　　④ 중국의 제도를 나라 실정에 맞춰 받아들였다.
⑤ 거란의 침입을 받아 멸망하였다.

08 다음 중 신라와 발해에 대한 설명으로 옳은 것은?

① 신라는 백제와 고구려 옛 지배층에게 관등을 주어 포용하였다.
② 신라는 9세기에 들어서 비로소 발해와 상설 교통로를 개설하였다.
③ 발해의 주민 중 다수는 말갈인이었는데 이들은 관리가 될 수 없었다.
④ 발해는 지방 세력을 통제하기 위하여 상수리 제도를 실시하였다.
⑤ 발해는 9세기 전반에 요서지역에 진출, 독자적인 연호를 사용하였다.

09 밑줄 친 (가) 국가에 대한 설명으로 가장 적절하지 않은 것은?

> 옛날에는 고씨가 북에서 고구려를, 부여씨가 서남에서 백제를, 박·석·김씨가 동남에서 신라를 각각 세웠으니, 이것이 삼국이다. 여기에는 반드시 삼국사가 있어야 할 것인데, 고려가 편찬한 것은 잘한 일이다. 그러나 부여씨와 고씨가 멸망한 다음에 김씨의 신라가 남에 있고, (가) 대씨의 나라가 북에 있으니 이것이 남북국이다. 여기에는 마땅히 남북사가 있어야 할 터인데, 고려가 편찬하지 않은 것은 잘못이다.

① 대부분의 말갈족을 복속시키고 요동 지역으로 진출하였다.

② 정당성은 이원적 통치 체제로 운영되어 독자성을 보였다.

③ 전략적 요충지에는 5경을 지방 행정의 중심부에는 15부를 두었다.

④ 부족을 통일한 여진족의 침략으로 멸망하였다.

⑤ 7세기 말 고구려 장군 출신 대조영을 중심으로 나라를 건국하였다.

10 (가), (나) 시기에 있었던 사실로 옳은 것은?

> 동북 9성 축조 → (가) → 금의 사대요구 수락 → (나) → 몽골의 1차 침입

① (가) 고려가 강동 6주를 확보하였다.

② (가) 강동성 전투에서 거란군을 토발하는 데 앞장섰다.

③ (나) 삼별초가 대몽 항쟁을 전개하였다.

④ (가) 서방을 중심으로 권력을 행사하였다.

⑤ (나) 정중부, 이의방 등이 정변을 일으켜 정권을 장악하였다.

11 다음에서 고려의 문벌 귀족에 대한 설명으로 가장 옳은 것은?

① 향리 출신으로 무신집권기 이래 중앙 관리로 진출하였다.

② 정방을 중심으로 관직을 독차지하고 권력 투쟁을 하였다.

③ 막대한 농장과 노비를 소유하고 도평의사사를 장악하였다.

④ 음서와 공음전을 통해 사회·경제적 지위를 보장받았다.

⑤ 신라 6두품 계통 무신 중심의 귀족 세력이 배출한 가문이다.

12 (A)와 (B)에 들어갈 내용을 적절한 것은?

> **철수** : 요즘 복지 시설이나 제도가 잘되어 있잖아. 근데 예전에도 이런 제도가 있었을까?
> **미애** : 그럼. 예전에 그런 제도를 (A) 제도라고 했었거든.
>   고구려는 진대법이 있었고, (B). 또한 조선에는 환곡이 있었어.

	(A)	(B)
①	상수리	고려에는 교정도감이 있었어
②	상수리	조선에는 서빙고가 있었어
③	구휼	고려에는 의창이 있었어
④	기인	고려에는 의창이 있었어
⑤	구휼	조선에는 서빙고가 있었어

13 밑줄 친 (가), (나)에 관한 설명으로 옳지 않은 것은?

> 이들은 무신정권부터 정계에 진출하기 시작하였다. 학문적 교양과 행정 실무 능력을 바탕으로 무신 정권 붕괴 이후에도 과거를 통하여 중앙 정계에 진출하였고, 하나의 정치 세력을 형성하였다. 고려말 왕조의 폐단을 맹렬하게 비판하며 사회 개혁을 주장하였으며 그 방법에 따라 (가) <u>급진파</u>와 (나) <u>온건파</u>로 나뉜다.

① (가)와 (나) 모두 과거를 통해 관직의 진출하였다.
② (가)와 (나) 모두 원을 배척하고 명과의 화친을 주장하였다.
③ (가)는 전국적으로 토지 사유를 축소하는 토지개혁을 주장하였다.
④ (나)는 권문세족의 대토지 사유를 포함 전면적인 토지개혁을 주장하였다.
⑤ (나)는 후세에 사림을 양성하였다.

14 다음과 관련 있는 왕에 대한 설명으로 옳은 것은?

> 정방은 권신이 처음 설치한 것이니, 어찌 조정에서 벼슬을 주는 뜻이 되겠는가. 이제 마땅히 없애고, 3품 이하 관리는 재상과 함께 의논하여 진퇴를 결정할 것이니, 7품 이하는 이부와 병부에서 의논하여 아뢰도록 하라.
>
> – 고려 국왕 –

① 원의 수도에 만권당을 설립하였다.
② 양현고라는 장학 재단을 두어 관학의 기반을 강화하였다.
③ 기철로 대표되던 친원 세력을 숙청하였다.
④ 노비안검법을 실시하여 국가의 수익 기반을 확대하였다.
⑤ 온건 개혁파는 무너지고 급진 개혁파가 새로 등장하게 되었다.

15 다음 지방행정 제도를 시기 순으로 바르게 나열한 것은?

> ㄱ. 전국을 23부 337군으로 개편하였다.
> ㄴ. 전국을 8도로 나누고 도 아래에는 부 · 목 · 군 · 현을 두었다.
> ㄷ. 전국을 5도와 양계, 경기로 나누었다.
> ㄹ. 9주 5소경의 지방제도를 마련하였다.

① ㄱ - ㄴ - ㄷ - ㄹ   ② ㄴ - ㄷ - ㄹ - ㄱ   ③ ㄷ - ㄴ - ㄱ - ㄹ
④ ㄹ - ㄷ - ㄱ - ㄴ   ⑤ ㄹ - ㄷ - ㄴ - ㄱ

16 (가)에 대한 설명으로 옳은 것은?

> **김대감** : 어이, 박대감 그거 아시나? 어제 이조의 ○○이 뇌물을 받고 인사부정을 저질렀다고 (가)에 정보가 입수되었다네.
> **박대감** : 응, 알지. ○○이가 그랬을 줄이야. 그래서 (가)의 대사헌이 그 경위에 대해 지금 수사 중이라던데?

① 왕의 호위를 담당하였다.   ② 왕명의 출납을 담당하였다.
③ 왕의 일거수일투족을 기록하였다.   ④ 3정승이 모여 치안을 담당하였다.
⑤ 관리를 감찰하고 풍속을 교정하였다.

17 다음 제도에 대한 설명으로 옳은 것을 〈보기〉에서 고른 것은?

> 경기는 사방의 근본이니 마땅히 ○○을/를 설치하여 사대부를 우대한다. 무릇 수조권자가 죽은 후, 자식이 있는 아내가 수신하면 남편이 받은 토지를 모두 물려받고, 자식이 없으면 그 절반을 물려받으며, 수신하지 않는 경우는 물려받지 못한다. 부모가 사망하고 자식들이 어리면 휼양하여야 하니 그 토지를 모두 물려받는다.

| 보기 |

ㄱ. 전 · 현직 관리에게 전지와 시지를 지급하였다.
ㄴ. 수조권을 받은 자가 농민에게 직접 조세를 거두었다.
ㄷ. 조의 부과는 사전의 전주가 매년 농사의 작황을 실제로 답사해 정하는 답험손실법이었다.
ㄹ. 토지를 지급받은 관리는 조세를 징수하고 노동력을 징발할 수 있었다.

① ㄱ, ㄴ   ② ㄱ, ㄷ   ③ ㄴ, ㄷ   ④ ㄴ, ㄹ   ⑤ ㄷ, ㄹ

18 다음 중 조선의 후반기 경제 상황으로 옳지 않은 것은?

① 조선 후기 수공업에서는 선대제 수공업이 성행하였다.
② 농민의 경제력 향상으로 지주전호제가 유명무실해졌다.
③ 포구를 이용하여 경강상인이 선상 활동을 활발히 하였다.
④ 상품 화폐 경제가 발달하면서 신용 화폐가 점차 보급되었다.
⑤ 민영 수공업이 발달하였고 민영 광산이 증가하였다.

19 다음은 조선 후기 실학자의 주장이다. 이 인물로 옳은 것은?

> 재물이란 우물에 비유할 수 있다. 퍼내면 늘 물이 가득하지만 길어내기를 그만두면 물이 말라버림과 같다. 따라서 화려한 비단옷을 입지 않으므로 나라에는 비단을 짜는 사람이 없고, 그로 인해 여인의 기술이 피폐해졌다. 이지러진 그릇을 사용하기를 꺼리지 않고, 기교를 부려 물건을 만드는 것을 숭상하지 않아 나라에는 공장(工匠)과 목축과 도공의 기술이 형편없다. 그러므로 기술이 사라졌다. 더 나아가 농업은 황폐해져 농사짓는 방법이 형편없고, 상업을 박대하므로 상업 자체가 실종되었다. 사농공상 네 부류의 백성이 누구나 할 것 없이 다 곤궁하게 살기 때문에 서로를 구제할 방도가 없다.

① 박지원   ② 박제가   ③ 홍대용   ④ 이익   ⑤ 유형원

20 조선시대의 사상에 대한 설명으로 옳은 것은?

① 정도전은 성리학에만 국한하지 않고 다양한 사상을 포용하였으며, 불교에 대해서도 관용적이었다.
② 이황은 16세기 조선 사회의 모순을 극복하는 방안으로 통치체제의 정비와 수취제도의 개혁 등을 주장하였다.
③ 노론은 정통 성리학 외에도 양명학을 수용하여 학문적 다양성을 추구하였다.
④ 18세기에는 인간과 사물의 본성이 다르다고 주장하는 호론과, 이를 같다고 주장하는 낙론 사이에서 논쟁이 벌어졌다.
⑤ 이이는 주자의 사상을 깊게 연구하여 조선 성리학 발달의 기초를 형성했으며 이(理)의 능동성을 강조하는 이기호발설(理氣互發說)을 주장하였다.

21 (가), (나)의 사건에 대한 설명으로 옳지 않은 것은?

> (가) 평서대원수는 급히 격문을 띄우노니 … (중략) … 그러나 조정에서는 관서를 버림이 분토와 다름 없다. 심지어 권세있는 집의 노비들도 서토의 사람을 보면 반드시 '평안도 놈'이라고 말한다. 어찌 억울하고 원통하지 않은 자 있겠는가.
> 「순조실록」
>
> (나) 임술년 2월, 진주민 수만 명이 머리에 흰 수건을 두르고 손에는 몽둥이를 들고 무리를 지어 진주 읍내에 모여 … (중략) … 백성들의 재물을 횡령한 조목, 아전들이 세금을 포탈하고 강제로 징수한 일들을 면전에서 여러 번 문책하는데, 그 능멸하고 핍박함이 조금도 거리낌이 없었다.
> 「철종실록」

① (가)는 서북민에 대한 차별이 원인이 되었다.
② (가) 지역은 대청 무역의 통로로서 상품 유통이 활발하였다.
③ (가)는 세도정치기에 몰락한 양반과 영세 농민 등이 합세하여 봉기한 사건이다.
④ (나)는 경상 우병사 백낙신의 수탈이 원인이 되었다.
⑤ (나)는 동학 사상의 영향을 받아 일어났다.

22 다음 섬에 대한 일본 측 주장을 반박하기 위한 탐구 활동으로 적절하지 않은 것은?

> 다른 나라가 이 무인도를 점유했다고 인정할 만한 증거가 없다. 기록에 따르면 1903년 이래 나카이란 자가 이 섬에 이주하여 어업에 종사한 바, 국제법상 점령한 사실이 있는 것으로 인정되므로 이 섬을 본국 소속으로 하고 시마네현에서 관할하도록 한다.

① 일본이 만주의 이권 확보를 위해 청과 체결한 협약 내용을 검토한다.
② 일본의 무주지 선점 주장의 국제법상 문제점을 살펴본다.
③ 일본의 침탈에 대응한 대한제국 정부의 활동을 조사해 본다.
④ 우리 영토임을 확인해 주는 1905년 이전의 일본 문서를 찾아본다.
⑤ 이 섬이 처음 언급된 것은 1906년 심흥택에 의해서이다.

23 다음은 박은식이 저술한 「한국독립운동지혈사」의 일부분이다. 여기에서 언급된 사건과 관련된 설명으로 옳지 않은 것은?

> 만세 시위가 확산되자, 일제는 헌병경찰은 물론이고 군인까지 긴급투입시켜 시위 군중을 무차별 살상하였다. 정주, 사천, 맹산, 수안, 남원, 합천 등지에는 일본 군경의 총격으로 수십 명의 사상자를 냈으며, 화성제암리에서는 전 주민을 교회에 집합, 감금하고 불을 질러 학살하였다.

① 순종의 독살설이 유포되어 전개된 민족의 독립 운동이었다.
② 독립 운동의 중요한 분기점이 된 대규모의 만세 운동이었다.
③ 세계 약소 민족의 독립 운동에도 커다란 자극을 주었다.
④ 일제는 무단 통치를 이른바 '문화 통치'로 바꾸었다.
⑤ 민족대표 33인은 서울 태화관에서 독립 선언서를 낭독하였다.

24 다음 중 신민회의 설명으로 옳지 않은 것은?

① 국내의 요인 암살, 식민통치기관 파괴활동을 전개하였다.
② 자기회사 · 태극서관을 설립하여 민족 산업 육성에 노력하였다.
③ 대성 학교와 오산학교를 세워 민족 교육을 실시하였다.
④ 이회영 형제의 헌신으로 남만주에 독립 운동 기지를 건설하였다.
⑤ 일제의 105인 사건으로 인해 와해되었다.

25 다음 중 '대한민국임시정부'에 대한 설명으로 알맞은 것을 모두 고른 것은?

> ㄱ. 독립 공채를 발행하였다.   ㄴ. 만민 공동회를 개최하였다.
>
> ㄷ. 연통제를 실시하였다.   ㄹ. 3 · 1운동에 의해 수립되었다.
>
> ㅁ. 중국 연변에 기반을 두고 있었다.

① ㄱ, ㄷ, ㄹ   ② ㄱ, ㄷ, ㅁ   ③ ㄴ, ㄷ, ㄹ   ④ ㄴ, ㄹ, ㅁ   ⑤ ㄷ, ㄹ, ㅁ

26 다음 일제시대의 민족 운동에 직접 영향을 받아 전개된 움직임으로 알맞은 것은?

> • 마음껏 통곡하고 복상하자. … (중략) … 울고 싶어도 울지 못하는 조선 민중은 단결하여 일
> 본 제국 주의에 대항하는 싸움을 시작하자! 슬퍼하는 민중들이여! 하나가 되어 혁명 단체 깃
> 발 밑으로 모이자! 오늘의 충성과 의분을 모아 우리들의 해방 투쟁에 바치자! 일본 제국주의
> 를 박멸하자!
> • 대한 독립 운동자여, 단결하라! 일본 물화를 배척하자!

① 만주 지역에서 북로군정서 활동이 활발해졌다.
② 임시정부가 좌우연합적 성격으로 변화하였다.
③ 의열단을 기반으로 조선민족혁명당이 결성되었다.
④ 보안회를 개최하여 입헌정체 수립을 추구하였다.
⑤ 민족주의 운동가와 조선공산당의 연대가 본격화되었다.

27 다음은 일제의 식민 통치에 대한 서술이다. 시기 순으로 바르게 나열된 것은?

> ㄱ. 재판없이 태형을 가할 수 있는 즉결 처분권을 헌병 경찰에게 부여하였다.
>
> ㄴ. 한반도를 대륙 침략을 위한 병참기지로 삼았다.
>
> ㄷ. 국가총동원령을 발표하여 인적, 물적 자원의 수탈을 강화하였다.
>
> ㄹ. 사상 통제와 탄압을 위하여 고등 경찰 제도를 실시하였다.

① ㄱ-ㄴ-ㄷ-ㄹ   ② ㄱ-ㄹ-ㄴ-ㄷ   ③ ㄹ-ㄱ-ㄴ-ㄷ

④ ㄹ-ㄱ-ㄷ-ㄴ   ⑤ ㄷ-ㄴ-ㄱ-ㄹ

28 다음 자료와 관련된 설명으로 옳은 것은?

> 김구·김규식·김일성·김두봉은 이른바 '4김 회담'이라고 하여 김두봉의 제의 하에 연백평야에 공급하다 중단된 수리조합 개방문제, 남한으로 공급하다 중단한 전력의 지속적인 송전문제, 조만식의 월남허용문제, 만주 여순에 있는 안중근의 유골 국내이장 문제 등에 관해 논의하였다.

① 카이로 선언의 원칙을 구체적으로 실행에 옮기기 위한 방안에서 나온 것이다.
② 외국군의 철수와 통일적 민주정부의 수립을 논의하였다.
③ 회담 이후 북한은 전력송전을 포함한 약속을 지속적으로 이행하였다.
④ 좌우합작위원회는 회의 결과에 대하여 총체적으로 지지하였다.
⑤ 북한 김일성은 이후 남측과 전국적 총선거에 관하여 협조하였다.

29 다음 성명을 발표한 정부의 통일정책으로 옳은 것은?

> 자주, 평화, 민족 대단결의 평화 통일 3대 원칙을 담은 공동성명을 남과 북이 합의하여, 서울과 평양에서 동시에 발표하였습니다. 분단 이후 남과 북이 최초로 통일 원칙에 합의한 것입니다.

① 처음으로 이산가족 상봉을 성사시켰다.
② 남북 적십자 회담이 서울과 평양을 오가며 동시에 진행되었다.
③ 흡수통일을 이상적인 통일 방안으로 본다.
④ 개성 공단 조성에 합의하였다.
⑤ 연방국 제의를 받아들이고 준비에 들어갔다.

30 다음은 같은 해에 벌어졌던 사건들이다. 이러한 사건들로 말미암아 나타난 사실로 옳은 것은?

> • 박종철 고문치사사건
> • 4·13 호헌 조치
> • 6·10 국민대회 개최

① 대통령의 3선 연임을 허용하였다.
② 5년 단임의 대통령 직선제 개헌이 이루어졌다.
③ 전국에 계엄령을 선포하고, 모든 정치활동을 정지시켰다.
④ 야간통행금지가 해제되고 교복자율화가 시행되었다.
⑤ 전국에 금융실명제가 실시되었다.

한국산업인력공단

취업시험 합격의 신화 | 에듀크라운

Chapter 01 / 어휘/문법/독해 유형정리

01 동사

1 3형식 동사 : S + V + O

1) 목적어에 to 부정사만 목적어로 취하는 동사

> want, wish, would like, expect, refuse, decide

예 I want to watch the game tonight.

2) 목적어에 동명사를 사용하는 동사

> mind, enjoy, give up, avoid, finish, postpone, suggest, deny

예 I (usually) enjoy playing basketball.

2 5형식 동사 : S + V + O + OC

1) To 부정사를 목적보어로 취하는 동사[미래동사]

> enable, encourage, invite, cause, compel, defy, drive, induce, inspire, oblige, persuade

예 We invite you to play basketball.

2) 동사원형(RV)을 목적보어로 취하는 동사[사역동사]

> make, have, let

예 He (always) makes his daughter laugh.

3) 현재분사(-ing) 또는 동사원형(RV)을 목적보어로 취하는 동사[지각동사]

> see, watch, behold, look, observe, hear, listen to, feel, notice, perceive

예 You may feel him confortable.

4) 수동의 의미인 경우 : O + be pp(과거분사) + to V (by S)

예 He was expected to attend the conference.

02 시제

1 현재시제

1) 현재를 나타내는 부사(구)와 주로 함께 사용

> always, at present, every day, today, usually 등

예 I get up early today.

2) 미래시제 대용 : 시간/조건의 부사절에서는 미래시제 대신 현재시제 사용

예 I will go Paris when summer comes.

2 과거시제

과거를 나타내는 부사(구)와 주로 함께 사용

> 기간 + ago, yesterday, last (night), then, in 과거 등

예 She married three years ago.

3 미래시제

미래를 나타내는 부사(구)와 주로 함께 사용

in 미래, tomorrow, soon 등

예 I will meet your friends tomorrow.

4 진행형 시제

현재(be ~ing), 과거(was, were ~ing), 미래진행형(will be ~ing)

5 완료시제

기준시점까지 영향을 미치는 사실, 사건 등에 대한 기술

1) 현재완료 : 과거에서 현재까지의 연속

예 I have known the book since the first edition was published.

2) 과거완료 : 과거에서 특정시점까지의 연속

예 I had lived here for five years when I met you first time.

3) 미래완료 : 현재시점에서 미래의 특정시점까지의 연속

예 He will have been in hospital for three weeks by next Monday.

03 능동태와 수동태의 차이

・능동태 : 동작을 하는 쪽 중심	・수동태 : 동작을 받는 쪽 중심
S　　　　　　　　V	S　　　　　　　　be pp <과거분사>
예 We will elect a new chairman. 우리는 새로운 회장을 선출할 것이다.	예 A new chair man will be elected by us. [be elected 뒤에 목적어가 없음] 새로운 의장이 우리에 의해 선출될 것이다.

04　준동사

1 동명사

V + ing 형태로 동사의 성질을 가지지만 명사 역할 → 주어, 목적어, 보어로 사용

cf. 현재분사 : 형용사 역할

1) 동사의 성질 : 동사와 동일하게 목적어를 가질 수 있음.

　예 Shinae's hobby is collecting Old-coin. → collection 대신 collection(명사)을 사용할 수 없음.

2) 동명사의 의미상 주어 : 소유격(of + 명사) + V + ing

　예 I consider your going with us.

3) 동명사만 목적어로 취하는 동사

consider, finish, postpone, avoid, mind, enjoy, suggest 등

2 To부정사

to + RV 형태로 동사의 성질을 가지지만 명사와 형용사, 부사 역할

1) 명사역할 : 주어, 목적어, 보어로 사용

　예 To live healthy is very simple.

2) 형용사 역할 : 명사를 수식하거나 주격보어(형용사)로 사용

　① **수식** : 명사 뒤에서 수식

　예 I want something to play.

　② **보어** : 예정, 의무, 가능, 의도, 운명 등의 의미로 사용

　예 If you are to succeed, You must have your own aim. - 의도

3) 부사역할 : 목적, 결과, 원인, 조건, 양보, 판단 근거 등으로 사용

예 To protect yourself you exercise regularly. - 목적

※ '목적'이 들어가야 하는 경우 to부정사가 답일 확률이 높다.

4) To부정사에서의 의미상 주어

① **for 목적격 + to 부정사**

예 I think it easy for her to pass the exam.

② **of 목적격 + to 부정사** : 사람의 성질이나 특징을 나타내는 형용사 뒤에 사용되는 경우

예 It is very generous of her to donate a lot of money.

3 원형부정사(RV)

주로 지각동사(see, feel, hear, watch 등)나 사역동사(make, let, have 등)의 뒤에 사용

예 She made me clean the room.

4 분사

동사에 ~ing를 붙이거나(현재분사) pp 형태(과거분사)로 명사를 수식하는 형용사 역할

1) 분사의 구별

→ 명사를 분사의 주어로 놓고 능동이면 현재분사, 수동이면 과거분사

예 The language speaking in this island is not English. (×)

언어가 말하여지는 것이므로 수동의 의미

예 The laguage spoken in this island is nor English.

이 섬에서 말하여지는 언어는 영어가 아니다.

2) 형용사 역할

　① **수식** : 명사의 앞 또는 뒤에서 수식

　　예 What is the sleeping animal? → 앞에서 수식

　　예 I presented the data written in French. → 뒤에서 수식

　② **보어** : 주격보어 또는 목적격 보어로 사용

　　예 He lay reading teaching materials. → 주격보어

　　예 I saw her smiling. → 목적격 보어

05　관계사 : 관계대명사와 관계부사

1 who / which / that VS what : 선행사 포함 여부

> ・S + V + 명사 + 관계대명사(who / which / that) + 불완전한 문장
> ・S + V + 관계대명사(what) + 불완전한 문장 → 선행사 없음.

예 I know a girl who speaks English very well.

예 A negative attitude can be a poison that weakens your ability to fulfill your potential.

예 I know what you did last summer. → 선행사 없음.

2 that VS what : that절은 형용사절의 역할, What절은 명사절의 역할

> ・S + V + (명사) + that + 완전한 문장
> ・That 완전한 문장 + V + O/C
> ・S + V + what + 불완전한 문장
> ・What 불완전한 문장 V + O/C

예 I think that a baseball is nor perfectly round.

예 That he is kind is true.

예 We need what makes us happy.

예 What surprised me was his cold attitude.

3 주격 / 목적격 관계대명사 VS 소유격 관계대명사

> - S + V + O + 관계대명사 + 불완전한 문장
> - S + V + O + 소유격관계대명사 + 불완전한 문장

예 This is the house the window of which were broken.

예 That is the girl whose sister came here yesterday.

4 관계대명사 VS 전치사 + 관계대명사

> - S + V + O + 관계대명사 + 불완전한 문장
> - S + V + O + 전치사 + 관계대명사 + 완전한 문장

예 I have a house which everyone likes.

예 I have a house in which they live.

06 조동사

1 should

> - 제안(suggest)
> - 충고(advise, recommend)
> - 주장(insist, urge)
> - 요구(ask, demand, require, request)
> - 명령(order, command)

that + S + (should) + RV
('해야 한다'일 때만)

2 used to

1) be used to 명사 상당 어구 : ~에 익숙하다.

2) be used to RV : ~에 사용되다.

3) used to RV : (과거에) ~하곤 했다.

3 주의하여야 할 조동사 표현

1) Can

> • cannot but RV : 하지 않을 수 없었다.
> • cannot ~ too : 아무리 ~해도 지나치지 않다.

2) May

> • may well RV : ~하는 것이 당연하다.
> • may as well A as B : B하기보다는 A하는 것이 낫다.

3) 조동사 + have pp

> • must have pp : ~였음에 틀림없다.
> • cannot have pp : ~였을 리가 없다.
> • should have pp : ~했어야 했다.

예 You are late again. You should have left earlier.

너는 또 늦었다. 너는 더 일찍 출발했어야 했다.

07 가정법

1 가정법 간략 정리

시제	내용	조건절	주절
가정법 현재	현재 또는 미래의 불확실한 상황 가정	If + 주어 + 동사원형 (현재형)	주어 + will (shall, can, may) + RV
가정법 미래	미래에 대한 강한 의심(should) 또는 실현 가능성이 거의 없는 상황(were to) 가정	If + 주어 + should (were to) + 동사원형	주어 + would (should, could, might) + RV
가정법 과거	현재사실의 반대 또는 실현 불가능한 상황 가정	If + 주어 + 과거형동사 (were)	주어 + would (should, could, might) + RV
가정법 과거 완료	과거사실과 반대되는 상황 가정	If + 주어 + had + pp	주어 + would (should, could, might) + have + pp
혼합 가정법	과거에 반대되는 상황의 가정이 현재에도 영향을 미치는 경우	If + 주어 + had + pp (가정법 과거완료)	주어 + would(should, could, might) + RV (가정법 과거)

※ 가정법에서는 if절과 주절에 사용되는 동사의 시제 형태에 주의한다. 특히, 가정법 미래, 가정법 과거의 경우 주절의 시제 형태가 같다는 점(→ 조건절로 구별)을 주의하여야 한다. → 빈출사항!!

1) 가정법 현재

예 If I pass the exam, I will play basketball coming holiday.

2) 가정법 미래

예 If I should pass the exam, I would play basketball coming holiday.

→ 합격을 확신하지 못하는 상태

예 If I were to pass the exam, I would play basketball coming holiday.

→ 거의 합격이 불가능한 상황으로 다음 휴일에 농구를 하지 못할 것을 예상

3) 가정법 과거

예 If I pass the exam, I would play basketball now.

→ 시험에 합격하지 못해서 지금 농구를 할 수 없음.

4) 가정법 과거완료

예 If I had passed the exam, I would have played basketball last weekend.

→ 시험에 합격하지 못했고, 지난 주말에 농구를 하지도 못했음.

5) 혼합 가정법

예 If I had passed the exam, I would play basketball now.

→ 시험에 떨어진 과거사실 때문에 현재 농구를 할 수 없음.

② 다른 형태의 가정법

1) I wish 가정법 : 실현할 수 없는 상황을 바랄 때

I wish + 가정법 과거, 가정법 과거완료의 조건절

예 I wish I had car. : 현재 나는 차가 없음.

예 I wish I had bought car. : 과거에 차를 사지 못함.

2) As if 가정법 : 현재나 과거에 반대되는 상황을 가정 → 마치 ~처럼

예 She speaks as if she knew the situation.

그녀가 마치 알고 있는 것처럼 → 현재 그녀는 그 상황을 알지 못함.

예 She speaks as if she had known the situation.

그녀가 마치 알고 있었던 것처럼 → 과거 그녀는 그 상황을 알지 못함.

08 도치

1 가정법 도치 : If를 생략한 형태

be동사나 조동사의 위치를 주어와 바꾼다.
→ 문장이 Had, Were, Should로 시작할 경우 가정법 도치문장이다.

예 Had I boarded the plane, I would have met him.

2 부정어 도치

1) be 동사 : 부정어 + V + S

예 Hardly was I aware of his smile!

2) 조동사 : 부정어 + 조동사 + S + 동사원형

예 Never could I draw a fine picture of mine two month ago.

3) 일반 동사 : 부정어 + do / dose / did + S + 동사원형

예 Had I seen the movie, I would have understood his comment.

예 Little did I dream that she was here.

예 No sooner had he finished his homework than he went out.

예 Not until he got off the bus did he know that he had lost his wallet.

09 주어 – 동사 수 일치

1 원칙 : 주어와 동사의 수 일치

- 단수 동사 사용 : 주어가 되는 불가산 명사, 단수가산 명사, 동명사구, 명사절
- 복수 동사 사용 : 주어가 되는 복수가산 명사
- 수식어구의 사용 : 수식어구는 위치에 관계없이 주어-동사의 수 일치에 영향을 미치지 않음.

② 수량 표현

	단수 취급	복수 취급
수에 영향을 미치는 수식어	each, every + 단수명사 many a + 단수명사 one / either of + 복수명사 The number of + 복수명사	many, several, both, few + 복수명사 a number/number of + 복수명사 a coupe/range/variety of + 복수명사
부분(비율)을 나타내는 어구	부분표현 어구 + of + (단수, 복수)명사 part, half, the majority, most, some, rest, all, 분수, ~% 등의 어구가 사용된 경우 of 뒤에 나타나는 명사에 따라 동사 종류 결정	

10   접속사와 전치사, 비교급 등

① 전치사와 접속사

	전치사	접속사
~ 동안	during + 명사	while + S +V
~ 때문에	because of + 명사	because + S + V

② 비교급

- as 형용사, 부사 원급 as ~ : ~만큼 ~한(하게)
- 비교급(more ~, -er) than ~ : ~보다 더 ~한(하게)
- prefer 명사(A) to 명사(B) : B보다 A를 더 좋아하다.

③ 전치사 to를 이용하는 동사

1) object to ~ing : ~을 반대하다.

2) be committed to ~ing : ~하는 데 헌신하다.

3) be devoted to ~ing : ~에 헌신/전념/몰두하다.

4) be dedicated to ~ing : ~에 헌신/전념/몰두하다.

5) There is no ~ing = It is impossible to RV : ~하는 것은 불가능하다.

6) look forward to ~ing : ~을 학수고대하다.

4️⃣ It is 형용사 that S (should) RV

---

essential, compulsory, necessary, imperative, urgent 등

당연, 의무, 경제적이라는 의미를 가진 형용사를 사용

예 It is compulsory that everyone wear life vest.

10 중요 어휘

1️⃣ 반의어

A. 명사

analysis(분석)		synthesis(종합)
ancestor(선조)		descendant(후손)
antipathy(반감)		sympathy(동정, 동감)
ascent(상승)		descent(하강)
birth(출생)		death(사망)
cause(원인)		effect(결과)
comedy(희극)		tragedy(비극)
consumer(소비자)	↔	producer(생산자)
danger(위험)		safety(안전)
defense(방어)		offense(공격)
defeat(패배)		victory(승리)
ebb(썰물)		flow(밀물)
emigrant(출국하는 이민)		immigrate(입국하는 이민)
end(목적)		means(수단)
enemy(적)		friend(친구)
expenses(지출)		income(수입)

export(수출)		import(수입)
exterior(외부)		interior(내부)
gain(이익)		loss(손해)
heaven(천국)		hell(지옥)
inferiority(열등, 열세)		superiority(우월, 우세)
joy(기쁨)		sorrow(슬픔)
labor(노동)		capital(자본)
latitude(위도)		longitude(경도)
majority(다수)		minority(소수)
maximum(최대)	↔	minimum(최소)
mercy(자비)		cruelty(잔인)
merit(장점)		demerit(단점)
optimism(낙천주의)		pessimism(비관주의)
optimist(낙천주의자)		pessimist(비관주의자)
practice(실행, 실천)		theory(이론)
peace(평화)		war(전쟁)
quality(질)		quantity(양)
revenue(세입)		expenditure(세출)
soul(영혼)		body(육체)
supply(공급)		demand(수요)

B. 형용사

absolute(절대적인)		relative(상대적인)
abstract(추상적인)		concrete(구체적인)
affirmative(긍정의)		negative(부정의)
ancient(고대의)		modern(현대의)
arrogant(거만한)		humble(소박한)
artificial(인공적인)		natural(자연적인)
barren(불모의)		fertile(기름진)
bitter(쓴)		sweet(달콤한)
brave(용감한)		cowardly(겁 많은)
cheap(싼)	↔	expensive(비싼)
clean(깨끗한)		dirty(더러운)
cold(추운)		hot(더운)
conservative(보수적인)		radical(혁신적인), progressive(진보적인)
domestic(국내의)		foreign(외국의)
doubtful(의심스러운)		obvious(명백한)
dynamic(동적인)		static(정적인)
empty(빈)		full(가득 찬)
friendly(우호적인)		hostile(적대시하는)

fat(뚱뚱한)		lean(여윈)
full-time(전임의)		part-time(시간제의)
guilty(유죄의)		innocent(무죄의)
general(일반적인)		special, specific(특수한, 특수의)
inner(내부의)		outer(외부의)
junior(손아래의)		senior(손위의)
loose(헐거운)		tight(꼭 끼는)
mental(정신적인)		physical(육체적인)
male(남성의)		female(여성의)
masculine(남성적인)	↔	feminine(여성적인)
material(물질적인)		spiritual(정신적인)
permanent(영구적인)		temporary(일시적인)
private(사적인)		public(공적인)
passive(수동적인)		active(능동적인)
rural(시골의)		urban(도시의)
sharp(날카로운)		dull(둔한)
simple(단순한)		complex(복잡한)
smooth(부드러운)		rough(거친)
subjective(주관적인)		objective(객관적인)

C. 동사

accept(수락하다)		reject(거절하다)
admire(찬탄하다)		despise(멸시하다)
allow(허락하다)		forbid(금지하다)
attach(붙이다)		detach(분리하다)
attack(공격하다)		defend(막다, 지키다)
borrow(빌리다)		lend(빌려주다)
consume(소비하다)		produce(생산하다)
conceal(숨기다)		reveal(폭로하다)
construct(건설하다)		destroy(파괴하다)
deduce(연역하다)	↔	induce(귀납하다)
descend(하강하다)		ascend(오르다)
dismiss(해고하다)		employ(고용하다)
earn(벌다)		spend(쓰다, 소비하다)
encourage(격려하다)		discourage(낙담시키다)
forget(잊어버리다)		remember(기억하다)
forgive(용서하다)		punish(벌하다)
freeze(얼어붙다)		melt(녹다)
increase(증가하다)		decrease(감소하다)
lose(시계가 늦다)		gain(빠르다)

praise(칭찬하다) push(밀다) respect(존경하다) separate(분리하다) shorten(짧게 하다)	↔	forbid(금지하다) blame(비난하다) pull(당기다) despise(경멸하다, 얕보다) unite(결합하다) lengthen(길게 하다)

② 유의어

엄격한, 가혹한	rigorous, strict, stringent, rigid
기민한, 영리한	astute, sharp, shrewd
결과, 영향	outcome, consequence, ramification, effect
건조한, 메마른	dry, barren, arid, sterile
고대의	ancient, primeval, primitive, archaic
방해, 제약	barrier, hindrance, constraint, impediment
유행하는	fashionable, trendy, up-to-date, popular
논의하다	argue, debate, dispute, discuss
매력적인	appealing, tempting, attractive, charming
연속적인	consecutive, successive, continuous, sequential
특별하게	unusually, exceptionally, abnormally, extraordinary
포기하다	abandon, relinquish, quit, forsake
거대한, 막대한	enormous, immense, massive, colossal
번영하다	flourish, blossom, thrive, prosper
풍부한	plentiful, abundant, affluent, copious
불규칙적인	sporadic, erratic, occasional, infrequent
가까운	immediate, adjacent, adjoining, neighboring
기본적인	vital, rudimentary, underlying, fundamental
필수적인	indispensable, mandatory, compulsory, necessary
약진,발전	breakthrough, stride, progress, advancement
저항하다	counter, challenge, defy, oppose
제거하다	eliminate, eradicate, exterminate, annihilate
결합하다	integrate, coalesce, converge, consolidate
혁신적인	innovative, creative, ingenious, inventive

끊임없는, 영구적인	perpetual, incessant, continuous, permanent
경쟁자	rival, antagonist, competitor, opponent
정점, 꼭대기	peak, summit, pinnacle, apex
위생적인	antiseptic, sanitary, pristine, sterilizing
조작하다, 조정하다	manipulate, manage, maneuver, operate
애매한	obscure, ambiguous, equivocal, dim

한국산업인력공단

취업시험 합격의 신화 에듀크라운

01 문법 영역

[01~10] 다음 빈칸에 들어갈 알맞은 것을 고르시오.

01

> Electric cars also are a key part of China's efforts to curb its unquenchable appetite for imported oil and gas, _____ communist leaders see as a strategic weakness.

① what   ② who   ③ when   ④ where   ⑤ which

02

> According to some physicists, approximately 1 million years after the big bang, the universe cooled to about 3,000℃, and protons and electrons _____ to make hydrogen atoms.

① to combine   ② combining   ③ combine
④ combined   ⑤ have combined

03

> Not only did the Egyptians know about the North Pole, _____ precisely in which direction it lay.

① also but had they known   ② but they also knew
③ they had also known   ④ but also knowing
⑤ But they also know

04

> In the middle of global economic hardship, many people _____ their jobs, pushing the unemployment rate higher.

① losing   ② lost   ③ lose   ④ loses   ⑤ to lose

05

> The ruling party has been working to undo the previous government's Sejong City project since last August. But they are sure to face criticism for rashly trying to discard the _____ town project despite opposition from the opposition party.

① administered   ② administratively   ③ administration
④ administer   ⑤ administrative

06

> Beginning in March, electricity fees will increase by _____ 15 percent.

① near   ② neared   ③ nearly   ④ nearing   ⑤ to near

07

> One of the main targets of the new public transportation system is to integrate subway and bus usage by through low fares for _____ between the two.

① transfer   ② transferred   ③ to transfer
④ transferal   ⑤ transferring

08

> Effective August 1, all the commercial banks around the country _____ raised their processing fees.

① unfair   ② unfairly   ③ unfairness   ④ unfairing   ⑤ to unfair

09

Despite the efforts of the federal government, all financial problems were not _____ fixed.

① evident   ② evidently   ③ evidential   ④ evidence   ⑤ evidentness

10

The board reports have been received but the expansion committee has not _____ respond.

① never   ② yet   ③ still   ④ although   ⑤ though

[11~20] 다음 밑줄 친 부분 중 문법에 어긋난 것을 고르시오.

11

① Because of the ② injury, mother ③ forbade me ④ from swimming in ⑤ the sea.

12

The relatives of Koreans who ① were conscripted by the Japanese army ② during World War Ⅱ ③ demanded Saturday that the names of their kin ④ are removed from the list of veterans ⑤ honored at a shrine to Japan's war dead.

13

① In the 1840s, ② hundreds of ③ families pioneer moved west in ④ their ⑤ covered wagons.

14

In ① his early days as a ② direct, Charlie Chaplin ③ produced 62 ④ short silent comedy ⑤ films in four years.

15

After ① competing in the Tour de France, Lance Amstrong reported that he ② wasn't able to bend his knees ③ for two entire days and had to walk very ④ slow to ⑤ get around.

16

The North Koreans, ① consisting of 11 men and 20 women, arrived at Yeonpyeong Island ② on a five-ton wooden ③ fishing boat in thick fog at around 11 a.m. and ④ were ⑤ towing away to the western port city of Incheon.

17

Queen Elizabeth Ⅱ ① has just got through ② delivered an address to the U.N. General Assembly, 17 of ③ whose member ④ nations have her ⑤ as their head of state.

18

It is remarkable ① how much a scientist ② can ③ learn about the structure and history ④ of the moon ⑤ by a sample of lunar soil.

19

① Chungju's economy ② were ③ concentrating ④ in light industry and ⑤ tourism.

20

① Thanks to the ② newly invented vaccine, the liver ③ disease ④ has now ⑤ been disappeared.

[01~04] 지문 내용과 일치하는 문장을 고르시오.

01

> Man goes through some basic phases from birth to death. The first one is childhood. During childhood, other people take care of us as we grow physically and mentally. The next phase is adolescence. In this period, we begin to make decisions for ourselves and take on new responsibilities. We are said to enter adulthood when we are able to take care of ourselves and others. In the later years of life, many people retire, enjoy their free time to rest, remember events from the past, and do things they never had time to do before. This phase is called old age.

① The Ways to a Successful Life ② The Four Stages of Human Life
③ The Necessity of Change in Life ④ The Conditions of Happiness in Life
⑤ The Four change of Happiness in Life

02

> Intensive reading is a way of reading relatively short passages prepared by instructors with the focus on vocabulary and grammar, and the level of the passages is more difficult than the students' langage proficiency. Unlike intensive reading, in extensive reading, students are encouraged to read what they want to read for general understanding of the text rather than for text analysis. One of the distinguishing features between the two methods is the amount of reading that students are asked to do. In other words, while students are required to read a short passage for specific information in intensive reading, the focus of extensive reading is to have students read as much as possible.

① importance of extensive reading
② neglect of grammar in language education
③ ways to improve language proficiency
④ importance of teaching vocabulary
⑤ comparison of intensive and extensive reading

03

> In South Korea, an estimated 6.5 million residents serve as volunteers. They provide relief after typhoon flooding, take care of senior citizens in need of care, work at orphanages spending time with the kids, and even teach refugees from North Korea how to adapt to life in th South. In Italy, volunteers help care for cancer patients and work in hospices. And when unprecedented floods struck Germany in 2002, tens of thousands of volunteers traveled cross-country to battle the rising waters. Volunteers are a vital part of each nation's economy, social atmosphere, and overall well-being. Not only do they provide vital services and relieve a huge burden from the public sector, but also create an environment of community and cooperation.

① the down side of volunteer work

② the difficulty in organizing volunteer work

③ the importance of volunteer work

④ how to become a competent volunteer

⑤ the difficulty of competent volunteers

04

> Patients and their doctors tend to overlook the impact of joy on health. Why is this so? Perhaps because there is no number to measure such a factor. Instead, we focus on "hard" values for cholesterol, blood pressure, weight, etc. Those are all important. But so are relationships, personal fulfillment, and optimism. There are plenty of medical studies that link optimism, happiness, and joy with good health. Research also shows that good marriages predict good health, whereas marital stress predicts the reverse. So guess I do have a secret shortcut to health. Her name is Rita, and we have been married for 43 years.

① the difficulty of measuring invisible joy

② the importance of sharing ideas at work

③ the need for controlling your blood pressure

④ the effects of a happy life on physical health

⑤ the need for controlling your blood sugar management

[05~06] 다음 밑줄 친 부분과 비슷한 의미를 가진 단어를 고르시오.

05

Singapore Changi Airport has been crowned the best in the world for the second year <u>in a row</u> at the World Airport Awards, announced Wednesday in Barcelona, Spain.

Changi, which also won the award for best airport leisure amenities, best out second-place Incheon International Airport in South Korea and third-place Munich Airport in Germany.

The awards are based on surveys conducted by Skytrax, an international travel research and consultants firm, which polled 12.85 million passengers across 110 nationalities about 395 airports worldwide.

① cooperative   ② collaborate   ③ collective   ④ failing   ⑤ consecutive

06

Smishing is an abbreviation for SMS(short Message Service) Phishing. Last month, a smartphone user clicked an URL of a text message saying that he won a free coupon for pizza. As soon as he clicked on it, he was charged approximately $150 on his phone bill. The "Phishers" skillfully exploit the loophole in the micropayment system in smartphones. They try to put a malicious code in your smartphone and send an authorization code for the micropayment to them. In severe cases, the hackers can control your smartphone and steal personal information.

There are some tips to reduce the likelihood of Smishing attacks. First, avoid clicking embedded links, URL, or phone numbers in text messages. You should be aware that Smishing messages can appear to come from your friends or family.

Second, do not respond or call back to text messages that ask for your personal or financial information. If a message seems to be sent from your bank, financial institution, or your company, contact that business directly and confirm if they sent you the message. You can also install an antivirus program on your smarrtphone and update it regularly.

Lastly, you may contact you telecommunications firm directly and cancel the micropayment system of your smartphone.

Experts and police officers expect that it is not easy to <u>eradicate</u> Smishing related crimes as the problem is becoming even more prominent. Therefore, you must defend yourself to stay safe. Always think before you click or respond.

① straighten out   ② root out   ③ break up
④ inform on   ⑤ observe closely

[07~09] 다음 글을 읽고 물음에 답하시오.

The Obama administration wants to keep the International Space Station open for another decade, keeping the orbital research platform open through 2024, the White House and NASA announced Wednesday. The decision U.S. support for the station by four years.

In a joint statement Wednesday afternoon, White House science adviser John Holdren and NASA administrator Charles Bolden said the station "offers enormous scientific and societal benefits." NASA hopes to use the station to study the effects of long-duration space flight on astronauts in preparation for new missions beyond Earth in the coning decades. The ISS in also needed for studies of long-range space flight, as platform for Earth science studies and to boost a growing private space industry, Bolden and Holdren said.

Funding for the space station must go through Congress.

The 15-year-old station currently houses six crew members, including three Russian cosmonauts, two U.S. astronauts and one Japanese astronaut. NASA currently contributes about $3 billion a year to its (   ), Which are also supported by Russia, Canda, Japan and members of the European space Agency.

"With a partnership that includes 15 nations and with 68 nations currently using the ISS in one way or another, this unique orbiting laboratory is a clear demonstration of the benefits to humankind that can be achieved through peaceful global cooperation." Holdren and Bolden said. "It is important to keep this partnership intact, with America as its leader."

07 다음 중 윗글의 주제로 알맞은 것은?

① U.S backs space station through 2024.
② Russian, U.S. satellites collide in space.
③ Commercial rocket takes off for international space station.
④ Affect U.S. astronauts on space station.
⑤ Affect Russian astronauts on space station.

08 다음 중 윗글의 내용과 일치하지 않는 것은?

① 백악관과 나사는 앞으로 10년간 국제우주정거장을 유지한다는 내용을 공동 성명을 발표하였다.
② 국제우주정거장은 학술적 연구뿐만 아니라 민간 우주 산업 발전에도 도움이 될 수 있다.
③ 미국 의회는 국제우주정거장을 재정적으로 지원할 것을 결의하였다.
④ 미국뿐만 아니라 여러 나라에서 국제우주정거장을 지원하고 있다.
⑤ 현재 국제우주정거장은 총 6명을 수용하고 있다.

09 윗글의 괄호 안에 들어갈 말로 알맞은 것은?

① demolition   ② operations   ③ construction

④ communications   ⑤ destruction

03 어휘 영역

[01~17] 다음 밑줄 친 단어와 바꾸어 쓸 수 있는 것을 고르시오.

01

> The soldiers were dispatched to the northern <u>capture</u> armed enemy.

① catch   ② feel   ③ record   ④ occupy   ⑤ lose

02

> China said on Friday that within three to five years it planned to end the practice of transplanting organs from <u>executed</u> prisoners, a step that would address what for decades has been one of the country's most criticized human rights issues.

① carried out   ② put to death   ③ picked up

④ hung out   ⑤ grant a pardon

03

> You must <u>comply with</u> the terms of the covenant.

① obey   ② conclude   ③ acclaim

④ confuse   ⑤ violate with

04

> We have great <u>admiration</u> for his work.

① belief   ② be surprised   ③ criticism
④ disorder   ⑤ wonder

05

> When the onion is <u>transparent</u> add remaining ingredients.

① momentous   ② consistent   ③ clear
③ entire   ⑤ opaque

06

> Hosni Mubarak and his family were <u>convinced</u> everything they did was for the good of Egypt
> and never understood that it was time for the to leave.

① committed   ② separated   ③ apologized
④ assured   ⑤ unclear

07

> In recent years, many sexual crimes have been <u>perpetrated</u> by relatives.

① pernicious   ② penetrate   ③ violence   ④ arrange   ⑤ commit

08

> There is an <u>outstanding</u> difference between Korea and Japan.

① confirmed   ② striking   ③ equivalent
④ marginal   ⑤ inconspicuous

09

It is debatable whether nuclear weapons actually prevent war.

① contradictory   ② reconcilable   ③ augmentative

④ specific   ⑤ controversial

10

Dalai Lama's government in exile remains unrecognized by any other government and Beijing remains adamant that Tibet is an integral part of China.

① essential   ② redundant   ③ independence

④ uperfluous   ⑤ dispensable

11

During the five-day meeting of the International Whaling Commission, Japan derided the delegates of anti-whaling nation as "mimics for Greenpeace."

① ridiculed   ② designated   ③ named

④ degenerated   ⑤ smile

12

The college, being small, prestigious, and well-endowed, has very stringent requirements for admission.

① conciliatory   ② strict   ③ flexible   ④ capricious   ⑤ inactive

13

China's student strike has loosed a flood of political disquiet that may not recede for a long time.

① withdraw   ② survive   ③ continue   ④ appear   ⑤ affect

14

> In spite of substantial increases in the cost of living, the average American's income has increased only slightly.

① fragile   ② considerable   ③ subtle   ④ insignificant   ⑤ gradually

15

> Influenza is an acute viral disease of the respiratory tract that is extremely contagious and often reaches epidemic proportions.

① toxic   ② dangerous   ③ incurable   ④ communicable   ⑤ pure

16

> Since last October, 323 people have died trying to cross into the United States, often in the harsh and remote deserts of Arizona.

① cruel   ② humid   ③ spacious   ④ airless   ⑤ smooth

17

> A group of Serbian expatriates staged a demonstration in Berlin last week to protest news coverage that pins all the blame for atrocities in Bosnia on Serbs.

① starvation   ② brutalities   ③ hospitalities   ④ drought   ⑤ destruction

[18~19] 빈칸에 공통으로 들어갈 단어로 알맞은 것을 고르시오.

18

> • Do not accuse yourself _____ that.
> • I believe I will die _____ natural causes.

① in   ② for   ③ by   ④ of   ⑤ to

19

> - Governments could not survive if the people voted to do away_____all Taxes.
> - Because of inflation, salaries can't keep up_____the high cost of living.
> - The scientist came up_____a good plan for using solar energy.

① on   ② for   ③ with   ④ to   ⑤ by

20 다음 중 괄호 안에 나머지와 다른 전치사가 들어가는 문장은?

① You could gain five days (   ) work this year.

② Keep (   ) the grass.

③ Please stay (   ) here.

④ Never put (   ) until tomorrow what you can do today.

⑤ Switch (   ) the light.

5

취업시험 합격의 신화

한국산업인력공단 면접

한국산업인력공단 면접

한국산업인력공단의 면접은 NCS기반으로 진행된다. NCS기반의 면접은 직무수행에 있어 필요한 능력단위를 파악하고, 실무에서 일어날 수 있는 실제 상황을 통해 지원자의 역량을 판단한다. 전체적인 평가요소는 직무수행 능력(직무정의 이해도, 전문지식, 업무역량, 수행태도), 작업기초능력(문제해결 능력, 직업윤리 등)이다.

NCS 기반 면접시험 공개 문항

채용분야 : 정보 기술

직무 관련도	능력 단위	능력 단위요소	면접문항			평가요소	
			상황면접	경험 면접	추가질문 (구조화면접 질문)	직무수행능력	직업기초능력
5	IT시스템 사용자 지원	서비스 데스크 운영 관리하기	지원자는 산업인력공단의 자격검정 사이트를 운영하고 있다. 그런데 고객이 전화를 걸어와 오페라라는 특정 브라우저에서 자격시험접수가 되지 않는다고 불만을 제기한 상황이다.		고객의 불만사항에 대해 어떻게 응대하겠는가?	수행태도, 직업윤리, 의사소통 능력	
5	응용SW 엔지니어링	요구사항 확인			조직 내부적으로는 고객요구사항을 어떻게 관리하겠는가?	직무정의, 업무역량	조직이해 능력, 문제 해결능력
4	보안 운영관리		최근 발생한 보안 관련 이슈를 하나 선정하여 어떤 보안상의 문제점이 있었는지 설명해 보시오.		보안 담당자라면 해당 이슈에 대해 보안을 어떻게 강화할 것인지 설명해보시오. 예 한수원, 현대카드, 농협, 보이스피싱, 스팸 등	전문지식, 직무역량, 수행태도	직업윤리, 문제해결 능력

◪ 채용분야 : 인쇄

직무 관련도	능력 단위	능력 단위요소	면접문항			평가요소	
			상황면접	경험 면접	추가질문 (구조화면접 질문)	직무수행능력	직업기초능력
5	작업 지시서의 계획수립	작업지시서 확인하기	보통 공정이 있는 업무의 경우는 작업 지시서가 있기 마련이며, 인쇄 작업 또한 작업지시서에 따라 업무를 수행하는데, 이때 작업지시서에 포함 되어야 할 사항은 무엇이 있다고 생각 하십니까?		<지원자의 답변을 고려> 혹시 인쇄물 제작을 위해 작업지시서 (유사 사례)를 작성 한 사례가 있습니까?	직무정의, 전문지식 (Knowledge)	
5	인쇄물 생산 계획 수립	작업 사전 분석하기		인쇄분야에 지원하신 만큼 학창시절 학보 나 소식지 또는 프로 젝트 진행으로 인쇄 물(책자)를 제작해 봤거나, 또는 주위의 사례를 접할 수 있는 경험이 있을 거라고 생각됩니다. 인쇄제작 단계를 공 정별로 설명하실 수 있습니까?	<전제 : 반드시 경험이 있어야만 하는 것은 아님> 만일 경험이 없다면 어떤 절차와 공정으 로 진행되어야 하는 지 설명하여 주시기 바랍니다.	업무역량 (Skill)	문제해결 능력
5	인쇄물 생산 계획 수립	작업지시서 확인하기 (보안 항목 기재)	국가자격시험을 준 비하는 가족이나 절 친한 친구가 지원자 에게 시험문제에 대 한 정보를 요구한다 면 어떻게 대처 하시겠습니까?		그렇게 답변한 이유는 무엇입니까?	수행태도 (Attitude)	직업윤리

■ 채용분야 : 행정

직무 관련도	능력 단위	능력 단위요소	면접문항			평가요소	
			상황면접	경험 면접	추가질문 (구조화면접 질문)	직무수행능력	직업기초능력
4	사업환경 분석 (경영기획)	외부환경 분석하기	우리공단과 경쟁관계에 있다고 생각되는 조직이 있다면?		왜 경쟁관계라고 생각하며 지원자가 생각한 경쟁관계의 정의는?	업무역량, 전문지식 (Knowledge)	조직이해 능력
5	문서관리 (사무행정)	문서 수발신하기	회사 내에는 다양한 종류의 공문서들이 있다. 이를 체계적으로 분류하지 않으면 분실 등 관리에 어려움이 발생할 수 있는데, 공문서를 보다 효율적으로 보관하면서, 쉽게 찾을 수 있는 방법이 있다면 무엇이 있는지?	취업준비를 위한 정보를 쉽게 검색하거나, 취득한 정보를 쉽게 찾기 위해 정보를 관리한 경험이 있는가?	본인이 경험한 효과적인 정보관리 방법을 설명한다면?	전문지식, 업무역량 (Skill)	문제해결 능력
5	행사지원 관리(총무)	행사운영 하기	창립기념행사의 일환으로 1,000그루의 나무심기 행사를 50명의 직원이 참여하기로 계획하였다. 하지만 식목행사 실시 당일 20명의 직원밖에 참석하지 않은 상황이다. 어떻게 할 것인가?	학창시절 동아리 활동 등을 하면서 비슷한 경험을 사례로 답변 가능함.	그렇게 답변한 이유는 무엇입니까?	업무역량, 수행태도 (Attitude)	문제해결 능력
5	행사지원 관리(총무)	행사사후 관리하기	본인이 담당하는 행사는 정상적으로 종료되었는데, 종료 후 정리과정에서 임대를 한 장소의 기물이 파손된 사실을 확인하였다. 행사장 임대 계약에는 기물 파손에 대한 항목은 없지만 행사장 관리사무소 측에서 기물 파손 시, 관리 소홀로 관리사무소 측이 수리를 해야 하는 상황이다. 어떻게 처리하겠는가?		<추가 예산을 받아 기물 파손 비용을 계산하겠다고 답변하는 경우> 추가적으로 예산이 배정되지 않는 상황일 때는 어떻게 처리할 것인가?	수행태도	직업윤리, 문제해결 능력

– 자기소개를 해보세요.

– 지원동기가 무엇인가요?

– 산업인력공단이 무슨 일을 하는 곳인지 알고 있나요?

– 입사하게 된다면 본인이 무슨 일을 할지 알고 있나요?

– 공단에서 진행하는 사업 중 본인이 하고 싶은 사업이나 업무는 무엇인가요?

– 한국산업인력공단의 5대 사업 중 가장 가치 있는 사업은 무엇이라고 생각하나요? 그 이유를 영어로
   말해보세요.

– 좋아하는 계절은 언제인가요?

– 직업윤리 중 중요하게 생각하는 한 가지 키워드로 선택하고 선택한 이유에 대해 말해보세요.

– 보고수단으로 중요한 문서를 보고할 때 어떤 것을 사용하겠습니까? → 고위급은 이메일 사용에 어려
   움이 있는데 어떻게 하겠습니까? → 외부 고객과 내부 고객에게는 어떻게 전달하겠습니까?

– 회의를 준비해야 하는데 어떻게 준비하겠습니까?

– 정전이 일어난 상태에서 내일까지 보고서를 제출을 해야 하는 상황입니다. 그런데 상사가 회식을 하
   러 가자고 한다면 어떻게 하시겠나요?

– 지역협력기업 확산을 위한 기획서를 작성한다면 어떻게 작성하겠습니까?

– 마지막으로 하고 싶은 말이 있나요?

– 자기소개를 SWOT 분석을 통해 해보세요.

– 신입사원인 당신이 대학생 홍보회를 진행하게 되었습니다. 어떤 절차로 수행하겠습니까?

– 한국산업인력공단에서 중요하게 여기는 것을 한 단어로 정의한다면 어떤 단어로 정의하겠습니까?

– 누군가가 부정청탁을 한다면 어떻게 하겠습니까?

– 상사가 추가 업무지시를 한다면 어떻게 하겠습니까?

– 자신이 워크샵 담당자일 때 가장 중요한 자질은 무엇이라고 생각하나요?

– 자신이 겪어온 경험 중에 산업인력공단에서 업무를 수행하면서 도움이 될 만한 경험은 무엇인가요?

– 지원동기를 3가지로 요약해보세요.

– 공단의 외부환경에서의 위협요소는 무엇이 있겠습니까?

– 위협요인을 극복하기 위한 방안으로는 어떤 것이 있겠습니까?

– 국민이 공직자에게 원하는 것이 무엇이라고 생각하나요?

– 지식, 기술, 태도 중 가장 중요하다고 생각하는 것은 무엇인가요? 그 이유도 말해주세요.

– 직업기초능력 중 가장 중요한 것은 무엇이라고 생각하나요?

– 조직 내에서 갈등을 해결한 사례가 있나요?

* 한국산업인력공단의 면접은 보통 면접관 4~5명에 지원자 3명 정도로 진행이 됩니다. 면접의 경우 경쟁률이 높은 편은 아니지만 지역별 경쟁이다 보니 지역마다 경쟁률의 차이가 있습니다.

한국산업인력공단

취업시험 합격의 신화 에듀크라운

한국산업인력공단

취업시험 합격의 신화 | 에듀크라운

한국산업인력공단

취업시험 합격의 신화 | 에듀크라운

한국산업인력공단

취업시험 합격의 신화 에듀크라운

NCS

THE SMART!

한국산업인력공단 합격 준비서 최신판

한국산업인력공단
HUMAN RESOURCES DEVELOPMENT SERVICE OF KOREA

한국산업인력공단
NCS
직업기초능력평가
한국사+영어문제

정답 및 해설

NCS

최고의 적중률!! 최고의 합격률!!

대한민국
대표브랜드

국가자격
시험문제
전문출판

에듀크라운
국가자격시험문제 전문출판
http://www.crownbook.com

크라운출판사
국가자격시험문제 전문출판
http://www.crownbook.com

한국산업인력공단

취업시험 합격의 신화 에듀크라운

한국산업인력공단

취업시험 합격의 신화 에듀크라운

THE SMART!

한국산업인력공단
NCS
직업기초능력평가
한국사+영어문제

정답 및 해설

NCS

PART

2

NCS 직업기초능력평가
정답 및 해설

취업시험 합격의 신화 에듀크라운

한국산업인력공단

취업시험 합격의 신화 | 에듀크라운

Chapter 01 의사소통 능력 정답 및 해설

기출 및 예상문제

01	④	02	①	03	②	04	⑤	05	⑤
06	①	07	②	08	①	09	④	10	③
11	④	12	④	13	④	14	①	15	①

01 ④

문서작성 시 고려해야 할 요소는 시기, 대상 및 목적, 상대방의 요구, 기대효과이다.

02 ①

① 비공식적 의사소통은 인간관계를 바탕으로 한 자연스러운 의사소통이므로 친밀감을 느끼고 심리적 만족감을 충족시켜 준다.
② 공식적 의사소통의 장점이다.
③, ④, ⑤ 비공식적 의사소통은 여러 계층을 통해 전해지는 것이 아니기에 내용의 전달이 더 신속하게 이루어지며, 의사소통의 과정에 융통성과 신축성이 있다.

03 ②

윤리경영 4C 시스템이란 일반적 윤리경영 실천을 위한 조건이 3C(인프라, 공감대형성, 모니터링)에 사회적 책임(CSR)을 더하여 전략방향 및 과제를 선정하는 공단 고유의 윤리경영시스템이다.

04 ⑤

㉠ 한국 경제의 낙관적 전망으로 인한 외국인의 투자 증대 : 외화공급 증가 → 환율하락(원화절상)
㉡ 국내 브랜드 가치 상승으로 인한 외국인 관광객 증가 : 외화공급 증가 → 환율하락(원화절상)
㉢ 경상수지 흑자 달성 : 경상수지가 흑자인 것은 수출이 수입보다 많다는 것을 의미하며, 수출대금인 외화가 국내에 많이 공급된다는 것을 의미한다. 외화공급 증가 → 환율하락(원화절상)
㉣ 외국인 투자자들의 순매수보다 순매도가 높아지는 현상 : 외화공급 하락 → 환율상승(원화절하)

05 ⑤

⑤ 외화차입금의 만기가 다가오면 빚을 갚을 달러가 필요해진다. 달러의 수요가 공급보다 늘어나게 되는 경우이므로 원화 가치는 하락한다.

① 해외 투자자에 대한 현금배당이 증가할 시 달러가 많이 필요하게 되고 원화 가치는 하락한다.

② 해외선박사업 수주를 맡아 달러가 많이 유입되면 달러의 수요보다 공급이 더 커지게 되므로 원화 가치는 상승한다.

③ 북한의 핵실험으로 인한 불안감 조성은 원화 가치의 하락을 가져온다.

④ 변동환율제도 하에서 국제수지 적자상태의 경우, 외화의 수요가 커져 인해 환율 상승으로 인해 원화의 가치는 하락한다.

06 ①

뉴스는 감사원이 국세청의 감사를 제대로 하지 않고 있다는 내용이다. 질문에 대한 답으로 미루어 보았을 때, ①이 가장 적절하다.

07 ②

업무 이외에 심부름을 시키는 것은 성희롱 사유로 적절하지 않다. 올바른 사유로 연결하려면 B 부장이 여직원에게만 커피 심부름을 시키며 '커피는 여자가 타야 맛있다.'는 등 성차별적인 발언을 하고 있으며 이는 상대방에게 수치심과 불쾌감을 줄 수 있다고 하는 것이 옳다.

08 ①

문장 맨 앞에 접속어나 지시어가 있으면 그 앞에 문장이 있음을 뜻한다. 따라서 맨 앞 문장으로 올 수 있는 것은 (나)가 된다. (나) 다음으로 (라)에서 '또한'이라는 접속어로 문화가 혼이나 정신적 특성이라는 말에 덧붙여 설명하고 있다. (라)의 마지막 부분의 '이런 구분'이라는 말에 이어서 (가)에서 문명이 곧 문화를 동반하는 것이 아니라고 언급하며, 아놀드의 비판적 시각을 이야기한다. 마지막으로 (다)에서 아놀드를 '그'로 대체 언급하며 이야기를 이어가고 있다. 따라서 (나)-(라)-(가)-(다)가 올바른 순서가 된다.

09 ④

문서작성 시 근거자료는 사실에 근거한 내용만을 다루어야 한다. 근거가 부족하다고 하여 추론하여 보완한다면, 불명확한 자료가 되므로 결론의 신뢰가 떨어지는 보고서가 된다.

※ MECE(Mutually Exclusive and Collectively Exhaustive)
   각각이 상호 중첩되지 않으며, 전체를 합쳤을 때 요소의 누락이 없다는 개념

10 ③

해당 프로모션은 지정된 행사 매장에 방문 또는 상담하는 고객에게 구매 여부와 관계없이 다이어리를 증정한다고 되어 있으므로 전국 매장이라는 표현은 잘못 이해한 것이다.

---

11 ④

문서작성에 있어서는 중요한 내용을 두괄식으로 서두에 먼저 언급함으로써 보고받은 자가 해당문서를 신속하게 이해하고 의사결정하는 데 도움을 주는 것이 중요하다.

---

12 ④

제시된 기사의 내용에서는 글로벌 시대에 맞는 외국어구사 능력을 강조했으며, 전통을 지켜야 한다는 내용은 찾아볼 수 없다.

---

13 ④

제시된 기사에서 찾아볼 수 없는 내용이다.

---

14 ①

제시된 첫 문장은 많은 사람들이 리더가 되고 싶어 하며 리더가 되기 위해서는 리더십을 갖춰야 한다고 말한다. 따라서 다음 순서로는 리더십에 대해 설명하고 있는 B가 가장 적절하며, 이어서는 리더의 두 번째 덕목인 원만한 대인관계를 제시하는 D가 적절하다. D의 마지막 문장에서는 리더의 세 번째 덕목으로 독서를 제시하므로 이어지는 순서로는 독서의 효과를 제시하는 A가 적절하다. 다음으로는 A의 마지막 문장인 외국어 능력을 이어서 설명하는 E, 리더의 낙천적 사고를 제시하는 C의 순서가 적절하다.

---

15 ①

증폭, 난청, 청력을 통해 보청기를 연상할 수 있다. 보청기는 청력이 약해 난청 질환이 있는 사람을 위해 잘 들리지 않는 것을 보강하는 기구로, 소형 마이크 등을 이용하여 소리를 증폭하여 잘 들리게 한다.

Chapter 02 / 수리 능력 정답 및 해설

기출 및 예상문제

01	①	02	②	03	⑤	04	④	05	③
06	④	07	①	08	③	09	③	10	④
11	④	12	④	13	②	14	④	15	④

01 ①

$$① \frac{8}{9} \times \frac{11}{8} = \frac{11}{9} \quad ② \frac{7}{11} \times \frac{6}{5} = \frac{42}{55} \quad ③ \frac{6}{9} \times \frac{8}{7} = \frac{16}{21} \quad ④ \frac{5}{9} \times \frac{9}{11} = \frac{5}{11} \quad ⑤ \frac{6}{7} \times \frac{5}{12} = \frac{5}{14}$$

02 ②

M1의 오류 인쇄물은 2,500장이고 M2는 1,600장이다.

$$\frac{2,500}{2,500 + 1,600} \times 100 = 60.9$$이므로 61%이다.

03 ⑤

사과 1kg은 24,000원이고 사과와 같은 무게의 배는 사과의 절반 가격이므로 배 1kg은 12,000원이다.

사과 1개가 200g일 때, 사과 5개는 1kg이고 배 2개는 사과 5개와 무게가 같으므로 배 2개가 1kg이다.

배를 72,000원어치 샀다면 6kg을 산 것이므로 배는 12개를 샀다.

사과도 72,000원어치 샀다면 3kg을 산 것이므로 사과는 15개를 샀다.

따라서 사과와 배는 총 27개이다.

04 ④

숫자를 180도 뒤집어 읽으면 된다. 61과 81을 뒤집으면 19와 81이므로 두 수의 합이 100이다.

따라서 99와 98을 뒤집으면 66과 86이므로 두 수의 합은 152이다.

05 ③

A와 D는 각각 문제해결 능력과 의사소통 능력에서 과락이므로 제외한다.

B는 합격 점수 산출법에 의거해 39 + 21 + 22 = 82점, C는 36 + 16.5 + 20 = 72.5점, E는 54 + 24 + 19.6 = 97.6이다. 80점 이상이 합격이므로 B와 E가 합격자이다.

---

06 ④

④ 55%가 할인된 가격인 27,000원에서 5%가 티켓 수수료로 추가된다고 했으므로 1,350원을 더한 28,350원이 총 결제가격이다. 티켓판매 수량이 1,299장이고, 총 수익은 36,826,650원이므로 적절하지 않다.

① 판매자료에 티켓이 모두 50% 이상 할인율을 가지고 있어 할인율이 크다는 생각을 할 수 있다.

② 티켓 판매가 부진해 소셜커머스를 이용해 반값 이상의 할인을 한다는 것은 충분히 할 수 있는 생각이다.

③ 백조의 호수의 경우 2월 5~10일까지 6일이라는 가장 짧은 기간 동안 티켓을 판매했지만 1,282장으로 가장 높은 판매량을 기록하고 있다. 설 연휴와 더불어 휴일에 티켓 수요가 늘 것을 예상해 일정을 짧게 잡아 단기간에 빠르게 판매량을 높인 것을 유추할 수 있다.

⑤ 실제 티켓 가격은 할인가 기준(수수료 제외, 수수료는 할인가의 5%이기 때문에 가격 차이에 영향이 없음)으로 백조의 호수는 26,400원, 호두까기 인형은 28,500원, 라 바야데르는 22,000원, 한 여름밤의 꿈은 22,750원, 세레나데&봄의 제전 27,000원이기 때문에 호두까기 인형이 할인가 기준으로는 가장 비싸다.

---

07 ①

구분	공회전 발생률(%)	공회전 시 연료소모량(cc)	탄소포인트의 총합(P)
A	$\frac{20}{200} \times 100 = 10$	$20 \times 20 = 400$	$100 + 0 = 100$
B	$\frac{15}{30} \times 100 = 50$	$15 \times 20 = 300$	$50 + 25 = 75$
C	$\frac{10}{50} \times 100 = 20$	$10 \times 20 = 200$	$80 + 50 = 130$
D	$\frac{5}{25} \times 100 = 20$	$5 \times 20 = 100$	$80 + 75 = 155$
E	$\frac{25}{50} \times 100 = 50$	$25 \times 20 = 500$	$50 + 0 = 50$

$\therefore$ D > C > A > B > E

08 ③

바레니클린을 1일 2정 복용할 시 3,534원, 28일을 복용하면 98,952원이며 공단 지원금 56,000($1,000 \times 2 \times 28$)원을 빼면 42,952원이다. 금연 패치는 하루에 1,500원이 지원되기에 본인 부담금이 없다.

---

09 ③

③ A국과 F국을 비교해보면 A국의 참가선수가 더 많지만 동메달 수는 적다.

---

10 ④

ⓒ 농협의 햇살론 보증잔액 중 8~10등급 보증잔액 구성비율은 5.74…(%), 수협의 8~10등급 보증잔액 구성비율은 12.99(%)이므로 옳은 설명이다.

ⓔ (가)~(라)의 값을 개인신용등급별 햇살론 보증잔액 기준으로 각각 구해보면

(가) : 77(백만 원)

(나) : 971(백만 원)

(다) : 1,854(백만 원)

(라) : 161(백만 원)　따라서 (가)~(라)를 모두 합한 값은 3,063백만 원이다.

ⓐ 개인신용 1등급 햇살론 보증잔액 중에서 새마을금고의 보증잔액이 차지하는 비율은 40.75%, 2등급 햇살론 보증잔액 중 새마을금고의 보증잔액이 차지하는 비율은 36.98(%)이므로 개인신용 1등급에서 새마을금고의 보증잔액이 차지하는 비율이 더 높다.

ⓑ 햇살론 보증잔액이 가장 큰 금융기관은 저축은행으로 개인신용등급 중 3, 4, 5, 6, 7, 8등급에서 타 금융기관의 보증잔액보다 금액이 더 많은 것을 알 수 있다.

---

11 ④

ⓒ 상식시험점수가 가장 낮은 지원자는 대호이고, 대호는 영어점수가 두 번째로 높다.

ⓔ 전체 지원자의 평균 영어점수는 (76 + 92 + 88 + 50 + 100 + 80)/6 = 81점이다.

ⓐ 각 3명으로 비율이 같다.

ⓑ 여자 지원자의 평균 상식점수는 (72 + 70)/2 = 71점, 남자 지원자의 평균 상식점수는 (72 + 48 + 69 + 57)/4 = 61.5점이다.

---

12 ④

영식이와 대호는 100m 달리기와 팔굽혀 펴기에서 과락이고, 근우는 제자리 멀리뛰기에서 과락이며, 수진이는 윗몸 일으키기를 제외한 나머지 종목 전부 과락이다.

지희 : $88 + 50 \times \left(1 + \dfrac{10}{100}\right) + 72 + 8 + 10 + 10 + 12 = 255$점

준혁 : 68 + 100 + 57 + 8 + 8 + 8 + 12 = 261점

---

13 ②

ㄴ. 부산뿐만이 아니라 대구도 감소했다.

ㄹ. 대구는 2007년부터 인구가 유지 또는 감소하다가 2011년에 다시 증가했다.

---

14 ④

ㄴ. 2009년 중국의 이산화탄소 배출량은 6,877.2로 가장 많고, $6,877.2 \times 5 > 28,999.4$이므로 20% 이상이다.

ㄷ. 러시아 : $2,178.8 - 1,532.6 = 646.2$, 이란 : $533.2 - 179.6 = 353.6$

ㄹ. $229.3 \times 2 < 515.5$이므로 2배 이상, 즉 100% 이상 증가했다.

ㄱ. 2009년에는 전년 대비 감소했다.

---

15 ④

ㄴ. 2009년 : $279 \times 17.1 ≒ 4,771$개, 2010년 : $279 \times 16.8 ≒ 4,805$개

ㄹ. 2009년에는 전년 대비 창업보육센터 수와 보육센터 당 입주업체 매출액이 증가했다. 따라서 전년 대비 전체 매출액이 증가했다. 그러나 2010년에는 전년 대비 창업보육센터 증가율이 매출액 감소율보다 낮다.

따라서 전년 대비 전체 매출액이 감소한다.

ㄱ. 2010년 창업보육센터 지원금액 증가율 : $\dfrac{353 - 306}{306} \times 100 ≒ 15.4\%$

2010년 창업보육센터 수 증가율 : $\dfrac{286 - 279}{279} \times 100 ≒ 2.5\%$

ㄷ. 자료를 통해 쉽게 확인할 수 있다.

기출 및 예상문제

01	④	02	①	03	⑤	04	③	05	④
06	①	07	③	08	②	09	③	10	①
11	①	12	④	13	③	14	④	15	④

01 ④

④ 구성원이 자율적으로 실행하는 것으로 제3자가 합의점이나 줄거리를 준비해놓고 예정대로 결론을 도출하는 것이 아니다.

02 ①

분석적 사고

1. 성과 지향의 문제 : 기대하는 결과를 명시하고 효과적으로 달성하는 방법을 사전에 구상하고 실행에 옮긴다.
2. 가설 지향의 문제 : 현상 및 원인분석 전에 지식과 경험을 바탕으로 일의 과정이나 결과, 결론을 가정하고 검증한 후 사실일 경우 다음 단계의 일을 수행한다.
3. 사실 지향의 문제 : 일상 업무에서 일어나는 상식, 편견을 타파하여 사고와 행동을 객관적 사실로부터 시작한다.

03 ⑤

엘리베이터가 올라가며 다희는 철수보다 늦게 내리고 영수보다 빨리 내렸으므로 철수 – 다희 – 영수 순으로 내렸다. 또한 희수는 만수보다 한 층 더 가서 내렸으므로 만수 – 희수 순으로 내렸다. 희수는 영수보다 3층 전에 내렸으므로 희수 – ○○ – ○○ – 영수 순으로 내렸다. 이를 정리하면 만수(3) – 희수(4) – 철수(5) – 다희(6) –영수(7) 순이고 영수가 마지막이 아니므로 태영이가 8층에 내렸다.

04 ③

366일 후는 1월 1일을 기준으로 했을 때 내년 1월 1일이 된다. 1년 후 21살이기 때문에 오늘은 20살이어야 한다. 따라서 어제는 12월 31일이다. 1년을 365일 기준으로 하는 것은 양력이다.

나. 윤년일 경우, 1월 1일 기준으로 366일 후는 12월 31일이기 때문에 21살이 된다는 조건에 부합하지 않는다.

05 ④

①, ②, ③, ⑤의 대우는 '서류가방을 들고 오면 회사에 가지 않는다.'이지만 ④는 '서류가방을 들지 않으면 회사에 간다.'이다.

06 ①

② 만수와 지희를 제외하고 봤을 때, 퇴사에는 A, C 요인이 작용한다.

③, ④, ⑤ 재직 중인 만수와 지희는 공통적으로 B 요인을 가지고 있기 때문에 퇴사에 영향을 미친다고 보기 어렵다. 또한 두 사람은 3개의 요인 중 B 요인만 공통적으로 가지고 있다.

07 ③

K 회사는 달러로 수익을 받기 때문에 환율이 높을수록 유리하다.

㉠ 해외로 나가는 여행객이 많아지면 달러에 대한 수요가 많아지기 때문에 환율이 상승한다.

㉣ 중국에서 값싼 원자재를 대량으로 수입할 경우 대금을 지불해야 하기 때문에 달러 수요가 늘게 되므로 환율이 상승한다.

㉡, ㉢은 환율이 하락하는 상황이다.

08 ②

C는 혁신성, 친화력, 책임감이 '상–상–중'으로 영업팀에 적합하며 창의성과 윤리성은 '하'이지만 영업팀에서 중요하게 생각하지 않는 역량이기에 영업팀으로의 부서배치가 적절하다.

E 또한 혁신성, 친화력, 책임감, 윤리성이 '중–중–상–하'로 지원팀의 핵심역량가치에 부합하기에 지원팀으로의 부서배치가 적절하다.

09 ③

이○○ 과장은 직급 임기를 2009년 4월부터 2015년 12월까지 5년 이상으로 충분히 채웠지만 인사고과 점수가 92점으로 1점 부족하다.

10 ①

윤○○ 대리는 인사고과 점수와 보직기간 등 필요한 점수를 다 갖췄지만 2012년 1월 1일부터 시작하여 2015년 12월 31일자로 계산한다면 직급 임기인 4년을 채우지 못한다. 하지만 2016년 1월 1일을 기준으로 승진을 한다고 기재되어 있기 때문에 자동으로 직급 임기를 채워 승진대상자에 포함된다.

---

11 ①

김○○ 부장은 2013년 1월 1일부터 직급 임기가 시작되었기 때문에 2018년 1월 1일자로 임기 5년을 채워 승진할 수 있다.

---

12 ④

① 분석 자료에서 자사의 유통 및 생산 노하우가 부족하다고 분석하였으므로 적절하지 못한 판단이다.
② 20대 지향 디지털마케팅 전략을 구사하기에 역량이 미흡하다고 분석하였으므로 적절하지 못한 판단이다.
③ 분석 자료를 살펴보면, 경쟁자들 중 상위업체가 하위업체와의 격차를 확대하기 위해서 파격적인 가격 정책을 펼치고 있다고 하였으므로 잘못 판단한 내용이다.
⑤ 마케팅 비용이 많이 들므로 높은 브랜드 인지도로 사업 추진한다는 것은 적절하지 못한 판단이다.

---

13 ③

제품 특성상 테이크아웃이 불가능했던 위협 요소를 피하기 위해 수제버거의 사이즈를 줄이는 대신 무료로 사이드 메뉴를 제공하는 것은 독창적인 아이템을 활용하면서도 위협 요소를 보완하는 전략으로 적절하다.
① 해당 상점의 강점은 주변 외식업 상권과 차별화된 아이템 선정이다. 그러므로 주변 상권에서 이미 판매하고 있는 상품을 벤치마킹해 판매하는 것은 강점을 활용하는 전략으로 적절하지 않다.
② 높은 단가 재료를 낮추기 위해 유기농 채소와 유기농이 아닌 채소를 함께 사용하는 것은 웰빙을 추구하는 소비 행태가 확산되고 있는 기회를 활용하지 못하는 전략이므로 적절하지 않다.
④ 커스터마이징 형식의 고객 주문 서비스 및 주문 즉시 조리하는 방식은 해당 상점의 강점이다. 약점을 보완하기 위해 강점을 모두 활용하지 못하는 전략이므로 적절하지 않다.
⑤ 트렌드에 맞게 가격을 낮추는 것은 강점을 잘 활용하지 못하고 있다. 조리에 니즈를 반영하는 것은 해당 상점의 기회이다.

---

14 ④

문제를 해결하는 데 장애가 되는 요소들은 조직이 직면한 상황과 맡고 있는 업무의 특성에 따라서 굉장히 다양하게 나타날 수 있다. 이러한 장애요소들 중 가장 대표적인 경우를 알고 있는지 질문하는 문제이다. 문제해결의 장애요소 중 대표적인 것은 문제를 철저하게 분석하지 않는 경우, 고정관념에 얽매이는 경우, 쉽게 떠오르는 단순한 정보에 의지하는 경우, 너무 많은 자료를 수집하려고 노력하는 경우 등이다. 이○○ 사원은 화폐단위가 높아서 발생하는 문제는 인식하지 않고, 쉽게 떠오른 북한의 정책실패 정보에만 의지하고 있다. 그리고 지폐에는 1,000원, 5,000원, 10,000원으로 표기해야 한다는 고정관념에 빠져 있다.

---

15 ④

1. (가)에 의해, A가 받는 상여금(전체 인원 상여금의 평균)은 75만 원이다.
2. (나), (라)에 의해 B < C, B < D < E이므로 B가 받는 상여금은 25만 원이다.
3. (다)에 의해, C가 받는 상여금은 50만 원 또는 100만 원이다.

이를 정리하여 가능한 경우를 표로 나타내면 다음과 같다.

A	B	C	D	E
75만 원	25만 원	50만 원	100만 원	125만 원
75만 원	25만 원	100만 원	50만 원	125만 원

기출 및 예상문제

01	②	02	①	03	④	04	⑤	05	④
06	④	07	⑤	08	③	09	③	10	⑤
11	⑤	12	②	13	①	14	④	15	③

01 ②

(A) 비서실 방문은 브로슈어 인쇄를 위해 미리 파일을 받아야 하므로, (D) 인쇄소 방문보다는 먼저 이루어져야 한다, (B) 회의실, 마이크 체크는 내일 오전 (E) 업무보고 전에 준비해야 할 사항이다. (C) 케이터링 서비스 예약은 내일 3시 팀장회의를 위해 준비하는 것이므로 24시간 전인 오늘 3시 이전에 실시하여야 한다.

따라서 위 업무순서를 정리하면 (C)–(A)–(D)–(B)–(E) 순이 되는데, 여기서 (C)가 (A)보다 먼저 이루어져야 하는 이유는 현재 시간이 2시 50분이기 때문이다. 비서실까지 가는 데 걸리는 시간이 15분이므로 비서실에 갔다가 오면 3시가 지난다. 그러므로 먼저 케이터링 서비스 예약을 하는 것이 옳다.

02 ①

인천에서 로스앤젤레스까지의 비행 시간은 10시간 55분이다. 로스앤젤레스 도착 시간에서 거슬러 올라가면 3시 20분에 출발한 것이 된다. 한국은 로스앤젤레스보다 17시간이 더 빠르다. 따라서 비행기는 한국 시간으로 20시 20분에 출발한 것이다. 하지만 비행기 수속절차를 위해 1시간 더 빨리 도착해야 하므로 19시 20분까지 인천공항에 도착해야만 한다.

03 ④

월 예산 계산은 다음과 같다.

빌라 A : 270,000 + (4.0km × 1,000원 × 2회(왕복) × 20일) = 430,000원

아파트 B : 310,000 + (2.1km × 1,000원 × 2회(왕복) × 20일) = 394,000원

아파트 C : 330,000 + (1.2km × 1,000원 × 2회(왕복) × 20일) = 378,000원

④ 아파트 C가 드는 돈이 가장 적으므로 아파트 C를 선택할 것이다.

① 빌라 A를 선택할 경우 한 달에 드는 돈은 430,000원이다.

② 월 예산 40만 원으로 빌라 A에서 살 수 없다.

③ 아파트 C의 교통비가 가장 적게 든다.

⑤ 아파트 B의 총 비용은 394,000원으로, 빌라 A의 총 비용인 430,000원보다 36,000원 덜 든다.

04 ⑤

B는 A로부터 1억 원의 이익을, C로부터 7억 원의 이익을, D로부터 6억 원의 이익을, E로부터 1억 원의 이익을 얻으며 F로부터 8억 원의 이익을 얻는다.

05 ④

E 기업에게서 가장 큰 이익을 얻는 기업은 D 기업이므로 가장 큰 타격을 입는다.

06 ④

렌트비, 충전요금으로 나누어 이용비를 계산해 보자.

i) 렌트비를 살펴보면, 12월 12일부터 16일까지 5일 연속으로 이용하므로, 이 기간의 렌트비는 10% 할인된다.

(55,000원 + 50,000원 + 55,000원 + 55,000원 + 50,000원) × 0.9 + 50,000원 + 55,000원 = 343,500원

ii) 충전요금을 살펴보면 아래와 같다.

기본요금은 7일 모두 공통으로 납부해야 한다.

2,380원 × 7일 = 16,660원

차량을 사용한 후 충전해야 하고, 충전 가능한 시간은 8시~9시, 14시~15시, 20시~21시인데, [차량 사용 현황]에 따르면 모두 9시 이후에야 차량 사용이 끝난다. 따라서 8시~9시에 충전할 수 있는 날은 없다.

차량 사용이 14시 이전에 끝나면 14시~15시에 충전을 할 수 있다. 12일, 14일, 16일이 이에 해당하고, 14시~15시는 중간부하 시간대이다.

120.5원 × 20kW × 3 = 7,230원

나머지 13일, 15일, 20일, 21일에는 20시~21시에 충전해야 하고, 이 시간대는 최대부하 시간대이다.

192.9원 × 20kW × 4 = 15,432원

따라서 총 이용비는 렌트비와 충전요금을 합하면,

343,500원 + 16,660원(기본요금) + 7,230원(중간부하) + 15,432원(최대부하) = 382,822원이다.

07 ⑤

3년 이상 근속한 직원에 대해서 최초 1년을 초과하는 근속 연수 매 2년에 연차유급휴가에 1일을 가산한 휴가를 준다.

2011년 1월 1일 ~ 2011년 12월 31일 → 2012년 15일 연차휴가

2012년 1월 1일 ~ 2012년 12월 31일 → 2013년 15일 연차휴가

2013년 1월 1일 ~ 2013년 12월 31일 → 2014년 15일 연차휴가

+ 1일 가산휴가

2014년 1월 1일 ~ 2014년 12월 31일 → 2015년 15일 연차휴가

2015년 1월 1일 ~ 2015년 12월 31일 → 2016년 15일 연차휴가

+ 1일 가산휴가

2016년 1월 1일 ~ 2016년 12월 31일 → 2017년 17일 연차휴가

---

08 ③

본 문제의 경우, 주어진 정보들을 바탕으로 가용한 수요량과 공급량, 수송비를 확인하고 적용하여 최소 총 수송비를 알아 보기 위한 문항이다. 먼저 공급지 Y에서 수요지 A로 수송비 5만 원에 100톤을 공급한다(총 500만 원). 다음은 X → D로 5만 원에 20톤을 공급하고(총 100만 원), X → C로 6만 원에 50톤을 공급한다(총 300만 원). 마지막으로 공급지 Z에서 수요지 B로 수송비 7만 원에 80톤을 공급한다(총 560만 원). 따라서 총 금액을 합치면, 500 + 100 + 300 + 560 = 1,460만 원의 총 수송비(최소)가 계산된다.

---

09 ③

본 문항의 경우, 주어진 정보와 자료들을 바탕으로 가용한 시간자원을 선택하고 적용할 수 있는지를 보기 위한 문항이다. 모든 직장인에게 시간은 똑같이 주어지지만, 그것을 어떻게 활용하느냐에 따라서 가치가 달라진다. 주어진 자료에 근거하여 총 제조시간을 계산해보면 2 + 1 + 1 + 3 = 7, 7일이 걸리며, 여기에 창고대기시간 18일을 합하면 납품 사이클은 25일 주기임을 알 수 있다. 따라서 4월 2일에 제품을 납품했다면, 이후 25일째 되는 날인 4월 27일에 다시 납품하게 된다.

---

10 ⑤

각 항목별 합산 점수는 A 29점, B 28점, C 26점, D 31점, E 30점으로 최초 합격하는 지원자는 D이다. A, B, C, E의 의사소통 및 조직적합성 항목의 합산 점수는 A 14점, B 15점, C 14점, E 17점이다. 따라서 마케팅 부서에 추가로 합격하게 되는 지원자는 E이다.

---

11 ⑤

먼저 차량은 출장용으로 B1 차량을 사용해야 하고, 연비는 11km/ℓ이다. 출장을 가야 하는 도시를 보면 세종, 일산, 부산, 목포이고 총 왕복 거리는 2,080km이다(세종 : 180×2 = 360km, 일산 : 50×2 = 100km, 부산 : 420×2 = 840km, 목포 : 390×2 = 780km).

연비가 11km/ℓ이고 휘발유는 1리터당 1,400원이므로, 총 주유비는 $2,080 \times \dfrac{1,400}{11} = 264,700$원이다.

12 ②

거래처의 관리에 있어서 최초 선정 시 또는 임원이나 동료의 추천 시에는 추천된 업체와 그렇지 않은 업체와의 가격이나 서비스의 비교를 통해 결정하고, 결정된 업체와는 일정기간을 유지하여 장기거래처로서의 이점을 활용하지만, 오래된 거래업체라고 해도 가끔 타 업체와의 비교분석으로 교차점검을 하는 것이 바람직하다.

13 ①

최단경로는 A → B → E → G이다. 따라서 최단거리는 9 + 10 + 8 = 27km이다.

14 ④

④ O에서 e를 경유한 D까지의 최단거리는 14km이다(O → d → c → e → D).
①, ⑤ O에서 D까지의 최단경로는 O → d → c → b → D로 최단거리는 12km이다.

15 ③

현재의 운행비용은 20일×4대×3회×100,000 = 24,000,000원이고, 운송횟수는 12회, 기존의 1일 운송량은 12회×1,000상자 = 12,000상자이다.
차량 적재율이 1,000상자에서 1,200상자로 늘어나면 12,000상자÷1,200상자 = 10회의 운행으로 가능하므로 개선된 운행비용 = 20일×10회×100,000 = 20,000,000원이다. 그러므로 그 차액은 24,000,000-20,000,000 = 4,000,000원이다.

Chapter 05 / 조직이해 능력 정답 및 해설

기출 및 예상문제

01	④	02	②	03	⑤	04	④	05	⑤
06	②	07	③	08	④	09	③	10	④
11	④	12	⑤	13	④	14	④	15	②

01 ④

④ 시간의 흐름을 표현하는 데에는 한계가 있다.

02 ②

조직이 가지고 있는 조직문화는 조직의 몰입을 높여준다.

03 ⑤

⑤ 미국인들과 악수를 할 때에는 손끝만 살짝 잡아서는 안되며 상대방의 오른손을 잠시 힘주어서 잡 아야 한다.

04 ④

경영은 경영목적, 인적자원, 자금, 전략의 4요소로 구성된다. 경영목적은 조직의 목적을 달성하기 위해 경영자가 수립하는 것으로 보다 구체적인 방법과 과정이 담겨 있다. 인적자원은 조직에서 일하는 구성 원으로 경영은 이들의 직무수행에 기초하여 이루어지기 때문에 인적자원의 배치 및 활용이 중요하다. 자금은 경영을 하는 데 사용할 수 있는 돈으로 자금이 충분히 확보되는 정도에 따라 경영의 방향과 범 위가 정해지게 된다. 경영전략은 조직이 변화하는 환경에 적응하기 위하여 경영활동을 체계화하는 것 으로 목표달성을 위한 수단이다. 경영전략은 조직의 목적에 따라 전략 목표를 설정하고 조직의 내·외 부 환경을 분석하여 도출된다.

05 ⑤

① 만장일치 : 회의장에 모인 모든 사람이 같은 의견에 도달하는 방법

② 다수결 : 회의에서 다수의 구성원이 찬성하는 의안을 선정하는 방법
④ 의사결정나무 : 의사결정에서 나무의 가지를 가지고 목표와 상황과의 상호 관련성을 나타내어 최종
  적인 의사결정을 하는 불확실한 상황 하의 의사결정 분석 방법

---

06 ②

- 미국정부의 전자여행허가제(ESTA)
  대한민국 국민으로서 관광 및 상용 목적으로 90일 이내의 기간 동안 미국을 방문하고자 하는 경우,
  2008년 11월 17일부터 원칙적으로 비자 없이 미국 입국 가능하지만 미 정부의 전자여행허가제에 따
  라 승인을 받아야만 한다.

---

07 ③

면접관의 질문 의도는 단순히 사무실의 구조나 회사 위치 등 눈에 보이는 정보를 묻는 것이 아니라, 실
질적으로 회사를 운영하는 내부 조직에 관련된 사항을 알고 있는지를 묻는 것이다. 그러므로 ③ 사무실
의 구조는 질문의 답변 내용으로 적절하지 않다.

---

08 ④

휴일에 업무 시 휴일 근무일수의 2배의 휴가를 지급하며, 휴가 사용 시 토요일을 0.5일로 계산하므로
적절하지 않다.

---

09 ③

③ 비영리조직이며 대규모조직인 학교와 시민단체에서 6시간 있었다.
① 비공식적이면서 소규모조직인 스터디에서 2시간 있었다.
② 공식조직인 학교와 카페에서 8시간 있었다.
④ 영리조직인 카페에서 3시간 있었다.
⑤ 하루 중 비공식 조직은 스터디, 보호단체에서 총 3시간 있었다.
- 학교(5시간) : 공식조직, 비영리조직, 대규모 조직
- 카페(3시간) : 공식조직, 영리조직, 대규모 조직
- 스터디(2시간) : 비공식조직, 비영리조직, 소규모 조직
- 보호단체(1시간) : 비공식조직, 비영리조직, 대규모 조직

---

10 ④

30만 원 초과의 출장계획서는 최고 결재권자(대표이사) 또는 전결을 위임받은 본부장에게 결재를 받
아야 하며, 30만 원 초과의 청구서는 대표이사의 결재를 받아야 한다. 따라서 출장계획서의 최종 결재
는 본부장이 전결 받았으므로 본부장 란에는 '전결'을 표시하고, 최종 결재란에 본부장의 서명이 기입

되어야 한다.

① 출장계획서는 본부장이 전결을 받았으므로 본부장에게 최종 결재를 받아야 한다.

② 청구서는 대표이사에게 최종 결재를 받아야 한다.

③ 출장계획서의 최종 결재는 본부장이 전결을 받았으므로, 최종 결재란에 본부장의 서명이 기입되어야 한다.

⑤ 출장계획서의 최종 결재는 본부장에게 받아야 한다.

---

11 ④

조직에서 부여 받은 업무의 속성과 특징을 이해하고, 요구에 따라 문제를 적절히 해결할 수 있는지를 보기 위한 문항이다. 조직에서 자신에게 주어진 일을 성공적으로 수행하기 위해서는 조직이 돌아가는 기본적인 원리를 알아야 한다. 따라서 직업인들은 자신의 업무를 효과적으로 수행하기 위하여 국제적인 동향을 포함하여 조직의 체제와 경영에 대해 이해하는 조직이해 능력을 기를 필요가 있다. 또한 직장에서는 업무의 순환이 있을 수 있으므로 다른 업무에 대한 이해도 필요하다. 그리고 업무를 함에 있어서 개인의 업무지침과 함께 조직의 업무지침도 모두 숙지하고 있어야 한다.

---

12 ⑤

두 건의 문서가 같은 거래처로 발송될 것이지만, 두 건의 내용이 지나치게 상이하므로 별도로 작성한 뒤 별도의 봉투에 넣어 발송하는 것이 바람직하다.

---

13 ④

선배를 존중하는 태도가 매우 중요하며, 선배의 지도를 받고 그것이 자신의 생각과 다르다고 하더라도 처음에는 종래의 방법에 따라서 일을 처리하고, 자신이 상당한 책임을 가지고 업무를 수행할 수 있게 되었을 때 개선을 시도하는 것이 좋다. 제시문의 비서실장과 선배 비서는 엄연한 회사의 상사로 대해야 한다. 이런 직속 상사 간의 갈등관계를 사장에게 직접 보고하는 등의 행동은 바람직하지 않다.

---

14 ④

④ 갈등을 완화하려고 노력한다.

완화(Smoothing) : 갈등해소의 방법 중 하나로 당사자들의 차이를 축소해석하고 유사성이나 공동이익을 강조하는 방법

---

15 ②

①, ③, ④, ⑤는 인터뷰 준비를 위한 업무처리 내용이고, ②는 인터뷰 사후처리에 대한 내용이므로 우선순위 면에서는 가장 낮다.

Chapter 06 / 직업윤리 정답 및 해설

기출 및 예상문제

01	②	02	④	03	③	04	①	05	③
06	①	07	②	08	②	09	③	10	④
11	⑤	12	②	13	③	14	③	15	①

01 ②

② 악수는 오른손을 사용한다.

02 ④

SERVICE의 의미

S(Smile & Speed) : 서비스는 미소와 함께 신속하게 하는 것
E(Emotion) : 서비스는 감동을 주는 것
R(Respect) : 서비스는 고객을 존중하는 것
V(Value) : 서비스는 고객에게 가치를 제공하는 것
I(Image) : 서비스는 고객에게 좋은 이미지를 심어주는 것
C(Courtesy) : 서비스는 예의를 갖추고 정중하게 하는 것
E(Excellence) : 서비스는 고객에게 탁월하게 제공되어야 하는 것

03 ③

③ 성공한 사람들은 성실하게 일을 한 사람들이다.

04 ①

① 상황에 따라 직업윤리와 개인윤리가 서로 충돌하거나 배치되는 경우에는 직업인이라면 직업윤리를 우선하여야 할 것이다.

05 ③

③ 외부로부터 강요당한 근면

①, ②, ④, ⑤ 스스로 자진해서 하는 근면

06 ①

① 부패에 대한 처벌을 면하거나 약하게 받을 경우, 그로 인한 사회적 비용은 천문학적으로 증가하기 때문에 부패는 방치될 수 없다.

07 ②

② 직업윤리와 일반윤리는 서로 배치되거나 충돌하는 경우도 발생한다.

① 개인윤리가 보통 상황에서의 일반적 원리규범이라고 한다면 직업윤리는 좀더 구체적 상황에서의 실천규범이라고 할 수 있다.

③ 직업의 성격에 따라 각각 다른 직업윤리를 지닌다.

④ 특수성은 일반윤리의 덕목에는 타인에 대한 물리적 행사(폭력)가 절대 금지되어 있지만, 경찰관이나 군인 등의 경우 필요한 상황에서 그것이 허용된다는 점을 예로 들 수 있다.

⑤ 직업윤리는 조직의 안정을 유지하는 중요한 규범이다.

08 ②

사내에서 상사나 직장동료로부터 업무적인 전화가 걸려올 경우, 너무 사무적인 것보다 친절하고 상냥하게 받은 것이 좋다. 그러나 이웃주민을 대하듯이 친근하게 하는 것은 격식에 어긋나 무례하다고 느낄 수 있으므로 지나치지 않도록 조심해야 한다.

09 ③

중요한 발표인 만큼 책임감을 가지고 직업윤리를 지켜야 한다. 신고를 하고 주위의 도움을 요청한 후 아이를 인계하는 것과 같이 본인이 할 수 있는 선에서 최대한의 도움을 준 뒤 발표장소로 가 발표를 마치는 것이 적절하다.

10 ④

④ 올바른 철자와 문법을 사용한다.

11 ⑤

① 명함은 두 손으로 건네되 동시에 주고받을 때는 부득이하게 한 손으로 건넨다.

② 깔끔하게 전달하고 싶으면 명함 케이스에서 꺼낸다.

③ 모르는 한자가 있을 경우 물어보는 것은 실례가 아니다.

④ 명함을 동시에 주고받을 때에는 오른손으로 주고 왼손으로 받는다.

12 ②

업무상으로 소개를 할 때는 직장 내에서의 서열과 나이를 고려한다. 단, 성별은 고려의 대상이 아니다.

13 ③

③ 되도록 출근 직후나 퇴근 직전, 점심시간 전후 등 바쁜 시간은 피한다.

14 ③

성희롱 문제가 사회적인 문제가 되고 법정으로까지 연결되기보다는 사전에 예방하고 효과적으로 처리하는 방안이 필요하다. 그렇지 않을 경우 회사에도 타격을 줄 뿐만 아니라 당사자에게도 심각한 피해를 줄 수 있기 때문이다.

15 ①

부하직원을 칭찬할 때 쓰다듬거나 가볍게 치는 행위도 성희롱으로 오해받을 소지가 있으므로 그런 행동은 신중을 기해야 한다.

Chapter 07 / 실전모의고사 정답 및 해설

01	②	02	③	03	③	04	④	05	④	06	③	07	③	08	③
09	④	10	②	11	③	12	③	13	③	14	④	15	②	16	③
17	③	18	④	19	③	20	③	21	②	22	③	23	①	24	④
25	④	26	①	27	①	28	③	29	⑤	30	①	31	④	32	②
33	①	34	④	35	④	36	④	37	④	38	④	39	③	40	④
41	④	42	④	43	③	44	④	45	③	46	①	47	⑤	48	③
49	④	50	①	51	③	52	③	53	③	54	①	55	④	56	①
57	④	58	③	59	④	60	①								

01 ②

① 상대를 정면으로 마주하는 자세는 그와 함께 의논할 준비가 되었음을 알리는 자세이다.

③ 상대방을 향하여 상체를 기울여 다가앉은 자세는 자신이 열심히 듣고 있다는 사실을 강조하는 것이다.

④ 다리를 꼬지 않는 자세를 취하는 것은 상대에게 마음을 열어놓고 있다는 표시이다.

⑤ 상대방의 말을 중간에 끊는 것은 올바른 경청의 자세가 아니다.

02 ③

증폭, 난청, 베토벤, 청력을 통해 보청기를 연상할 수 있다. 보청기는 청력이 약해 난청 질환이 있는 사람을 위해 잘 들리지 않는 것을 보강하는 기구로, 소형 마이크 등을 이용하여 소리를 증폭하여 잘 들리게 한다.

03 ③

① '소외 계층'이라는 특정 계층에 대한 차별적 표현이 사용된 문장이므로 쉬운 공공언어 쓰기 길라잡이 1.-나 항목에 어긋난다.

② '글로벌, 글로벌 네트워크, 글로벌 스탠더드' 등 외국어를 남용하였으므로 쉬운 공공언어 쓰기 길라잡이 2.-나 항목에 어긋난다.

④ 스스로 움직이지 않는 사물이나 추상적 대상인 '설문조사 결과'가 능동적인 행위인 '말해 주다'의 주어로 나오는 것은 영어 번역투 표현에 해당되므로 쉬운 공공언어 쓰기 길라잡이 3.-바 항목에 어긋난다.

⑤ '글로벌, 오디션' 등 일부 외국어를 남용하였으므로 쉬운 공공언어 쓰기 길라잡이 2.-나 항목에 어긋난다.

04 ④

- 상토적인 → 상투적인
- 다드머 → 다듬어
- 줄림말 → 줄임말
- 호웅하는가 → 호응하는가
- 베열되어 → 배열되어
- 전게되는가 → 전개되는가

05 ④

'그런데, 그렇지만' 등은 앞의 내용과 뒤의 내용이 대립되거나 반대일 경우에 사용하는 접속사이므로 문맥상 수정할 필요가 없다.

06 ③

③ 입신출세론으로 인한 현상이다.

07 ③

③ '개발구축'으로 잘못 적힌 것이 2개이다.

08 ③

③ 실험 결과 과다 섭취한 콜레스테롤은 몸에 쌓이지 않고 배설됐을 뿐 아니라 달걀의 레시틴이 콜레스테롤 수치를 떨어트리는 역할을 한 것으로 확인됐다.
① 기사의 다섯 번째 문장에서 하루에 3~4알 정도는 자유롭게 섭취해도 건강에 해가 되지 않음을 알 수 있다.
② 기사의 네 번째 문장에서 달걀 속의 레시틴은 항산화 작용과 노화를 막는 역할을 한다는 정보를 찾을 수 있다.
④ 기사의 두 번째 문장에서 달걀의 열량을 알 수 있다.
⑤ 기사의 세 번째 문장에서 달걀의 시력보호에 관련된 문장을 찾을 수 있다.

09 ④

제시된 기사에서는 성과평가제도를 긍정적으로 바라보며 기대효과를 제시하고 있다. 따라서 성과 가제도의 부정적인 측면을 말하는 ④는 적절하지 않다.

10 ②

제시된 기사는 첫 직장의 수준이 평생을 좌우하는 한국 취업시장의 현실을 꼬집으며 능력 중심의 평가를 장려하고 있다. 따라서 가장 적절한 제목은 ②이다.

11 ③

③ 문서의 모든 처리절차는 전자문서시스템 또는 업무관리시스템 상에서 전자적으로 처리되어야 한다.

12 ③

③ 문서의 내용을 일목요연하게 파악할 수 있도록 간단한 표제를 붙이는 것도 상대방이 쉽게 내용을 이해하는 데 도움이 된다.

13 ③

증인 감정인 또는 통역인이 특허심판원에 대하여 허위의 진술 감정 또는 통역을 한 때에는 위증죄가 적용되어 5년 이하의 징역 또는 1천만 원 이하의 벌금에 처해진다. 고소가 있어야만 처벌할 수 있는 특허 침해 죄와 달리 고소가 없어도 처벌이 가능하다.

14 ④

④ 2012년 사회취약계층 주택개보수 사업비는 4억 8천만 원이다.
② 600만 원의 80%는 480만 원이다.

15 ②

이 사업에 신청할 수 있는 사람은 기초생활수급자 혹은 탈수급자 중 희망키움통장 가입자여야 하고 또 그중에서도 노후 자가주택 소유자여야 한다.

16 ③

③ 2012년 3/4분기에도 감소하였다.
② 2012년 2/4분기 조회 서비스 이용실적은 849천 건이고, 전 분기의 이용실적은 817천 건이므로 849–817=32, 즉 3만 2천 건 증가하였다.

17 ③

ㄴ. 115,155×2 > 193,832이므로 옳은 설명이다.

ㄷ. 2008년 : $\dfrac{18.2}{53.3} \times 100 ≒ 34.2\%$, 2009년 : $\dfrac{18.6}{54.0} \times 100 ≒ 34.4\%$

2010년에는 전년 대비 석유제품 소비량 비율이 줄고, 전력 소비량 비율이 늘었다. 따라서 전년보다 비율이 증가한다.

ㄱ. 비율이 매년 증가하지만, 절대적인 소비량까지 증가하는지는 알 수 없다.

ㄹ. 4,750×4 > 15,317이므로, 산업부문에서는 25% 이상이다.

18 ④

ㄱ. 표를 통해 쉽게 확인할 수 있다.

ㄴ. 각 6,570백만 원으로 동일하다.

ㄷ. 1kWh당 전기요금 = 연간 절감 전기요금/연간 절감 전력량

∴ 3,942백만 원/3,942만 kWh = 100원

ㄹ. 필요한 LED 전구 수/ 적용비율=900천 개/0.3 = 300만 개

19 ③

(17,520–10,950)×3 = 19,710백만 원

20 ③

③ 서울특별시는 9월에 출생인구가 감소했지만 인천광역시는 똑같다.

④ 대구, 광주, 대전, 울산광역시가 이에 해당한다.

21 ②

조사기간 중 부산광역시의 자연증가인구 수는 모두 6,800명으로 이를 9개월로 나누면 약 755.6명이다.

22 ③

③ 생산량 대비 수출량은 2011년 약 76.5%, 2012년 약 75.4%이다. 따라서 생산량 대비 수출량이 가장 큰 해는 2011년이다.

① 증가율을 따지는 것이므로 2010년 증가율이 가장 크다.

② 2010년 쌀 생산량은 늘지만 쌀 소비량은 줄고, 2011년 쌀 생산량과 소비량이 늘어난다. 따라서 쌀 생산량과 소비량 사이에는 특별한 상관관계가 없다.

④ 2012년 1월 1일 쌀 비축량은 전년 생산량 16.2만 톤에 수출량 12.4만 톤과 소비량 3만 톤을 제한 나머지이므로 0.8만 톤이다.

⑤ 2009년 쌀 소비량은 5.3만 톤이었지만 2012년에는 2.8만 톤으로 하락했다.

23 ①

4.2만 톤은 4,200만 kg이므로 1인당 연간 소비량이 28kg이라면 150만 명이다.

---

24 ③

참여율이 4번째로 높은 해는 2007년이다.

참여 증가율 $= \dfrac{\text{해당년도 참여율} - \text{전년도 참여율}}{\text{전년도 참여율}}$ 이므로, $\dfrac{6.9 - 5.7}{5.7} \times 100 ≒ 21\%$이다.

---

25 ④

예산이 가장 많이 드는 B 사업과 E 사업은 사업기간이 3년이므로 최소 1년은 겹쳐야 한다는 것을 기반으로 표를 구성할 수 있다.

사업명	연도	1년	2년	3년	4년	5년
	예산	20조	24조	28.8조	34.5조	41.5조
A			1	4		
B			15	18	21	
C						15
D		15	8			
E				6	12	24
실질사용예산합		15	24	24	33	39

---

26 ①

대성이가 현금으로 지급한 40만 원의 50%를 과태료로 부과하므로 과태료는 20만 원이 되고, 과태료의 20%가 포상금으로 지급되므로 포상금은 4만 원이다.

---

27 ①

문제의 업주는 신우(소비자)가 현금영수증 발급을 원하지 않아서 지정코드로 자진 발급했고 이러한 경우는 현금영수증 발급으로 인정하므로, 현금영수증 발급 의무 위반은 발생하지 않았다. 따라서 신우는 신고포상금을 받을 수 없다.

---

28 ③

[부서배치]
성과급 평균은 48만 원이므로, A는 영업부 또는 인사부에서 일한다.
B와 D는 비서실, 총무부, 홍보부 중에서 일한다.

C는 인사부에서 일한다.

D는 비서실에서 일한다.

따라서 A – 영업부, B – 총무부, C – 인사부, D – 비서실, E – 홍보부에서 일한다.

[휴가]

A는 D보다 휴가를 늦게 간다.

따라서 C – D – B – A 또는 D – A – B – C 순으로 휴가를 간다.

③ D : 60만 원, C : 40만 원

① A : 20×3=60만 원, C : 40×2=80만 원

② C가 제일 먼저 휴가를 갈 경우, A가 제일 마지막으로 휴가를 가게 된다.

④ 휴가를 가지 않은 E는 두 배의 성과급을 받기 때문에 총 120만 원의 성과급을 받게 되고, D의 성과급은 60만 원이기 때문에 두 사람의 성과급 차이는 두 배이다.

---

29 ⑤

10잔 이상의 음료 또는 음식을 구입하면 음료 2잔을 무료로 제공받을 수 있다. 커피를 못 마시는 두 사람을 위해 NON–COFFEE 종류 중 4,500원 이하의 가격인 그린티라떼 두 잔을 무료로 제공받고 나머지 10명 중 4명은 가장 저렴한 아메리카노를 주문한다(3,500원×4=14,000원). 이때 2인에 1개씩 음료에 곁들일 음식을 주문한다고 했으므로 나머지 6명은 베이글과 아메리카노 세트를 시키고 10% 할인을 받으면 7,000×0.9×6=37,800원이다. 총 금액은 14,000+37,800=51,800원이므로 남는 돈은 240,000–51,800=188,200원이다.

---

30 ①

제품의 질은 우수하나 브랜드의 저가 이미지 때문에 매출이 좋지 않은 것이므로 선입견을 제외하고 제품의 우수함을 증명할 수 있는 블라인드 테스트를 통해 인정을 받는다. 그리고 그 결과를 홍보의 수단으로 쓰는 것이 옳다.

---

31 ④

업무환경에서 '자유로운 분위기'라고 명시되어 있으므로 '중압적인 분위기를 잘 이겨낼 수 있다'는 올바르지 않다.

---

32 ②

부품 구입 시 : 280원 × 10,000개 = 2,800,000원

자가 생산 시 : 270원 × 10,000개 + 20만 원 = 2,900,000원

부품 구입 시 자가 생산과 대비하여 10만 원의 이익을 얻는다.

33 ①

기사는 국민권익위원회 주관 2015년 공공기관 청렴도 평가결과 국민건강보험공단이 1등급인 '매우 우수기관'으로 선정되었다는 내용이다.

34 ④

대외적으로 홍보하는 것이 아니라, 지역사회 시민단체, 소비자단체와의 교류를 통하여 지속적으로 공단서비스에 대한 문제점을 청취하였다.

35 ①

1층부터 순서대로 '경영지원실-보험급여실-급여관리실-기획조정실-빅데이터운영실'이다.
경영지원실이 가장 아래 층이니 1층이며, 보험급여실이 경영지원실 바로 위 층에 있으니 2층이다. 빅데이터운영실과 보험급여실 사이에는 두 층이 있으므로 빅데이터운영실이 5층이 된다. 나머지 3, 4층 중 기획조정실의 층수에서 경영지원실의 층수를 빼면 3이 된다고 했으니 기획조정실이 4층이 되고 자동으로 3층은 급여관리실이 된다.

36 ④

12시 방향의 서울을 기준점으로 시계 방향으로 돌면 '서울 – 대구 – 춘천 – 경인 – 부산 – 광주 – 대전 – 속초'이다. 따라서 경인과 마주보고 있는 지역은 속초이다.

37 ④

1인당 150장을 지급하려면 100장(10,000원) + 추가 50장(3,000원) = 13,000원이 든다.
195,000 ÷ 13,000=15명

38 ④

1인당 200장을 지급하려면 100장(15,000원) + 추가 100장(10,000원) = 25,000원이 든다. 하지만 고급종이이기 때문에 정가의 10% 가격이 추가되어 1인당 27,500원이 필요하다.
27,500원 × 8 = 220,000원

39 ③

- 블루오션 : 현재 존재하지 않거나 알려져 있지 않아 경쟁자가 없는 유망한 시장을 가리킨다. 블루오션에서는 시장 수요가 경쟁이 아니라 창조에 의해 얻어지며, 여기에는 높은 수익과 빠른 성장을 가능케 하는 엄청난 기회가 존재한다.
- 레드오션 : 이미 잘 알려져 있어서 경쟁이 매우 치열하여 붉은 피를 흘려야 하는 경쟁 시장을 말한다.

즉, 기존 모든 산업을 뜻한다. 레드오션 시장은 산업의 경계가 이미 정의되어 있고 경쟁자 수도 많기 때문에 같은 목표와 같은 고객을 가지고 치열하게 경쟁하게 된다.
- 퍼플오션 : 치열한 경쟁 시장인 레드오션과 경쟁자가 없는 시장인 블루오션을 조합한 말이다. 기존의 레드오션에서 발상의 전환을 통하여 새로운 가치의 시장을 만드는 경영전략을 퍼플오션 전략이라고 한다.

40 ③

당사자가 해결해야 할 전략과제를 고르는 문제이다. 때론 자사의 강점을 활용하는 것도 전략과제로 삼을 수 있지만, 일반적으로 전략과제라 함은 자사의 부족한 부분 혹은 취약한 부분에 대해 보완하는 것이다. 따라서 자사에서 확보하고 있는 우수한 고객서비스 부문을 강화한다는 것은 전략과제로 삼기에 적절하지 않다.

① 해외 판매망이 취약하다고 분석되었으므로 중국 시장의 판매유통망을 구축하는 것을 전략과제를 삼는 것은 적절하다.

② 중국 시장에서의 ○○제품의 구매방식이 대부분 온라인으로 이루어지는 데 반해, 자사의 온라인 구매시스템이 미흡하다는 자료를 통해서 온라인 구매시스템을 강화한다는 전략과제는 적절하다.

④ ○○제품에 대한 중국시장의 가격경쟁력 심화와 이를 생산하는 데 있어 자사의 높은 생산원가 구조라는 자료를 통해서 원가절감을 통한 가격경쟁력을 강화시키는 전략 과제는 적절하다.

41 ④

프랑스와 한국의 시차는 7시간이다. 프랑스가 2일 9시 30분이라면 한국은 2일 16시 30분이 된다. 비행시간이 13시간 걸린다고 했으므로 인천에 3일 5시 30분에 도착한다.

42 ④

ㄴ. ① – 3항에 의해 명확한 허위표시이다.
ㄹ. ① – 1항에 의해 명확한 과대광고이다.

43 ③

③, ② – 2항에 의해 과대광고가 아니다.

44 ④

기업이 공익을 침해할 경우 우선 합리적인 절차에 따라 문제 해결을 해야 하며, 기업 활동의 해악이 심각할 경우 근로자 자신이 피해를 입을지라도 신고할 윤리적 책임이 있다.

ㄱ. 신고자의 동기가 사적인 욕구나 이익의 충족이어서는 안 된다.

45 ③

③ 상대의 입이 아니라 눈을 바라보고 하는 것이 원칙이다.

46 ①

① 인간은 누구나 반대되는 의견이나 생각에 부딪히게 되면 자연스럽게 반대의견을 펴게 된다. 하지만 상대방을 자기의견에 따르도록 유도하는 것이 아니라 굴복시키게 되면 그의 자아에 심대한 타격을 주게 된다. 따라서 적대감을 품게 되며 복수의 기회를 엿보게 만든다.

47 ⑤

조직의 의사결정과정이 정형화되어 있지 않고 보다 창의성을 발휘할 수 있는 분위기에서 진행된다면, 적절한 수준의 내부적 갈등이 건설적인 것으로 될 가능성이 높다.

48 ③

화가 난 고객을 대응하는 데 있어서는 먼저 고객을 안정시키는 것이 최우선이며, 이후에 고객이 납득할 수 있는 수준의 대응을 제시한다.

49 ④

조건에 따라 식단을 채워보면 다음과 같다.

요일 종류	월요일	화요일	수요일	목요일	금요일
밥	잡곡밥(노)	백미밥(흰)	흑미밥(검)	백미밥(흰)	짜장덮밥(검)
국	미역국(검)	된장국(노)	김칫국(붉)	육개장(붉)	북엇국(흰)
김치	배추김치(붉)	배추김치(붉)	깍두기(붉)	배추김치/ 깍두기(붉)	깍두기/ 배추김치(붉)
기타 반찬	계란찜(노)/ 돈육장조림(검)	돈육장조림(검)/ 계란찜(노)	호박전(노)	김치전(붉)	잡채(노)
후식	식혜(흰)	수정과(붉)	숭늉/식혜(흰)	숭늉/식혜(흰)	단호박샐러드 (노)

• 목요일/금요일 김치 : 배추김치나 깍두기 중 어떤 음식이 나와도 상관없다.
• 목요일 밥 : 세 번째 조건에 의해 흰색 음식인 백미밥이 나와야 한다.
• 금요일 국/후식 : 다섯 번째 조건에 따라 국과 후식 중 하나는 노란색 음식이어야 하는데, 국으로 노란색 음식인 된장국이 나올 경우 2번 나오게 되어 5가지 국 중 1가지 국이 나오지 못하게 되므로 첫 번째 조건을 만족시키지 못하게 된다. 따라서 후식에 노란색 음식인 단호박샐러드가 나오며, 국에는 첫 번째 조건과 두 번째 조건에 의해 북엇국이 나와야 한다.

- 수요일 밥 : 첫 번째 조건에 의해 흑미밥이 나와야 한다.
- 월요일 국 : 첫 번째 조건에 의해 미역국이 나와야 한다.
- 월요일/화요일 기타 반찬 : 첫 번째 조건에 의해 계란찜이나 돈육장조림이 각각 하루씩 나와야 한다. 즉, 월요일에 계란찜이 나오면 화요일에는 돈육장조림이, 월요일에 돈육장조림이 나오면 화요일에는 계란찜이 나와야 한다.
- 월요일 후식 : 두 번째 조건에 의해 흰색 음식인 숭늉이나 식혜가 나와야 하는데, 숭늉이 나올 경우 여섯 번째 조건과 일곱 번째 조건을 만족시키지 못하게 되므로, 식혜가 나와야 한다.
- 수요일/목요일 후식 : 숭늉이나 식혜가 각각 하루씩 나와야 한다.

50 ①

① 악수는 오른손으로 하는 것이 원칙이다.

51 ③

③ 신참자를 고참자에게 먼저 소개한다.

52 ③

③은 인사부의 담당업무이다. 기획부는 경영계획 및 전략 수립, 전사 기획업무 종합 및 조정, 중장기 사업계획의 종합 및 조정 등을 한다.

53 ③

노동 현장에서는 보수나 진급이 보장되지 않더라도 적극적인 노동 자세가 필요하다.

54 ①

인사를 교환한 후에는 바로 통화 목적(용건)으로 들어가야 한다.

55 ④

오후 4시 기준으로 8시간 전의 미생물 수를 구하는 것이다. 4시간마다 3배씩 증가한다고 했으므로 총 9배가 증가한 것이다. 즉, 243,000마리가 되기 위해서는 243,000÷9=27,000마리가 있었다는 것을 알 수 있다.

56 ①

지문에 복장이나 승강기, 이메일에 대한 내용은 없다.

57 ④

국가 청렴도가 낮은 문제를 해결하기 위해서 청렴을 강조한 전통 윤리를 강조할 필요가 있다. 이에 개인을 넘어서 공동체, 나아가 국가의 공사를 우선하는 봉공정신, 청빈한 생활 태도를 유지하면서 국가의 일에 충심을 다하려는 청백리 정신을 실천하는 자세가 필요하다.

58 ③

ⓒ 계약과정에서 연구자와의 협의를 통해 예산계획서상의 예산을 10% 이내의 범위에서 감액할 수 있으므로, 6,000만 원의 10%인 600만 원까지만 감액이 가능하다.

59 ④

ⓐ : Q1, Q8

ⓑ : Q5, Q6, Q7, Q9

ⓒ : Q2, Q3, Q4, Q10

60 ①

윤○○씨는 남은 수강일과 동영상 강의 및 도서 환불에 대해 문의하고 있으므로 Q1, Q6, Q8을 통해 궁금증을 해결할 수 있다.

한국산업인력공단

취업시험 합격의 신화 | 에듀크라운

NCS 직무능력평가 한국사 정답 및 해설

한국산업인력공단

취업시험 합격의 신화 | 에듀크라운

Chapter 02 / 한국사 기출유형 문제 정답 및 해설

01	②	02	⑤	03	①	04	⑤	05	③	06	④	07	②	08	①
09	④	10	⑤	11	④	12	③	13	④	14	③	15	⑤	16	⑤
17	③	18	②	19	②	20	④	21	⑤	22	①	23	①	24	①
25	①	26	⑤	27	②	28	②	29	②	30	②				

01 ②

제시문은 신석기 시대의 유적지에 대한 설명이다.

① 식량 채집경제 생활의 시작은 구석기 시대부터이다.

③ 신석기 시대에는 애니미즘(정령숭배), 샤머니즘(무격숭배), 토테미즘(동식물숭배), 영혼숭배 등 원시신앙이 발생하였다.

④ 반달돌칼, 홈자귀는 청동기 시대의 농기구이다.

⑤ 동굴벽화와 풍만한 여인 조각상은 구석기 시대이다.

02 ⑤

(가) 시대는 구석기 시대이다. 구석기 시대에는 정착생활이 아니라 이동생활을 했으며, 주로 동굴이나 바위그늘에서 살았다.

03 ①

제시문은 고조선의 8조법이다. 고조선은 건국 당시 계급이 존재했으며, 기원전 3세기경 부왕, 준왕과 같은 왕이 등장하여 왕위를 세습하였다. 고조선은 왕 밑에 상·대부·장군 등의 관직도 두었으며, 요서지방을 경계로 하여 연과 대립할 만큼 강성하였다. 고조선은 부족의 연합으로 건국되었기 때문에 공동체에 적용되었던 법률이 그대로 적용되었고, 후기에 들어서 8조법으로 발전하였다.

② 삼한에는 신성 지역인 소도가 존재하였는데, 군장 세력이 미치지 못하는 지역으로 제사장인 천군이 따로 지배하였다.

③ 고조선은 청동기 시대에 성립된 최초의 국가였다.

④ 동예는 명주와 삼베 짜는 방직 기술이 매우 발달하였고, 특산품으로는 단궁, 과하마, 반어피가 특히 유명하였다.

⑤ 광개토대왕은 고구려의 왕이다.

04 ⑤

⑤ 부여에 대한 설명이다. 부여는 영고라는 제천행사를 열었다.

---

05 ③

(가)는 부여에 대한 내용이다. 부여는 동물의 이름을 딴 마가, 우가, 저가, 구가 등 관직명을 가지고 있었다.

(나)는 삼한에 대한 설명이다. 삼한 중 변한은 철이 많이 나와 낙랑과 왜에 수출하기도 하였다.

ㄴ. 고구려에 서옥제에 대한 설명이다.

ㄷ. 정치와 제사장이 분리되어 있는 제정분리체제였다.

---

06 ④

불국사 삼층석탑에 대한 설명이다.

---

07 ②

(가)는 발해이다. 발해와 통일 신라는 대립관계였지만 한편으로는 무역도 이루어지고 교류를 하고 있었다.

---

08 ①

① 신라는 백제와 고구려의 유민들을 9서당에 편성함으로써 민족 통합에 노력하였다.

② 발해와 신라의 상설 교통로인 신라도는 9세기가 아닌 8세기 전반에 개설된 것으로 추정하고 있다.

③ 발해는 소수의 고구려 유민이 지배층이 되어 다수의 말갈족을 오랜 기간 지배하였다. 발해의 제일 말단 단위였던 촌을 촌장이 다스렸는데, 주로 말갈족으로 구성하여 분란의 소지를 일축하였다

④ 통일 신라는 상수리 제도를 시행하였는데 지방 세력을 일정기간 서울에 와서 거주하게 하던 것으로 지방 세력에 대한 견제책이며, 이는 고려 시대의 기인제도로 계승된다.

⑤ 발해는 9세기 전반 요동지역 진출 및 독자연호를 사용하는 등 전성기를 맞이하였다.

---

09 ④

(가)는 대조영이 세운 발해에 대한 설명이다. 당의 지방 통제력이 약화되는 7세기 말 고구려 장군 출신 대조영을 중심으로 한 고구려 유민은 말갈족을 규합한 이후 만주 동부 지역으로 이동하여 길림성의 돈화시 동모산 기슭에 발해를 건국하였다(698). 발해는 소수의 고구려 유민이 다수의 말갈족을 지배하여 구성하였고, 고구려와 말갈 사회의 전통적 생활모습을 유지하며 생활하였다.

④ 발해는 내분과 거란의 침략으로 멸망하였다(926, 대인선).

① 발해는 9세기에 선왕 때에 이르러 대부분의 말갈족을 복속시켰고, 요동으로 진출하는 등 넓은 영토를 확보하였다.

② 발해는 당의 3성 6부 제도를 모방하였으나 명칭과 구성은 독자적으로 편성하여 운영하였는데, 정당성의 장관(대내상)이 국정을 총괄하였고, 그 아래의 좌사정과 우사정이 각각 충·인·의, 지·예·신 3부씩을 나누어 관할하는 이원적인 통치체제를 구성하였다.

③ 발해는 지방 행정 조직으로 지방에는 전략적 요충지에 5경을 두었고, 각 지방 행정 업무의 중심에는 도독이 다스리는 15부를 두었으며, 그 밑의 62주는 자사가 다스렸다. 제일 말단 단위였던 촌은 촌장이 다스렸는데, 주로 말갈족으로 구성하여 분란의 소지를 일축했다.

⑤ 발해는 고구려 장군 출신 대조영을 중심으로 만주 동부지역에서 발해를 건국하였다.

10 ⑤

동북 9성 축조(1107), 금의 사대요구 수락(1125), 몽골의 1차 침입(1231)

⑤ 이의방과 정중부는 정변을 일으켜 정권을 장악하였다(1170).

① 거란의 소손녕은 송과의 교류를 끊을 것과 아울러 고려가 차지하고 있는 옛 고구려의 영토를 요구하며 80만 대군을 이끌고 고려를 침략했는데 이에 맞서 서희는 외교 담판으로 거란과 교류를 약속하고, 고려가 고구려의 후예임을 인정받음과 동시에 압록강 동쪽의 강동 6주를 획득하였다(993).

11 ④

④ 문벌 귀족은 과거와 음서를 통해 관직을 독점하였고 공음전의 혜택을 누렸으며 비슷한 세력과 혼인 관계를 맺어 권력을 장악하였다.

12 ③

(A)에는 '구휼', (B)에는 '고려에는 의창이 있었다(시대별로 구휼제도가 존재하였다).'가 들어가야 한다.

13 ④

(가)는 급진 사대부, (나)는 온건 사대부를 나타내고 있다. 고려 말 신진 사대부는 대토지 소유 등 사회 모순의 개혁 방향을 둘러싸고 대립하였다. 온건파 사대부들은 권세가의 대토지 사유는 정리하되 전면적인 토지 개혁에는 반대하였고, 급진파 사대부는 전국적으로 토지 사유를 축소하는 전면적인 토지 개혁을 주장하였다.

14 ③

제시문은 정방을 폐지하여 왕권을 공고히 하려는 고려 말 공민왕의 개혁정치를 나타낸 것이다.

③ 공민왕은 즉위 후 기철을 비롯한 친원 세력을 숙청하고, 내정 간섭기구인 정동행성의 폐지, 원의 간섭으로 격하된 관제의 복구, 몽골 풍속 금지 등을 실시하였다.

① 만권당은 충선왕 때 연경에 설치하였고, 이제현은 만권당에서 성리학을 연구하였다.

② 예종은 관학을 진흥시키기 위하여 국학 내에 전문 강좌인 7재를 설치하였으며, 양현고라는 장학재
　단을 두어 관학의 경제 기반을 강화하였다.

④ 광종은 노비안검법, 과거제 등을 시행하여 왕권을 강화하려 하였다.

⑤ 온건 개혁파와 급진 개혁파로 나누어졌다.

---

15 ⑤

ㄹ. 9주 5소경(통일신라) → ㄷ. 5도와 양계(고려) → ㄴ. 8도(조선) → ㄱ. 23부(갑오개혁)

---

16 ⑤

(가)는 사헌부를 말한다. 사헌부는 시정에 대한 탄핵, 백관에 대한 규찰, 시정을 바로 잡고 풍속을 바로
잡는 일을 맡았다.

---

17 ③

제시문은 과전법에 관한 내용이다.

ㄱ. 과전법에서는 현·퇴직 관리에게 전지만 분급하였다.

ㄹ. 수조권을 받은 관리는 전조(쌀)만 걷을 수 있고 노동력은 수취하지 못하였다.

---

18 ②

② 16세기 중엽 명종 때에는 직전법이 폐지되고, 수조권 지급 제도가 사라졌으므로 관리는 녹봉만을
　받게 되었다. 조선 후기에는 오히려 양반과 농민의 지주전호제가 강화되어 지주들의 광작이 성행
　하게 되었다.

① 조선 후기에는 자금과 원료를 미리 받아 제품을 생산하는 선대제 수공업이 성행하였다.

③ 조선 후기 포구를 거점으로 선상, 객주, 여각 등이 활발한 상행위가 전개되어 포구가 새로운 상업 중
　심지가 되었다.

④ 조선 후기 상품 화폐 경제가 발달하면서 환, 어음 등의 신용 화폐가 점차 보급되어 갔다.

---

19 ②

박제가의 「시장과 우물」에서 발췌한 것이다. 박제가는 이 글에서 경제 시스템이 제대로 갖추어지지 못
해 궁핍해질 수밖에 없는 조선의 구조를 비판하였다. 이는 당시에 검약이라는 도덕적 기준에 대해 정반
대의 주장을 펼침으로써 소비를 진작시키고 생산을 독려하여 경제에 활력을 불어넣자는 것이다. 박제
가는 여기서 그의 유명한 비유를 쓰고 있다. 즉, 우물물은 길으면 길을수록 물이 가득 차지만 사용하지
않으면 말라붙는다. 국가의 경제도 그처럼 운용되어야 한다고 주장했다.

---

20 ④

④ 18세기 이이의 사상을 계승한 노론 내부에서 인간과 사물의 본성이 같은지 여부를 두고 호락논쟁이
벌어졌다. 호론은 인물성이론을 주장하였으며, 낙론은 인물성동론을 주장하였다.

① 정도전은 다양한 사상을 포용하였으나, 불교에 대해서는 불씨잡변을 저술하면서 비판하였고 이는
숭유억불 정책의 계기가 되었다.

② 16세기 조선 사회의 모순을 극복하기 위해 주기론적 입장에서 통치체제 정비와 수취제도의 개혁을
주장한 것은 '이이'이다. 이이는 수미법 실시, 방군수포제 폐지, 십만양병설 등 다양한 개혁안을 제
시하였다.

③ 노론은 성리학만을 정통 학문으로 인정하였고, 양명학은 사문난적으로 규정하였다.

⑤ 이기호발설을 주장한 학자는 퇴계 이황이다.

21 ⑤

(가) 세도정치기에 몰락 양반 홍경래가 일으킨 난(1811)을 설명하고 있다. 몰락 양반인 홍경래와 영세
농민, 중소 상인, 광산 노동자 등이 합세하여 청천강 이북 지역을 거의 장악하기도 하였으나 5개
월 만에 평정되었다.

(나) 비슷한 시기 임술년 전주에서 시작한 농민 봉기(1862)를 나타낸다. 진주 농민 봉기는 세도 정치기
'백골징포, 황구첨정' 등 극심한 삼정의 문란으로 인한 농민들의 항쟁이었다.

⑤ 1862년 진주 농민 봉기가 일어났고, 동학 농민 운동은 1890년대에 일어났다.

22 ①

제시문은 독도에 관한 내용이다.

① 을사늑약으로 외교권을 강탈한 일본은 만주의 이권 확보를 위해 청과 간도 협약을 체결하여 간도
를 양도하였다.

23 ①

제시문은 3·1운동을 나타내고 있다. 우리 민족은 고종의 인산일을 기하여 1919년 3월 1일 평화적인 만
세 운동을 시작하였다. 손병희, 한용운 등의 민족대표 33인은 서울 태화관에 모여 독립 선언서를 낭독
하였고, 처음에 대도시를 중심으로 학생과 지식인이 중심이 되어 비폭력 운동으로 진행되었으나, 농촌
으로 갈수록 폭력투쟁이 되었다. 이에 대해 일제는 제암리 학살 등을 저지르며 가혹하게 탄압하였다.

① 순종의 독살설 유포로 인하여 6·10 만세 운동이 전개되었고, 3·1운동은 고종의 독살설이 유포되
어 전개되었다.

24 ①

신민회는 안창호, 양기탁 등이 중심이 되어 1907년에 설립한 항일 비밀결사로서 실력 양성을 통한 국권 회복과 공화 정체의 국민 국가 수립을 궁극의 목표로 하였다. 민족 교육 추진을 위한 대성 학교와 오산 학교를 설립하여 인재를 양성하였고, 민족 산업 육성을 위한 자기회사(평양)와 태극서관(대구)을 설립하여 운영하여 독립 자금을 마련하였다. 또한, 무장 투쟁의 필요성을 제기하여 국외에 독립 운동 기지를 건설(남만주, 삼원보)하였다.

① 의열단은 조선 총독부, 경찰서, 동양척식 주식회사 등 식민 지배 기구의 파괴, 조선 총독부 고위 관리와 친일파 처난을 목표로 1920년대 활발한 독립 운동을 하였다.

25 ①

대한민국임시정부는 3 · 1운동 이후에 독립을 위해 정부가 필요하다고 생각한 독립투사들의 의해 성립되었다. 임시정부는 독립 공채를 발행하여 군자금 모집을 하였고, 비상연락망인 연통제로 국내 각 지방과의 연락망도 조직적으로 체계화하였다.

26 ⑤

제시문은 1926년 6 · 10 만세 운동이다.

⑤ 6 · 10 만세 운동은 민족주의계 학생과 사회주의계가 연대함으로써 이후 신간회, 근우회 결성의 배경이 되었다.

27 ②

1910년대(ㄱ)–1920년대(ㄹ)–1930년대 전반(ㄴ)–1937년 중일전쟁 이후(ㄷ)

28 ②

② 제시문은 1948년 4월에 있었던 남북협상에 대한 내용이다.

① 1945년 12월에 있었던 모스크바 3상회의에 대한 설명이다.

③ 북한은 남북협상 이후 며칠 만에 전력송전을 중단하고 약속을 이행하지 않았다.

④ 남북협상이 이루어진 1948년 당시에는 좌우합작위원회는 이미 해제된 상태였다.

⑤ 이후 북한은 김일성 중심의 단독정부수립을 하게 되었다.

29 ②

지문은 1972년에 발표한 '7 · 4 남북공동성명'이다. 자주 · 평화 · 민족 대단결의 3대 원칙에 합의한 이 성명은 그 이후에 정부 당국 간의 '남북 조절 회의'와 민간 차원의 '남북 적십자 회담'이 서울과 평양을 오가며 동시에 진행되었다.

1974년 8월 15일 박정희는 '한반도 평화 정착 → 상호 문호개방과 신뢰 회복 → 남북한 자유 총선거'라는 <평화 통일 3단계 기본 원칙>을 발표하였다. 그러나 75년 3월 이후 남북 대화는 사실상 중단되었다. 당시의 남북 대화는 실질적 성과보다는 정권 유지의 목적으로 이용되었다.

---

30 ②

제시문은 1987년 전개된 6월 민주항쟁에 관한 것으로 국민들의 직선제 개헌과 민주화 요구가 반영되어 대통령 선거제도가 간선제에서 직선제로 개헌이 추진되었다.

① 1969년에 있었던 3선 개헌의 내용이다.

③ 1972년 유신헌법이 시행된 후의 유신체제에 대한 설명이다.

④ 전두환 정권 초에 있었던 일련의 조치이다. 야간통행금지의 해제는 1982년, 교복자율화는 1983년에 시행된 조치이다.

⑤ 1993년 금융실명제가 모든 금융 거래에 도입되었다.

PART

4

취업시험 합격의 신화 에듀크라운

NCS 직무능력평가 영어
정답 및 해설

한국산업인력공단

취업시험 합격의 신화 | 에듀크라운

Chapter 02 / 유형별 예상 문제 정답 및 해설

01 문법 영역

01	⑤	02	④	03	②	04	③	05	⑤	06	③	07	⑤	08	②
09	②	10	②	11	④	12	④	13	③	14	②	15	④	16	⑤
17	②	18	⑤	19	③	20	⑤								

01 ⑤

빈칸 뒤의 문장에 목적어가 빠져있는데 내용을 보면 imported oil and gas가 목적어임을 알 수 있다. 따라서 빈칸에는 관계대명사 목적격이 들어가야 하고, imported oil and gas가 사물이므로 which가 와야 한다.

해석 전기 자동차는 공산주의 지도자들이 전략적 약점으로 보는 수입 석유와 가스에 대한 채울 수 없는 욕망을 억제하기 위한 중국의 노력의 핵심 부분이다.

단어 curb : 억제하다 / unquenchable : 채울 수 없는 / appetite : 식욕, 욕구 / communist leaders : 공산주의 지도자들

02 ④

④ 등위접속사 and 뒤의 'protons and electrons'가 주어이므로 빈칸에는 앞문장의 동사 cooled와 동일한 형태인 과거형 동사가 와야 한다.

해석 몇몇 물리학자들에 따르면, 빅뱅 이후 대략 백만 년이 지나 우주가 약 3,000℃까지 식었고, 양자와 전자들이 결합해서 수소 원자들을 만들었다.

단어 cool : 식다, 차가워지다 / proton : 양자 / electn : 전자 / hydrogen : 수소 / atom : 원자

03 ②

② not only ~ but also 구문으로, not only 뒤가 문장이므로 but also 뒤에도 같은 형태인 문장이 되어야 하고, also는 부사이므로 동사 앞에서 수식할 수 있다.

해석 이집트인들은 북극에 대해 알고 있었을 뿐만 아니라, 정확하게 북극이 어떤 방향에 놓여 있는지도 알고 있었다.

단어 precisely : 정확히, 정확하게 / **direction** : 방향, 지도, 위치, 지역

---

04 ③

빈칸의 앞뒤는 주어 + (　　　) + 목적어로 빈칸에는 동사가 들어가야 하는데, many people이 복수이므로 동사원형인 lose가 와야 한다.

해석 세계적인 경제적 어려움 속에서, 많은 사람들이 그들의 직업을 잃고 실업률이 높아지고 있다.

단어 in the middle of~ : ~의 도중에 ; 중앙에 / **hardship** : 어려움

---

05 ⑤

뒤에 town이라는 명사가 있으므로 빈칸에는 이를 꾸며주는 형용사가 들어가야 한다.

해석 여당은 작년 8월부터 전 정부의 세종시 계획을 무효화하려는 작업을 해오고 있다. 그러나 그들은 야당의 반대에도 불구하고 행정도시 계획을 무분별하게 폐기하려 한다는 비난을 받을 것이 분명하다.

단어 undo : 풀다, 무효로 만들다, 원상태로 돌리다 / **rashly** : 성급하게, 무분별하게 / **discard** : 버리다, 폐기하다

---

06 ③

부사는 수를 수식할 수 있다. nearly[거의], almost[거의], approximately[대략] 등 수 앞에 빈칸을 묻는 문제가 출제되고 있다.

해석 전기료는 3월부터 거의 15% 정도 인상될 것이다.

단어 electricity fees : 전기료 / **nearly** : 거의

---

07 ⑤

해석 새 대중교통 체계의 중요한 목적 중 하나는 환승 요금을 낮추어 지하철과 버스 이용을 통합하는 것이다.

단어 usage : 사용 ; 사용량 / **integrate** : 통합시키다

---

08 ②

raise라는 동사 앞에서 수식하는 부사가 필요하다.

해석 8월 1일을 기점으로 그 나라의 모든 시중 은행들이 취급수수료를 부당하게 인상했다.

단어 raise[raised-raised] : 올리다 ; 기르다 ; 양육하다 ; 올라가다 / **unfairly** : 불공정하게 / **effective** : 효력을 발휘하는 / **commercial bank** : 시중 은행 / **processing fee** : (처리)취급수수료

09 ②

fixed를 수식하는 부사 evidently[분명하게 ; 확실하게]가 적합하다.

해석 연방정부의 노력에도 불구하고, 모든 재정적인 문제들은 확실하게 해결되지 않았다.

단어 despite : 그럼에도 불구하고 / federal : 연방의 ; 연합의 / financial : 재정적인 / fix : 수리하다 ; 해결하다

---

10 ②

의미상 '아직'이라는 의미이므로 yet이나 still이 필요하다. 본문에는 have와 p.p 사이에 사용할 수 있는 부사 'yet'을 사용한다.

해석 이사회 보고를 받았지만 확대위원회는 아직 대답을 하지 않고 있다.

---

11 ④

방해, 금지의 동사는 대부분 from ~ing형을 쓰지만, forbid는 목적보어 자리에 to 부정사를 필요로 한다.

해석 상처 때문에, 어머니는 바다에서 내가 수영하는 것을 금지하셨다.

---

12 ④

④ demand 동사가 that 절을 취할 경우에는 절 속에 조동사 should를 사용하거나 이를 생략하고 동사의 원형을 사용해야 한다. 따라서 are을 should be나 be로 고쳐야 한다.

① 수동형 동사의 사용이 바르게 된 것인지 묻고 있다. Koreans와 conscript의 관계가 수동이므로 were conscripted는 옳다.

② 특정 기간의 '~동안'을 나타내는 전치사는 during을 사용한 것이 옳다.

③ 시제 상 과거 동사인 demanded를 사용하는 것이 옳다.

⑤ 동사 honor (존경하다, 경의를 표하다)와 veterans와 관계가 수동이므로, 과거분사 honored를 쓴다.

해석 2차 세계대전 중 일본군에 의해 강제로 징집된 한국의 유족들은 일본 전사자의 사당에 안치된 병사들의 명단에서 그들 가족의 이름을 제외시켜 달라고 토요일에 요구했다.

---

13 ③

'개척 가정들'이라는 의미를 지니려면 pioneer가 families 앞에 와야 한다.

해석 1840년대에 수백의 개척 가정들이 그들의 덮개가 있는 마차로 서부로 이동했다.

---

14 ②

제시문의 as는 '~로서'라는 전치사로 쓰여 뒤에는 자격이나 신분을 나타내는 명사형이 와야 한다. direct는 동사이므로 신분을 나타내는 명사형인 director로 바꾸어야 한다.

해석 ▶ Charlie Chaplin은 감독으로서 그의 초창기 4년 동안에 62개의 무성 코미디 영화를 제작했다.

---

15 ④

동사 walk를 꾸미는 것이기 때문에 형용사 slow가 아닌 부사 slowly를 써야 한다.

해석 ▶ Tour de France에서 경기를 치르고 난 후, Lance Amstrong은 이틀 내내 무릎을 전혀 굽힐 수 없어서 아주 천천히 걸어 다녀야만 했었다고 보도했다.

단어 compete : 경쟁하다, 겨루다, 참가하다 / nee : 무릎 / get around : 돌아다니다

---

16 ⑤

towing → towed. 견인한 것이 아니라 견인된 것이므로 수동태가 와야 한다.

해석 ▶ 11명의 남자와 20명의 여자로 이루어진 북한 주민이 오전 11시쯤 짙은 안개 속에서 5톤의 나무로 된 낚시 배를 타고 연평도에 도착하여 인천 서쪽 항구도시로 견인되었다.

---

17 ②

delivered → delivering. deliver an address는 '연설을 하다'라는 뜻을 가진 숙어로, 이 문장에서는 has just got through의 목적어로 사용되고 있는 동명사의 형태가 되어야 한다.

해석 ▶ 여왕 엘리자베스 2세는 그녀를 수장으로 하는 16개 회원국이 속해 있는 유엔총회에서 막 연설을 끝냈다.

---

18 ⑤

by는 수단, 방법을 의미하는 전치사로 행위자(행위) 또는 교통·통신수단을 나타낸다.
제시된 문장과 같이 뒤에 교통·통신수단을 제외한 무생물이 올 경우 수단, 도구를 나타내는 with를 써야 한다.

해석 ▶ 과학자들이 달의 토양의 표본을 통해 달의 역사와 구조에 관하여 얼마나 많이 알아낼 수 있는지는 주목할만하다.

단어 lunar soil : 달의 토양

---

19 ③

be concentrated in : 집중되다, 밀집하다

해석 ▶ 충주의 경제는 경공업과 관광에 집중되어 있었다.

---

20 ⑤

disappear는 자동사로서 수동태 불가능 동사이다.

해석 최근에 개발된 백신 덕분에 현재 간의 질환이 사라지게 되었다.

단어 thanks to : ～덕분에 / newly : 최근에 / invented : 개발된 / liver disease : 간 질환

02 독해 영역

01	②	02	⑤	03	③	04	④	05	⑤	06	②	07	①	08	③
09	②														

01 ②

제시문에서는 인간은 태어나서 죽을 때까지 유년기, 청소년기, 성인기, 노년기라는 기본적인 네 단계를 겪는다고 서술하고 있다.

해석 인간은 태어나서 죽을 때까지 몇 가지 기본적인 단계들을 겪는다. 첫 단계는 유년기이다. 유년기 때, 우리가 육체적으로, 정신적으로 자라는 동안 다른 사람들이 우리를 돌봐준다. 다음 단계는 청소년기이다. 이 시기에 우리는 스스로 결정하고 새로운 책임을 지기 시작한다. 우리는 자신과 다른 사람들을 돌볼 수 있을 때를 성인기라고 말한다. 인생의 후반부에 많은 사람들은 은퇴를 하고, 쉴 수 있는 여유로운 시간을 즐기며, 과거의 일을 회상하고 이전에는 할 시간이 없었던 것들을 한다. 이 단계는 노년기라고 불린다.

02 ⑤

제시문의 'distinguishing features between the two methods(두 가지 방법을 구분 짓는 특징들)'와 같은 구문을 통해 정독과 다독의 차이를 설명하는 글임을 알 수 있다. → ⑤ 정독과 다독의 비교
① 다독의 중요성
② 언어교육에서 문법의 방치
③ 언어능력을 향상하는 방법
④ 어휘 교육의 중요성

해석 정독은 어휘와 문법에 초점을 맞추어 교사들에 의해 준비된 상대적으로 짧은 문장 읽기의 방법이며 학생들의 언어 숙달보다 좀 더 어려운 구절의 읽기 수준이다. 정독과 다르게 다독에서는, 본문 분석보다는 학생들의 일반적인 본문 이해를 위한 읽기를 장려한다. 두 방법을 구별하는 특징 중 하나는 학생들이 읽어야 하는 독서의 양이다. 다시 말하면, 정독에서는 특별한 정보를 위해 짧은 구절 읽기가 요구되는 반면, 다독의 초점은 가능한 한 학생들에게 많이 읽도록 하는 것이다.

단어 roficiency : 숙달, 숙련

---

03 ③

자연재해의 피해자들에게 도움을 주고, 노인이나 아이들을 보살피는 등 자원봉사자의 다양한 활동에 대해 설명하면서 그들이 국가적으로도 큰 역할을 하는 존재임을 말하고 있다.

③ 자원봉사의 중요성
① 자원봉사의 불리한 면
② 자원봉사를 계획하는 어려움
④ 유능한 자원봉사자가 되는 방법
⑤ 자원봉사자들의 어려움

해석 대한민국에서는 650만 명으로 추산되는 주민들이 자원봉사자로 일한다. 그들은 태풍·홍수가 발생한 후에 구호물자를 보내고, 보살핌이 필요한 노인들을 돌보고, 아이들과 시간을 보내며 고아원에서 일하고, 북한에서 온 망명자들에게 남한 생활에 적응하는 방법을 가르치기도 한다. 이탈리아에서 자원봉사자들은 암 환자들을 간호하고 호스피스에서 일한다. 그리고 2002년에 전례 없는 홍수가 독일을 덮쳤을 때, 수만 명의 자원봉사자들이 넘쳐난 물과 싸우기 위해 다른 나라에서 왔다. 자원봉사자들은 각 국가의 경제, 사회적 분위기, 복지 전체에 절대적으로 필요한 부분이다. 그들은 필요한 봉사를 제공하고 공공부문의 큰 짐을 덜어줄 뿐만 아니라 공동체와 협력하는 환경을 만들기도 한다.

단어 orphanage : 고아원 / refugee : 망명자 / unprecedented : 전례 없는

---

04 ④

콜레스테롤, 혈압, 몸무게 등의 수치도 중요하지만, 행복, 성취감, 기쁨, 낙관 등은 수치로 잴 수는 없어도 건강에 좋은 영향을 준다고 말하고 있다. 즉, 행복한 삶은 신체건강에 좋은 영향을 준다는 것이 이 글의 주제이다.

④ 신체건강에 대한 행복한 삶의 영향
① 눈에 보이지 않는 즐거움을 측정하는 것의 어려움
② 직장에서 아이디어 공유의 중요성
③ 혈압 조절의 필요성
⑤ 혈당 관리의 필요성

해석 환자들과 그들의 의사들은 건강에 대한 기쁨의 영향을 간과하는 경향이 있다. 어째서 그럴까? 아마도 이러한 요소를 측정하는 수치가 없기 때문일 것이다. 대신 우리는 콜레스테롤, 혈압, 체중 등에 대한 "확실한" 가치에 중점을 둔다. 그 모두가 중요하지만, 관계, 개인적인 성취, 그리고 낙관도 중요하다. 낙천주의, 행복, 그리고 기쁨을 좋은 건강과 연결 짓는 의료 연구들이 많이 있다. 또한 연구에서 행복한 결혼생활은 좋은 건강을 예상하는 반면에 결혼생활의 스트레스는 그 반대되는 결과를 보여줄 것이다. 그래서 나는 건강으로 가는 비밀 통로를 가졌다고 할 수 있다. 그녀의 이름은 Rita이고, 우리는 결혼 생활 43년차다.

단어 fulfillment : 이행, 수행, 완수, 실행가능성 / optimism : 낙관(낙천)주의, 낙관, 낙관론

---

05 ⑤

consecutive : 연이은

① cooperative : 협력하는

② collaborate : 협력하다

③ collective : 집단의 공동의

④ failing : 실패하는

해석 싱가포르 창이 공항이 스페인의 바르셀로나에서 수요일 발표한 세계 공항 시상식에서 2년 연속 세계 최고로 선정되었다.

또한 창이 공항은 2위 한국의 인천 국제공항과 3위 독일의 뮌헨 공항을 제치고 최고의 공항 레저 생활 편의시설 상을 받았다.

이 시상식은 전 세계적인 약 395개 공항에 110개 국적의 1,285만 명의 승객의 여론 조사를 한 국제적인 여행 연구 및 컨설턴트 회사, 스카이트렉스에 의해 실시한 조사에 근거한다.

단어 crown : 왕관을 씌우다, ~에게 영예를 주다 / in a row : 연이어 / announce : 알리다, 발표하다 / amenity : [pl,-ies]생활 편의시설 / beat out : 제치다, 따라잡다, 물리치다 / survey : 설문조사 / conduct : 실시하다 ; 안내하다 ; 지휘하다 / research : 조사, 연구 / poll : 여론조사를 하다 ; 득표하다 / nationality : 국적 / worldwide : 전 세계적인

---

06 ②

root out : 근절시키다, 뿌리 뽑다

① straighten out : 바로잡다, 해결하다

③ break up : 파괴하다, 부서지다

④ inform on : ~을 신고하다, 밀고하다

⑤ observe closely : 주의깊게 관찰하다

해석 스미싱은 SMS(단문 메시지 서비스)피싱의 약어이다. 지난 달, 한 스마트폰 사용자는 그가 피자 무료 쿠폰을 획득했다고 하는 문자 메시지의 URL을 클릭했다. 그가 그것을 클릭하자마자, 그의 전화 요금 고지서에 대략 150달러가 청구되었다. "피셔"는 교묘하게 스마트폰 소액 결제 시스템의 허점을 이용했다. 그들은 당신

의 스마트폰에 악의적인 코드를 넣고 거기에 소액 결제를 위한 인증 코드를 보내는 것을 시도한다. 심각한 경우에, 해커들은 당신의 스마트폰을 조종하고 개인 정보를 훔칠 수 있다.

스미싱 공격의 가능성을 줄이기 위한 몇 가지 조언이 있다. 첫 번째, 문자 메시지에 포함된 링크, URL, 또는 전화번호를 클릭하지 말아라. 당신은 스미싱 메시지가 당신의 친구나 가족으로부터 온 것처럼 보일 수 있다는 것을 알고 있어야 한다.

두 번째, 당신의 개인 정보나 금융 정보를 묻는 문자 메시지에 응답하거나 다시 전화하지 말아라. 만약 메시지가 은행, 금융 기관, 또는 당신의 회사에서 보낸 것 같다면 사업체에 바로 (전화로) 연락하고 그들이 당신에게 그 메시지를 보낸 것인지를 확인한다. 당신은 또한 바이러스 방어 프로그램을 당신의 스마트폰에 설치하고 정기적으로 그것을 업데이트할 수 있다.

마지막으로, 당신은 당신의 통신 회사에 직접 연락하여 당신의 스마트폰의 소액 결제 시스템을 취소할 수 있다. 전문가와 경찰관들은 더욱 더 두드러지고 있기 때문에 범죄에 관련된 스미싱을 근절하는 것은 쉽지 않다고 예상한다. 그러므로 당신은 안전한 상태로 지내기 위해 자신을 방어해야 한다. 당신이 클릭하거나 응답하기 전에 항상 생각해라.

단어 abbreviation : 약어 ; 축약형 / charge : 요금 ; 청구하다 / approximately : 대략, 거의, ~가까이 / skillfully : 교묘하게 / exploit : 이용하다 / loophole : 구멍, 허점 / micropayment : 소액 결제 / malicious : 악의적인 / authorization : 허가 / severe : 심각한 ; 가혹한 / likelihood : 가능성 / embed : 끼어 넣다 / aware : 알고 있는, 자각하고 있는 / financial : 금융의, 재정의 / contact : 연락하다 / expert : 전문가 / eradicate : 근절하다, 박멸하다 / prominent : 두드러진 ; 유명한 ; 중요한

---

07 ①

해석 수요일, 백악관과 나사에서는 오바마 정부가 2024년까지 궤도 연구 플랫폼을 공개한 상태로 국제우주정거장을 10년간 더 유지하기를 원한다고 밝혔다. 이 결정은 우주정거장에 대한 미국의 지원을 4년 연장하는 것이다.

수요일 오후 공동 성명에서 백악관의 과학 보좌관인 John Holdren과 나사의 책임자 Charles Bolden은 우주정거장이 "엄청난 과학적 · 사회적 혜택을 제공할 것"이라고 말했다. 나사는 닥쳐올 수십 년간 지구를 넘어설 새로운 임무에 대한 준비로 장기간의 우주비행이 우주비행사들에게 미치는 영향을 연구하는 데 우주정거장을 사용하기를 원했다. Bolden과 Holdren은 또한 국제우주정거장이 지구 과학 연구를 위한 플랫폼, 민간 우주 산업의 성장 촉진과 같은 장기적인 우주여행에 대한 연구에도 필요하다고 말했다.

우주정거장을 위한 자금은 의회를 통과해야만 한다.

15년이 된 우주정거장은 현재 3명의 러시아 우주비행사, 2명의 미국 우주비행사, 한 명의 일본 우주비행사를 포함하는 6명의 승무원을 수용하고 있다. 나사는 현재도 우주정거장 (　　　)에 일 년에 30억 달러를 쓰고 있으며, 러시아, 캐나다, 일본, 그리고 유럽 우주 기구에서도 이를 지원하고 있다.

"15개국을 포함하는 협력체와 현재 어떤 방식으로든 우주정거장을 사용하고 있는 68개국이 함께 하는 이 특별한 궤도 연구소는 평화로운 국제적 협력을 통하여 달성할 수 있는 인류의 혜택에 대한 명백한 증거이다." Holdren

과 Boldend은 말했다. "미국이 리더로서 이러한 협력을 유지하는 것은 중요하다."

단어 decade : 10년 / orbital : 궤도의 / laboratory : 실험실

---

08 ③

국제우주정거장을 위한 자금은 의회를 통과해야 한다고 하였으므로 미국 의회가 재정적 지원을 결의하였다는 내용은 잘못되었다.

---

09 ②

이미 존재하고 있는 우주정거장을 위하여 현재도 1년에 30억 달러를 쓰고 있다고 하였으므로 파괴를 의미하는 demolition이나 건설을 의미하는 construction은 답이 될 수 없다. 또한 문맥상 정보통신을 의미하는 communications보다는 운용을 뜻하는 operations이 보다 자연스럽다.

---

03 어휘 영역

01	①	02	②	03	①	04	⑤	05	③	06	④	07	⑤	08	②
09	⑤	10	①	11	①	12	②	13	①	14	②	15	④	16	①
17	②	18	④	19	③	20	③								

01 ①

capture : 포로로 잡다, 포획하다, 점유하다, 포착하다, 함락시키다

① catch : 잡다, 포획하다

③ record : 기록, 기록하다, 녹음하다

④ occupy : (공간 · 시간 · 지역)을 차지하다

⑤ lose : 놓치다

해석 북부로 파견된 군인들은 무장한 적군을 포획하였다.

단어 dispatch : 보내다, 파견하다 / armed : 무기를 소장한, 무장한

---

02 ②

execute : 처형하다, 사형하다

② put to death : 처형하다, 사형에 처하다

① carry out : ~에 수행하다/이행하다

③ pick up : (습관 등을) 들이게 되다 ; 회복하다 ; ~를 (차에) 태우다 ; 전화를 받다

④ hang out : ~에서 많은 시간을 보내다

⑤ grant a pardon : 사면하다, 용서하다

해석 수십 년간 국가의 가장 비판적인 인권 문제 중 하나였던 것을 해결하는 한 단계로, 중국은 3~5년 이내에 처형된 죄수로부터 장기를 이식하는 관행을 끝낼 계획이라고 금요일에 말했다.

단어 practice : 실행, 관습, 관행 / transplant : 이식하다 / organ : 장기 (기관) / step : 방법, 수단, 단계 / address : 해결하다, 연설하다, 문제에 본격적으로 착수하다 / decade : 10년 / for decades : 수십 년간 / criticize : 비판하다, 비난하다

---

03 ①

해석 당신은 그 계약 조건을 준수해야 한다.

단어 comply with : 순응하다, 지키다, 준수하다(=obey) / covenant : 약속, 계약

---

04 ⑤

해석 우리는 그의 작품에 크게 감탄했다.

단어 admiration : 감탄, 존경(=wonder)

---

05 ③

해석 양파가 투명해지면 남은 재료를 넣어라.

단어 transparent : 투명한(=clear) / ingredient : 재료, 성분

---

06 ④

해석 호스니 무바라크와 그의 가족들은 그들이 한 모든 것들이 이집트의 이익을 위해서라고 확신하였고, 지금이 그들이 떠나야 할 때라는 것을 결코 이해하지 못했다.

단어 convinced : 확신하는(=assured) / committed : 헌신적인

---

07 ⑤

해석 최근 들어, 많은 성범죄들이 친척들에 의해 저질러지고 있다.

단어 perpetrate : 저지르다(=commit) / pernicious : 치명적인 / penetrate : 관통하다 / violence : 폭력

---

08 ②

해석 한국과 일본 사이에는 현저한 차이가 있다.

단어 outstanding(=striking, prominent, eminent, remarkable, noticeable, conspicuous, extinguished, notable) : 현저한, 눈에 띄는 / confirmed : 확인된, 상습적인 / equivalent : 동등한, ~에 상당(대응)하는 / marginal : 미미한

---

09 ⑤

debatable(=controversial, arguable) : 논란(이론)의 여지가 있는

① contradictory : 모순되는

② reconcilable : 조정할(화해시킬) 수 있는, 조화(일치)시킬 수 있는

③ augmentative : 점차 늘어나는, 어의를 확장하는

④ specific : 명확한

해석 핵무기가 실제로 전쟁을 막을 수 있는지 아닌지는 논란의 여지가 있다.

단어 whether : ~인지 어떤지 / prevent : 막다, 방해하다

---

10 ①

해석 망명 중인 달라이 라마의 정부는 다른 어떤 정부에 의해서도 인정을 받지 못하고 있고, 중국은 티벳이 중국의 필수적인 한 부분이라는 것에 여전히 확고하다.

단어 integral(=indispensable, imperative, unavoidable, necessary, essential) : 필수 불가결한, 필수적인 / superfluous, dispensable : 불필요한

---

11 ①

해석 국제 고래잡이 위원회의 5일간의 회담기간 동안 일본은 고래잡이에 반대하는 국가의 대표자들을 "그린피스의 모방자"라며 비웃었다.

단어 deride(=mock, sneer, scorn, jeer, ridicule) : 조롱하다, 조소하다, 비웃다 / delegate(=representative) : 대표자, 대리인 / anti-whaling : 반 고래잡이 / mimic(=imitate, copy) : 모방자 / designate : 가리키다 / name(=nominate) : 명명하다 / degenerate : 퇴보하다

---

12 ②

해석 그 대학은 규모가 작지만 유명하며 기부금이 많이 들어오는 학교이기 때문에 입학하는 데 있어서 무척 엄격한 자격조건을 요구한다.

단어 stringent(=strict, severe, stern, rigorous) : 엄격한, 엄중한 / prestigious : 세상에 알려진, 이름이 난 / endow(=donate, contribute, subscribe) : 기증하다, 기부하다 / conciliatory : 달래는 듯한, 회유하는 듯한 / capricious(=fickle, volatile, whim-sical) : 변덕스러운, 급변하는

---

13 ①

> **해석** 중국의 학생소요는 오랫동안 수그러들지 않을 정치적 불안의 물꼬를 텄다.

> **단어** recede(=withdraw) : 물러나다, 멀어지다, (계약에서) 손을 떼다, (주장 등을) 거두다, 철회하다 / strike : 동맹 파업, 스트라이크 / loose : 풀어주다, 늦추다, 손에 쥐고 있던 것을 놓다 / flood(=inundation, deluge) : 홍수, 범람, (심한) 유출, 쇄도 / disquiet : 사회적 동요, 불안, (마음의) 불안, 걱정

14 ②

> **해석** 생활비가 엄청나게 증가했지만, 미국인의 평균소득은 아주 약간 증가하였다.

> **단어** substantial : 실질적인, 대폭적인, 중요한, 상당한 양의(=considerable) / fragile : 미묘한, 희박한 / insignificant : 무의미한

15 ④

> **해석** 유행성 감기(인플루엔자)는 매우 전염성이 강해서 종종 유행성 질병으로 발전하기도 하는 급성 바이러스성 호흡기질환이다.

> **단어** contagious : 전염성의, 만연하는(=communicable) / acute : 심각한, 민감한, 급성의 / viral : 바이러스성 / respiratory tract : 호흡기관 / epidemic : 유행성(전염병)의 / proportions : 정도, 규모, 비율 / incurable : 불치의

16 ①

> **해석** 작년 10월 이후로 323명의 사람들이 미국으로 넘어가려고 하다가 흔히 애리조나의 험하고 고립된 사막에서 목숨을 잃었다.

> **단어** harsh : 거친, 호된, 황량한(=cruel) / remote : 외딴, 먼 / humid : 습한 / spacious : 넓은 / airless : 답답한

17 ②

> **해석** 지난주 베를린에서 한 무리의 세르비아계 국외 추방자들이 보스니아에서의 잔혹행위에 대한 모든 비난을 세르비아인들에게 돌리는 뉴스 보도에 반대하는 시위를 벌였다.

> **단어** atrocity(=heinousness, villainousness, cruelty, brutality) : 흉악, 잔인 / expatriate(=deport) : 국외로 추방된 사람 / stage : 계획하다, 행하다 / starvation : 기아 / drought : 가뭄

18 ④

> **해석** • 그 이유로 너 자신을 비난하지 마라. / • 나는 내가 자연사할 것이라고 믿고 있다.

> **단어** accuse A of B : A를 B라는 이유로 비난(고소)하다 / die of : ~로 죽다

19 ③

　　해석 ▶ · 만약 국민들이 모든 세금을 없애는 것을 가결한다면 정부는 살아남을 수 없다.

　　· 물가 상승 때문에 봉급생활자는 높은 생활 경비를 따라잡을 수 없다.

　　· 과학자들은 태양 에너지를 이용하는 좋은 계획을 제안했다.

　　단어 do away with : ~을 없애다, ~을 폐지하다 / keep up with : ~에 뒤떨어지지 않다 / come up with : ~을 따라잡다, ~을 제안하다, (해답 등을) 찾아내다

---

20 ③

③에는 in이, ①, ②, ④, ⑤에는 off가 들어가는 것이 적절하다.

　　해석 ▶ ① 너는 올해 5일의 쉬는 날을 얻을 수 있다.

② 잔디에 들어가지 마시오.

③ 여기에 머무르세요.

④ 오늘 할 일을 내일로 미루지 마라.

⑤ 스위치를 꺼라.

　　단어 day off : 쉬는 날 / keep off : 피하다 / stay in : 머무르다 / put off : 미루다 / switch off : 끄다

한국산업인력공단

취업시험 합격의 신화 **에듀크라운**

한국산업인력공단 NCS
직업기초능력평가 한국사+영어

발 행 일 2019년 1월 10일 개정판 1쇄 발행
2020년 1월 10일 개정판 2쇄 발행

저　　자 이광진 · 김대성

발 행 처  크라운출판사
http://www.crownbook.com

발 행 인 이상원
신고번호 제 300-2007-143호
주　　소 서울시 종로구 율곡로13길 21
대표전화 02) 745-0311~3
팩　　스 02) 766-3000
홈페이지 www.crownbook.com
I S B N 978-89-406-3634-3 / 13320

특별판매정가 21,000원

한국산업인력공단

취업시험 합격의 신화 **에듀크라운**

한국산업인력공단

취업시험 합격의 신화 에듀크라운

한국산업인력공단